MURAT GÜLSOY

RESSAM VASIF'IN GİZLİ AŞKLAR TARİHİ

Can Çağdaş

Ressam Vasıf'ın Gizli Aşklar Tarihi, Murat Gülsoy

1. basım: Ocak 2023, İstanbul
Bu kitabın 1. baskısı 7000 adet yapılmıştır.

Dizi Editörü: Cem Alpan
Düzelti: Aylin Samancı Elmasdağ
Mizanpaj: Emin Petek

Kapak resmi: Murat Gülsoy tarafından Midjourney yapay zekâ programı kullanılarak oluşturulmuştur.

Baskı ve cilt: İmak Ofset Basım Yayın Tic. ve San. Ltd. Şti.
Akçaburgaz Mah.137.Sokak No:12
Esenyurt, İstanbul
Sertifika No: 45523

ISBN 978-975-07-5957-4

CAN SANAT YAYINLARI
YAPIM VE DAĞITIM TİCARET VE SANAYİ A.Ş.
Maslak Mah. Eski Büyükdere Cad. İz Plaza Giz, No: 9/25, Sarıyer / İstanbul
Telefon: (0212) 252 56 75 / 252 59 88 / 252 59 89 Faks: (0212) 252 72 33
canyayinlari.com
yayinevi@canyayinlari.com
Sertifika No: 43514

MURAT GÜLSOY

RESSAM VASIF'IN GİZLİ AŞKLAR TARİHİ

BELGESEL ROMAN

can

Murat Gülsoy'un Can Yayınları'ndaki diğer kitapları:

Oysa Herkes Kendisiyle Meşgul, 1999
Bu Kitabı Çalın, 2000
Âlemlerin Sürekliliği, 2002
Binbir Gece Mektupları, 2003
Büyübozumu, 2004
Bu Filmin Kötü Adamı Benim, 2004
Sevgilinin Geciken Ölümü, 2005
İstanbul'da Bir Merhamet Haftası, 2007
602. Gece, 2009
Karanlığın Aynasında, 2010
Tanrı Beni Görüyor mu? 2010
Baba, Oğul ve Kutsal Roman, 2012
Nisyan, 2013
Gölgeler ve Hayaller Şehrinde, 2014
Yalnızlar İçin Çok Özel Bir Hizmet, 2016
Öyle Güzel Bir Yer ki, 2017
Ve Ateş Bizi Tüketiyor, 2019
Belirsiz Bir Anın Kıyısında, 2021
Diyaloglar (Ayfer Tunç'la birlikte), 2022

MURAT GÜLSOY, 1992-2002 yılları arasında arkadaşlarıyla *Hayalet Gemi* dergisini çıkardı. *Bu Kitabı Çalın* adlı kitabıyla 2001 *Sait Faik Hikâye Armağanı*'nı, *Bu Filmin Kötü Adamı Benim* adlı romanıyla 2004 Yunus Nadi Roman Ödülü'nü, *Baba Oğul ve Kutsal Roman* adlı kitabıyla 2013 Notre Dame de Sion Edebiyat Ödülü'nü, *Gölgeler ve Hayaller Şehrinde* adlı romanıyla da 2014 Sedat Simavi Edebiyat Ödülü'nü kazandı. Kitapları çeşitli dillere çevrilen Murat Gülsoy, Boğaziçi Üniversitesi'nde öğretim üyesi, mühendislik ve yaratıcı yazarlık dersleri veriyor; sadece yazmayı değil, yazmak üzerine düşünmeyi de seviyor.

muratgulsoy.wordpress.com

Zeynep'e...

Sakın Gölgesi Olan Bir Şey Resmetme

Sabahları erken kalkarım. Güneşin doğuşunu mutlaka seyretmek isterim. Işık, daha çok ışık demiş ölürken şair. Goethe'ydi değil mi? Ben de ölürken öyle diyeceğim. *Licht mehr Licht.* Bu yaşıma geldim, şafak vaktine şaşırmadığım bir gün olmadı. Biliyor musunuz, hiçbir sabah bir diğerine benzemez. En kötü gecelerin sabahında bile semaya baktım, hayret ettim, her seferinde hayran oldum. Yeter ki açıklık bir yerde olayım, bir parça gökyüzü görünsün.

Bakın buradan manzara daha güzel görünüyor, tam karşımız eski İstanbul. Topkapı, Ayasofya, Sultanahmet. Biraz sağa baktınız mı Galata.

Bu sabah biraz sis vardı, şimdi dağıldı ama rengi kaldı. Hafif altın tozu serpilmiş gibi. Adeta geçmiş zamanların rüyası. Çocukluğumdan belli belirsiz hatıralar görünüp kayboldular. Hafıza acayip bir sinema makinesi, ama makinisti delinin teki, hangi hatıranın filmini oynatacağını tahmin etmek mümkün değil. Hani derler ya insan yaşlandıkça maziyi daha iyi hatırlarmış diye, şaşıracaksınız ama bende öyle olmadı, yani henüz olmadı. Belki de yeterince yaşlı değilim, ne dersiniz? Halen ileride çizeceğim resimleri düşünüyorum. İleride...

…

…

Sabahları, en çok da sabahları düşünüyorum.

…

…

Gün ağarırken yavaş yavaş aydınlanan gökyüzü boş bir tuvaldir gözlerimin önünde… Bazen kasvetli kış günlerinde beton grisinin arasından sızan çinko beyazı bir ışık yol gösterir… İnatlaşırım o zaman, en kuvvetli kırmızı boyalarımla girişirim resme! Bazen de tatlı turkuvaz bir renkle aydınlanır gün, buz mavisini çağırır, tozpembeyi, uçuk limon sarısını, o zaman oyunlar oynamak isterim, çocuklaşırım. Tabii bu sabah seansı çok uzun sürmez, güneş yükselir hâkimiyeti ele alır, hayat başlar, insanlarda bir telaş, bende ise bir heyecan. Bir an önce çizmeye başlamak isterim. Ama hep ertelerim. Bu huy rahmetli babamdan miras. Her şeyi ertelerdi. Adam sen de acelemiz ne? Hayattaki düsturu buydu. Eh tabii paşa babasının sevgili küçük oğlu olmasının da bunda payı var. Her şeyi geç yapmış hayatta. Geç yürümüş, geç konuşmuş, her şey geç. Evlenmek de buna dahil. Kırk yaşında dünya evine girdiğinde akranları çoktan torun torba sahibi olmuşlar, öyle anlatılırdı. Ailede onun gibi biri daha yok. Misal büyük ağabeyi Ali Salih Paşa. O cephe senin bu cephe benim memlekette savaşmadığı yer, çizmesinin değmediği vilayet kalmamış. Ortanca ağabey askerî hekim, o da öyle. Üstelik de ressam, Tevfik Rüstem. Benim ilk hocam oydu. Yazın sık sık Çamlıca'daki köşke gelir, öğlene kadar kameriyede resim yapardı. Ben gözümü açtım onu gördüm. Onun boyaları, fırçaları, kutuları bana esrarengiz bir dünyanın büyülü aletleri gibi görünürdü.

İşte en çok gözümün önünde canlanan bu kameriyedir.

Üzerini morsalkımların sardığı ahşap bir bibloydu adeta. Nisan mayıs aylarında altında durmak ne mümkün? Kokusundan sarhoş olurdu insan. Amcam pek severdi bu mekânı, şövalesini kurar, masanın üzerine boyalarını, paletini, fırçalarını dizer, piposunu tüttürerek manzara resimleri çalışırdı. Yokluğunda bile kameriye kendine has havasıyla amcamı hatırlatırdı. Sık sık oturduğumuz o masada bir-iki boya lekesini gördüğümde ne kadar sevindiğimi düşünüyorum da... İnsan tuhaf bir varlık, neye neden nasıl bağlandığı hiç belli olmuyor. Onun gelişiyle kameriye, köşk, bütün Çamlıca başka bir hüviyete bürünürdü. Ben hem resim yapılacak diye hem de amcamın Hacı Bekir'den getirmeyi âdet edindiği akide şekerlerine kavuşacağım diye sevinirdim. Rüstem Amcamın resim yaptığını gören Huriye Kalfa bir yandan uğursuzluk gelecek diye söylenir bir yandan da acayip, dehşetli hikâyeler anlatırdı. Muhtemelen korkularıyla mücadele etmenin bir yolu olarak bellemişti bu korkutma işini. Birini korkutabilirseniz korkunun iplerini bir müddet ele geçirdiğinizi zannedersiniz.

Başka bir devirdi tabii, insanları da bambaşkaydı, 1890'lardan bahsediyorum. Şimdi siz 1967 senesinde her şeyi farklı bir gözle görüyorsunuz, neredeyse 21. asra gireceğiz, ben görmem gerçi... O zamanların zihniyeti, nasıl desem, çok eski inançların tortusunu ihtiva ediyordu. Huriye Kalfa'nın korkularının sebebi belli, bizim dinde tasvirin men edilmesi... Ama o zamanlar ben pek küçüğüm, neyin ne olduğunu idrak edemiyorum kolay kolay. Zihnim henüz kendi şahsiyetini eline almış değil, kimin yanına giderse onun ikliminde çiçekleniyor.

Birkaç defa sormuştum amcama, resim yapmak günah mı diye. Her seferinde başka şeyler söylemişti. Belki pedagojik bir itiyatla seçiyordu kelimelerini belki de değişen haletiruhiyesine göre veriyordu o cevapları. Çoğunu unuttum ama bir tanesini hatırlıyorum. Yaptığı resmi önüme koyup, bak, demişti, ne görüyorsun? Dilimle çevire çevire emdiğim akide şekerinin tadı ağzımın içindeki her noktaya ayrı ayrı tesir ederken bir bilmeceyi çözecekmişim gibi resme dikkatle bakmaya başladım, bizim köşkü, arkasında uzanan koruluğu, otlayan koyunları, tavukların eşelenmesine büyük bir ciddiyetle nezaret eden kızıl horozu, ağzı eski bir tahta kapakla kapatılmış, üzerine de ağır bir taş konulmuş kuyuyu, büyük ceviz ağacını, hatta dallarından sarkan salıncağımı, uzaktan görünen Boğaz'ı, beyaz bulutları ve daha birçok şeyi çizmişti. Bunları tek tek söyledim büyük bir ciddiyetle. Hepsini doğru olarak saymazsam aferin alamayacakmışım gibi. Evet, dedi, bunların hepsi var resmin içinde. Peki yarın resme bakarsan ne göreceksin? Kafam karıştı, önce bocaladım, yine bunları görürüm herhalde dedim. Doğru dedi, yarın da bu saydıklarının hepsi, aynı bu şekilde bu resmin içinde duracaklar. Hatta on sene sonra da... eğer atmaz da saklarsan elli sene sonra da... Belki biraz renkleri solar ama kaybolmaz... Peki ya bunlar, diye bu sefer hakiki manzarayı işaret etti. Bu koyunlar, bu tavuklar, bu salıncak, hatta bu köşk duracak mı? Durmayacaktı ama ben o çocukluğa has saflıkla idrak edemiyordum tüm bunların gelip geçici olduğunu. Öyledir değil mi ya: Çocukken insan her şeye kolayca itimat eder, her şeyin olduğu gibi kalacağını sanır, sabit olanı sever. Ah bir bilebilse hakikati! O an çıldırır! Aslında nasıl da kudurmuş bir ırmağın içinde sürüklendiğimizi idrak edebilsek... Etrafımızda gördüğümüz ne varsa, insanlar, eşya, tabiat, her şeyin o azgın ırmağın sularına kapılmış gitmekte olduğunu ve en nihayetinde o kaya senin bu taş benim çarpa çarpa yok olacağını bilsek... mümkünü yok dayanamaz insan. Neyse ki o zamanlar çocuğum, anlamıyorum bu dehşetli hakikati.

Amcam dedi ki, işte her şey gelip geçecek bu resim kalacak, bu yüzden korkuyor insanlar.

Acayip laflar ben yaşta bir çocuk için. Halen arada düşünürüm aslında ne demek istedi diye. Gerçi dedikleri bir bir çıktı, hepsi yok olup gitti. Hatta resim bile, kim bilir kimin eline geçti ya da geçemeden yok oldu. Ama saklayabilseydik resmi, haklı çıkacaktı. Neyse... bu kadarla kalsa iyi. Eline fırçayı aldı, yüzünde muzip bir ifade vardı, bak şimdi dedi, elleri arkadan bağlı bir efendi gibi tavuklara nezaret eden kızıl horozun üzerini boyamaya başladı. Bir-iki fırça darbesiyle horozun kızıl kahverengi gövdesi önce sarardı ardından otlara karıştı, yok oldu! Yerinde artık sadece kuru dikenler vardı. Kızıl ibiği de yabani bir gül olmuştu. Bu nasıl bir sihirdi ki biraz önce burada olan şey amcamın fırça darbeleriyle yok olabiliyor hatta başka bir şey haline gelebiliyordu? İnsanların resimden neden korktuklarını asıl o zaman anlamıştım, bu muhteşem bir kudretti. Sihir gibi bir şey. Zihnim hayranlık ve hayretle kamaşmış bir vaziyette olup biteni seyrederken amcam durmuyor, resim üzerinde çalışmaya devam ediyordu. Bir de baktım ki bizim kızıl horoz resmin içinde tekrar ortaya çıkmış, kuyunun arkasında pürdikkat hareminden uzaklaşmış bir tavukla alakadar oluyor! İnanılır gibi değildi. Bu sahnenin üstümde muazzam tesiri oldu. Ne vakit umutsuzluğa düşsem, canım sıkılsa, bilhassa büyük üstatların resimleri karşısında kendimi biçare bir sefil gibi hissetsem bu hatıranın filmini rica ederim hafızamı idare eden meçhul deliden, o böyle zamanlarda beni kırmaz. Ânında akide şekerinin tadını alır, elma kabuklarında dinlendirilmiş tütünün kokusunu duyarım, sonra kapkara piposu gözümün önüne gelir, abanoz ağacından ince saplı, ardından fırçaları, geçmiş zamanların renkli izlerini taşıyan paleti ve nihayet kendisi.

…

…

Tuhaftır, en az yüzünü hatırlıyorum. Önce yüzün çizgileri siliniyor demek ki...

Yüz çizmek de zordur. Portre ressamlığı ayrı bir hüner ister. İfadeyi veren yüzlerce minik adale var, her birini ince ince çalışmak lazım. Yine de amcamın yüzünü hatırlayamamak basit bir hafıza zafiyetinin ötesinde bir mana taşıyor gibi geliyor bazen. Üzerimde en derin, en kalıcı tesiri yapmış insanın yüzünü neden silmiş olabilirim? Hayır asla pişman olmadım ressam olmaya çabalamaktan. Ondan değil.

Bir defter vermişti amcam, deri ciltli, kalın sayfaları olan. O yaz elimde bu defterle geziyor, karşıma çıkan her şeyin resmini yapmaya çalışıyordum. Aslında ben de onun gibi boyalarla oynamak istiyordum ama o ille de desen diyordu, kuvvetli bir desen ve iyi bir kompozisyon bilgisi olmadan iyi bir ressam olamazsın. Her şeyi çiz, diyordu. Baka baka çiz. Sonra aklında canlandırarak çiz. Böyle birçok teknik öğretiyordu. Ben de evin içinde amcamın küçük bir kopyası gibi dolaşıyordum, bir ağzımda pipom eksikti. Huriye Kalfa da bu hallerimi hiç beğenmiyor, beni bu huydan vazgeçirmek için birbirinden korkunç hikâyeler anlatıyordu. Sakın, diyordu, sakın gölgesi olan bir şey çizme, en büyük günah! Düşünebiliyor musunuz? Parmak kadar çocuğa söylenecek laf mı bu? Hem gölgesi olan bir şey çizmenin günah olması ne acayip bir tasavvur! Nasıl bir inanç sistemi ki bu, resmetmenin muayyen şekillerini men etmekle meşgul oluyor? "Gölgesi olan mahluktur, onu da halk eden Allah'tır, Allah ki en büyük musavvirdir, insana da suretini veren odur." Böyle söylerler. Bizim minyatürlerde dikkat ederseniz gölge yoktur, perspektif bilhassa kurulmaz. Hepsinin bir sebebi var. Tabii bunlar derin mevzular. Huriye Kalfa manasını bilerek mi söylerdi yoksa ezberinde olduğu için mi naklederdi bilemeyeceğim. Bir yerden duymuş olmalı muhakkak. Okuması yazması yoktu.

Canım Huriye Kalfa, bir gün kuyudan su çekerken tık diye gitti, yığılıp kaldı, elinde kovanın ipi boşalmış, sanki Atropos hayat ipini kesmiş... Kalp, dedi amcam, hastaymış meğer. Hiç de belli olmuyordu doğrusu. Heybetli, güçlü kuvvetli bir kadındı. Hatta böyle resim gibi putperestlikle uğraşanları öteki tarafta nasıl cezaların beklediğini anlatırken zebaniler gibi kabarır, devleşirdi. Onun tarif ettiği cehennem manzaralarını inanın Ortaçağ Avrupa'sının çılgın ressamları bile çizememiştir. Ne muazzam fantazya kabiliyeti ne müthiş korkular... Fakat bozuk saat bile zamanı iki kez doğru gösterir misali onun anlattıkları içinde de kastını aşan hikâyeler bulunurdu. Bir yamyamlık hikâyesi vardı mesela, hiç unutmuyorum. Sonra başka versiyonlarını da duydum, belli ki o devirde sağda sola anlatılan halk hikâyelerinden biriydi. Her nasıl olduysa Huriye Kalfa'nın zihninde ve ruhunda bir yer bulmuştu.

...

...

Bakın ne düşündüm şimdi: Eskiden hikâyeler hürmüş, onları anlatanların malı değilmiş, kulaktan kulağa, insandan insana, zihinden zihne dolaşır, sevildikleri yerde konaklar, anlatıldıkça çoğalırlarmış. Herkes kendi tecrübesinden, hissiyatından bir şeyler eklermiş anlatırken. Hikâye o vakit sadece bir vakanın nakledilmesi değilmiş, bütün bir ruh halinin muhafaza edildiği canlı bir hafızaymış.

Neyse... Huriye Kalfa'nın anlattığı hikâye İstanbul'un Kuledibi semtinde lezzetiyle nam salmış bir börekçide geçiyor. Dönemin şehzadesi halı dokumaya pek meraklıymış. Anadolu'nun her yerinden mahir dokumacılar saraya gelir şehzadeye en usta ellerden çıkmış halılar getirir, o da kendilerine cömertçe hediyeler verirmiş. Çeşit çeşit halılar. Renk renk nakışlarla yedi dağın çiçeklerinin resmedildiği Herekeler, üzümlü dönmeli Bünyanlar, güllü, top laleli, yıldız çiçekli Ladikler... Sadece bunlar mı? İran, Afgan hatta Çin'den gelen harikulade dokumalar... Şehzade bunlara baka baka kendisi de usta bir dokumacı olmuş. Hatta bir müddet sonra kendine has motifler yaratmaya başlamış. Dört boynuzlu geyikler, rüzgâra kapılmış gibi salınan serviler... Geometrik desenlerin arasından beliren kurt, ayı, aslan gibi hayvanların suratları görenleri hayretlere sürüklermiş. Hatta hikâyeler tasvir etmeye vardırmış işi. Şehzadenin bir özelliği de tebdili kıyafet İstanbul'u gezmeye çıkmasıymış. Kuledibi'ndeki börekçinin methini çok duyduğu için oraya yoksul bir muhacir kıyafetine bürünüp gitmiş. Duvarları çirkin kilimlerle, hasırlarla kaplı börekçinin dükkânında sakin bir köşeye geçip oturmuş. Börekler hakikaten lezizmiş, peynirli, kıymalı, ıspanaklı derken bütün çeşitleri afiyetle mideye indirmiş. Bu kadar sefil bir yerin nasıl olup da bu kadar güzel börek yaptığına hayret etmiş. Ustabaşının dikkatini çekmiş bu yoksul muhacirin iştahı. Hasbıhale başlamışlar, şehzade daha önce böyle güzel börek yemediğini söylemiş ustabaşına. Nedir bu lezzetin sırrı diye sormuş. Gerçekten öğrenmek ister misin demiş ustabaşı. Şehzade merakla başını sallamış, bunun üzerine ustabaşı, her hayvanın eti, yağı farklıdır, hiçbiri diğerine benzemez, ama börek için en iyisi hangisidir diyecek olursan, insan etinin yağı en lezzetli yiyecektir şu dünya üzerinde, işte biz de onu kullanırız demiş. Tabii bu sırrı duyan şehzade oradan canlı çıkamayacağını hemen anlamış, ustabaşının ızbandut gibi adamları onu yaka paça sürükleyip dükkânın altındaki Cenevizlerden kalma büyük mahzenin içine atmışlar. Yapmayın etmeyin, yaşarsam daha çok işinize yararım, beni öldürüp de heba etmeyin diye yalvarmış. İyi de etine dolgunsun, yanakların parlak, gerdanın yağlı, göbeğin yuvarlak, mabadın şakrak, senden en az on okka yağ, on beş okka et çıkar, kemiklerini de kaynatıp çorba yaparız, bundan daha iyi ne işe yararsın demişler. Şehzadenin aklına dükkânın sefil duvarları gelmiş. Halı dokurum demiş, çok güzel halı dokurum, alıp dükkânın duvarlarına asarsınız, bakanların iştahı açılır, isteyenlere de satarsınız, demiş. İyi bari, bir tecrübe edelim, dediğin gibi olursa ne âlâ, yoksa böreklerimizin harcına gidersin demişler.

Evsiz barksız, kimsesiz ve de serseri taifesinden kimselerin boğazlandığı derin mahzenin bir köşesinde zavallı şehzade halı dokumaya başlamış. Biçarelerin gırtlakları kesildikten sonra çıkan acayip seslere kulaklarını tıkayabilse de etlerin kemiklerinden sıyrılıp kıyma yapılırken veyahut yağları kaynatılıp börek harcı hazırlanırken yayılan kokuyu duymaması imkânsızmış. Bir müddet sonra kulağı da burnu da alışmış tabii. Her öğün yediği böreklerin tesiri de varmış bunda. Hakikaten de halıları çok rağbet görmüş. Bu esnada saray şehzadenin kaybolmasından derin bir üzüntüye boğulmuş. Herkes seferber... Ama yok yok. Yer yarılmış da içine girmiş sanki. Aradan epey bir zaman geçmiş, bir gün şehzadenin lalası Kuledibi'nden geçerken methini çok işittiği börekçiye girip şu lezzetiyle tüm memalik-i Osmaniye'ye nam salmış böreklerin tadına bir de ben bakayım demiş. Peynirlisi, kıymalısı, ıspanaklısı ne varsa söylemiş. Hakikaten de enfesmiş hepsi. Tam börekleri mideye indirirken bir de ne görsün, duvarlarda şehzadenin elinden çıktığı besbelli halılar asılıymış. Dört boynuzlu geyikler, rüzgârda salınan serviler, av köpeklerinden kaçmaya çalışan karacalar... İşin içinde bir çapanoğlu olduğunu anlamış. Hemen börekçiyi derdest etmişler, yatırmışlar falakaya, yer misin yemez misin, tabanları patlayıncaya kadar sopalamışlar, hayalarını burmuşlar, yetmemiş koltukaltlarına haşlanmış yumurta koymuşlar, yetmemiş tırnaklarını sökmüşler, gözlerine mil çekmişler, en sonunda konuşturmuşlar, gizli mahzende yaptıklarını bir bir itiraf ettirmişler. Böylece tüm hakikat ortaya çıkmış. Şehzade sağ salim bulunmuş, hayatını bu marifetine borçlu olduğunu da herkes duymuş. Tabii bu arada börekçinin kellesi gitmiş, cesedini de Sultanahmet Meydanında aç köpeklere yedirmişler. Düşünsenize, yedi-sekiz yaşındasınız bu hikâyeyi dinliyorsunuz. Sözde beni resim yapmaktan vazgeçirmek için anlatmıştı bu hikâyeyi kalfa. Ona göre şehzade resim gibi halılar dokuduğu için kader onu o börekçiye sürüklemişti, bir nevi ceza yani. Fakat temiz kalpli olduğu için son anda kurtulabilmişti. Ters mantık. Ama ben o yaşımda bile anlamıştım: Şehzade kendine has bir üslupla şeylerin resimlerini yapabildiği için bulunabilmişti, sanatı sayesinde hayatı kurtulmuştu. Herhangi biri olsa çoktan birilerinin midesine indirilecekti. Ama Huriye Kalfa bir başkaydı, anlatırken yaşardı, yaşatırdı. Mesela börekleri tek tek, lokma lokma tarif ederdi, kuşüzümlü, soğanlı, kıymalı kol böreğini iştahla anlatırken ağzımın suyu akardı. Tabii sonra insan eti olduğunu duyunca şaşırırdım ama bir yandan da yamyamlığın son derece tabii bir şey olduğunu düşünürdüm. Çocuktum, körpeydim, kötü niyetli insanların eline düşersem kebap yapılıp mideye indirilmem işten bile değildi. O zamanlar çocuk terbiyesi işte böyleydi. Belki de bu yüzden her zaman korkunç şeyler resmetmeye bir temayülüm oldu.

...

...

İlk defter kayıp maalesef... Fakat defter çok. Şu kütüphanenin alt tarafı hep defter dolu. O kapaklı kısımlar. Karışık biraz. Arka odadaki gardırobun da içi yine defterlerle dolu. Sadece defterler mi, tuvaller, kâğıt üzerine, başka malzemeler üzerine çizdiklerim... Mukavva, tahta, sac, cam... Onlar da arka odalarda, balkonda. En fena huyum budur. Belirli bir sistematiğim olmadı hiç. İşte evin odaları da kafamın içi gibi darmaduman. Olmadı. Yapamadım. Oysa çok mühim üstatlardan ders aldım. Ama nedense şu alaturkalığı üzerimden atamadım, kendimi bir mesele gibi ele alamadım. Sanatçı kendini teşrih masasına yatıran kişidir. Elinde bisturi kesen de kendisidir kesilen de. İnceleyen de kendisi incelenen de. İnsanın elinde kendisinden başka bir malzeme yoktur. Bu şuur bende inkişaf etmedi. Tabii insan yaşadığı coğrafyanın bir mahsulü. Her toprakta farklı nebat yetişir. Böceği, hayvanı, meyvesi farklı olduğu gibi insanı da farklı olur. Bizim buralardan da bizim gibileri çıkıyor herhalde, çoğu şuursuz, biraz mürekkep yalamışı da kayıtsız, tembel, heyecansız. Bizim halkın iki hususiyeti vardır hiç hazzetmediğim: Biri hiçbir şeye şaşırmaması, diğeri de hiçbir şartta özür dilemeye yanaşmaması. Ama galiba en fenası şaşırmamak. Hayret etmemek. Çok sıkıcı. Yaşama daha iyi... Her filozof insanı başka bir veciz lafla tarif eder. Filhakika hepsi de doğrudur ama ben bunlardan en çok şunu severim: "İnsan hayret eden hayvandır."

...

...

Vallahi kimin lafı olduğunu hiç hatırlamıyorum. Belki de ilk benim aklıma geldi, ama insan kendine konduramaz böyle büyük lafları. Hep bir yerlerden duymuş gibi gelir. Sanatta da öyledir. Büyük sanat eseri hep başka eserleri hatırlatır. İnsan kendinden kuşkuya düşer. Muhakkak bir yerden aklıma sızmış bu, daha önceden görmüş olmalıyım der kendi kendine. Bir ölçüde doğrudur da. Hiçbir şey sıfırdan çıkmaz çünkü. Yoktan var olmaz. Fizik gibi. Her eserin içinde kendinden öncekiler vardır. Bazen kendine hayran birileri çıkar tüm dehanın kendisine ait olduğunu iddia eder. Yarabbim ne kibirli ne aptal insanlardır onlar.

Bu arada hiç dokunmamışsınız böreklere. Merak etmeyin Kuledibi'nden değil. Havva Hanım'ın marifetleri. Çayınızı da tazeleyelim.

...

...

Çok devirler gördüm, misal çocukluğum Hamid devrinde geçti, delikanlı oldum Meşrutiyet, daha ne olduğunu anlamadan Cihan Harbi'nin içine düştüm, en kendime yaklaştığım devir mütareke seneleri, acayip bir keşmekeş, sonra Cumhuriyet, o da başka bir hava... Bakın, işte bu eskiz defterini ne zaman tutmuşum? 20'lerin sonu 30'ların başı olmalı. Nereden baksanız kırk sene olmuş. Ne zamandır ilk kez karşıma çıkıyor. O kadar karışık bir vaziyette yığılmış ki malzeme... adeta kendi başına bir şahsiyeti var. Hırçın bir denizin kıyıya vurduğu o acayip nesne zenginliğine benzetirim bazen evin bu dağınıklığını. Bu defter de o hercümercin içinden fırlayıp elime geldi dün akşam. Bakın eski yazıyla tarih atmışım. Ne acayip... Şu sahneyi çiziktirirken bir daha senelerce kapağını açmayacağımı hesap edebilir miydim? Ya da şimdi, şu anda açacağımı? Artık sekseni ne gelmiş bir adam olarak?

…

…

Evet, evet, Taksim Kışlası burası, 20'lerin sonu. Yıkıldı sonradan. Yerine park yapıldı. Biliyorsunuz İnönü'nün Gezi Parkı. Öyle denirdi. Medeni memleketlerde böyle geniş parklar bahçeler çoktur ama bizde öyle bir âdet yoktur. Şehirlerimiz hep sıkışıktır. Meydan, park falan pek sevilen şeyler değildi eskiden, insanlar bir araya gelip de nümayiş falan yaparlar maazallah. Millet de çaresiz mesire yeri diye mezarlıklarda piknik yaparmış. Gerçi bu Gezi Parkı'nın da altı mezarlıktır ya… Öyle tabii. İstanbul eski şehir, yorgun, milletler gelip geçmiş üzerinden altını üstüne getirmişler, o da ne yapsın hepsine adapte olmuş bir şekilde, her dilde konuşmayı öğrenmiş. O yüzden İstanbul'a gelen hemen aşina hisseder kendini, bir daha da gitmek istemez başka bir yere. Neyse ama yine de iyi oldu park yapıldığı, insanın nefes alacak, gezip dolaşacak, birbirini görecek mekâna ihtiyacı var. O zamanlar bir de bu Topçu Kışlası'nda futbol müsabakaları yapılırdı. Aslında o defterlerimi bulabilsem… Ne maçlar oynanmıştır burada. Meşhur Harington Kupası oynanırken de oradaydım mesela, ya... sene 1923. Daha Cumhuriyet ilan edilmemiş, yazın başı. Haziran sonuydu galiba. Bir maç ki kıran kırana, sanki memleketin istikbalini bu maçın sonucu tayin edecek. Ve Fenerbahçe kupayı aldı, ne müthiş bir gün. Benim de en derbeder, en havai devrem. Bir yandan Sanayi-i Nefise'de ders veriyorum, bir yandan da İstanbul'un gece hayatında kendimi kaybediyorum… Öyle tabii çok renkli bir tarafı da vardı o günlerin. Mahşer gibi. Kıyamet kopmuş da artık dünyevi kanunlar lağvedilmiş, herkes istediğini yapıyormuş gibi. Büyük acılarla büyük hazlar bir arada.

...

...

Eski kışladır aslında. Sonra içine tribün koydular spor müsabakaları büyük gösteriler falan burada yapılır oldu. O dev köpekbalığını da nerede yakalamışlarsa getirip sergiliyorlardı. *Surréaliste,* değil mi? Ben de fırsatı kaçırmamış, hemen oracıkta eskizlerini yapmıştım. Tabii şehrin içinde gezerken defterimi yanımdan hiç ayırmazdım. Benimkisi biraz jurnalizm, eski tip gazetecilik. O dönem çıkan mecmualara illüstrasyonlar yapardım, üçbeş kuruş kazanırdım. O yüzden ben tuval ressamlığını değil de böyle defter ressamlığını tercih ederdim şehrin içinde. Fotoğrafçı gibi. Tabii daha zahmetli ama daha orijinal, hem fotoğraf filmi pahalı, tab etmesi ayrı dert. Gerçi sonradan o işe de merak saldım.

...

...

Ne acayip mahluk, değil mi? Tam bir deniz canavarı. Tabiat en büyük yaratıcı, hiçbir faninin muhayyilesi onun acayipliklerinin hududunu hayal edemez. Şimdi dünyanın her yerini avucumuzun içi gibi bildiğimizi zannediyoruz ama mümkün mü? Gidin Amazonlar'a ya da Afrika'nın balta girmemiş ormanlarına, ne acayip mahlukat ne adı sanı bilinmeyen nebatat bulursunuz. Ne isterdim biliyor musunuz? O eski zaman kâşiflerinin ekibinde bir ressam olmak. İlk kez insan gözünün gördüğü hayvanların, bitkilerin, ağaçların, böceklerin resimlerini yapmak. Dünyayla irtibatı olmayan bir kabile keşfetmek. Onların hayatlarını resmetmek. Hatta onların sanatını öğrenmek. Belki de onlarla yaşamayı tercih etmek. Ama işte olmadı...

...

...

Bir ressamın en büyük hocası tabiatın ta kendisidir. Önemli olan dersi talep etmek. İyi bir talebe olmak. Sabahları, işte şafak vakti ben dersimi almak için bu manzaranın karşısına geçiyorum. Her sabahın birbirinden farklı olduğunu bilirsiniz. Sorsalar söylersiniz yani bunu aklınızla bilirsiniz, öyle olması icap eder dersiniz ama hisseder misiniz, şöyle içinizden, yüreğinizden? Hatta bütün bedeninizde, hücrelerinizde, iliğinizde? İşte sanatçıyı alelade biri olmaktan kurtaran bu haslettir. Alelade insan, içinde yaşadığı ânın o kendine has hususiyetini idrak edemez. Ona göre her sabah aynıdır, her insan bir diğerine benzer, her olay öncekilerin sıkıcı tekrarıdır. Oysa sanatçı bütün bunlar arasındaki farkları görür, hisseder, anlatır. Hintlilerin üçüncü göz dediği şey… bizimkilerin gönül gözü diye tabir ettikleri. Farkında mısınız, aslında herkes aynı şeyin peşinde, şu zahiri dünyanın arkasındaki sırlarla dolu hakikati görebilme arzusunda. Ne yazık ki bunu ne dervişler gibi zikir çekerek ne Hint fakirleri gibi çivili yatakta yatarak yapabilirsiniz. Asıl sır nedir biliyor musunuz? Asıl sır görünenden başka bir sır olmadığıdır. Tüm o çirkin, ucuz, berbat, süfli yanlarımız… işte bütün sır bunların içindedir, hatta bunların kendisidir. Ama insan zayıf mahluk, hep renkli masalların peşinde.

…

…

Bakın bunlar en yeniler. Son iki ayın mahsulü. Her sabah temrin olsun diye tabiat dersimi müteakip kendi yüzümü çiziyorum. Şaşırdınız, portre ressamı değilim demiştim, doğru, işte şimdi de eksiğimi tamamlamaya çalışıyorum. Bende Sisifos inadı var Halit Beyciğim. Çalışıyorum tabii. Aynaya bakarak. Bir otoportre serisi. Her gün azar azar yaşlandığımı biliyorum ama acaba birkaç sene devam edebilsem bu çalışmaya sonuç nasıl olur? Bu sual o kadar heyecanlandırıyor ki beni bir an önce zaman geçsin istiyorum. Oysa benim yaşımdaki bir adam için bu istek çok absürd. Tam tersine zamanın yavaşlamasını istemeliyim. Öyle olmuyor, yaşlandıkça daha da hızlanıyor her şey. Bir bakıyorum öğlen olmuş, bir bakıyorum akşam, bir bakıyorum yaz bitmiş, kış gelmiş derken birinci cemre...

KAYIT SONU

GALERİ

ÇAMLICA'DAKİ KÖŞK 1890'LI YILLAR, FOTOĞRAF GÜLMEZ FRÉRES

Mimar Vincenzo Beltrami tarafından yapılan köşkün cepheden görünüşü. Geleneksel Osmanlı planına uygun olarak inşa edilen köşkün dış süslemelerinde barok etkiler hissedilmektedir. Üçgen çatıyla bütünleşen açık balkon ve yüksek giriş köşke eklektik bir özellik kazandırmaktadır. Ressam Vasıf'ın hatıralarında büyük yer kaplayan kameriye ne yazık ki kadrajın dışında kalmış.

OTOPORTRE, 1967, YAĞLIBOYA, 30 X 42 CM

Ressam Vasıf 1967 yılında sabahları bir dizi otoportre yapar. Çoğunluğu yarım kalmış izlenimi veren bu resimlerin ortak özelliği ressamın yüzünün sol yanını çok daha ayrıntılı bir şekilde çalışmış olmasıdır. Aynaya fırlatılan bakıştaki tedirginlik arka plandaki gölgelerle aynı tonlarda verilmiştir. Ancak dudaklardaki ince gülümsemenin kızıl boyunbağıyla kurduğu neşeli ilişkinin resmin genel havasını yumuşattığını söylemek gerekir. Arka plandaki bulanık nesnelerin beyaz boşluğun içinde eriyip gitmesi resmin yarım bırakılmadığını, bilhassa bu kompozisyonun tercih edildiğini göstermektedir.

ESKİZ DEFTERLERİNDEN

Ressam Vasıf'ın farklı zamanlarda yaptığı çizimleri içeren çok sayıda defterinden bir sayfa. Taksim Meydanı'ndaki *Cumhuriyet Anıtı*'nı ve onu izleyenleri gösteren bu çizim 1930 yılına ait. Yanında Fransızca bir not düşülmüş: "16.500 pound, devletin parası yetmeyince halkın bağışlarıyla tamamlandı."

HACI BEKİR ŞEKER KUTUSU

Ressam Vasıf'ın çocukluğundan hatırladığı en güzel tatların başında gelen akide şekerlerinin, lokumlarının satıldığı Ali Muhittin Hacı Bekir'in şeker kutularından biri.

Varlık ile Yokluğun Savaşı

Bakın şimdi. Ne görüyorsunuz?

...

...

Aslında sizi tuzağa düşürdüm. Bu şekilde sorduğum vakit sizi bir cevap vermeye zorlamış oldum. Siz de haklı olarak beyaz kâğıdın üzerindeki bu kalın fırça darbesini bildiğiniz alıştığınız dünyanın bir parçasına benzettiniz. Kayık dediniz. Hatta biraz da beni mahcup etmemek için kendinizi zorladınız, sonuçta hiçbir şeye benzetemedim demek kabalık sayılabilir diye düşündünüz.

...

...

Evet, evet biliyorum, böyle düşündünüz, bunda ayıp bir şey yok. Naif insan gözü resmin içinde tanıdığı bildiği şeyleri arar hep. Resim basit bir aynaymış gibi muamele eder. Oysa resim kendi başına bir mevcudiyettir. Hakikati kendinden menkuldür. Eğer resmi kendi başına bir nesne olarak görmeyi becerebilirseniz onu anlamaya başlarsınız. Anlamak da demeyelim. Belki hissederek idrak etmek diyebiliriz.

Bakın bu ne bir kayıktır ne çarıktır. Kendi başına bir figürdür artık. Çizgiyi çeken elimden kopmuş, kendi hürriyetine kavuşmuş hatta işte karşımıza geçmiş bize meydan okumaktadır. Artık üzerinde bulunduğu kâğıt adi bir selüloz hamuru olmaktan çıkmış, boşluk ile figürün muharebe meydanına dönmüştür. Ben bu figüre baktığımda beyaz sayfanın üzerinde yarattığı gerilimi hissediyorum. Beyaz sayfa artık korkularıma meydan okuyan bir boşluğa dönüşmüştür. Boşluk elbette karşı koyar, ele geçmek istemez, kendini korur, içine alıp yutmak ister. Bakın nasıl da zor duruyor sizin kayık bu boşluğun mukavemeti karşısında. Rezistans! Sihirli kelime budur Halit Beyciğim, rezistans. Bütün sanatın temelinde bu vardır. İşte şimdi aralarındaki çekişme üzerine eğilebilirim.

Bazen saatlerce düşünür insan, bu çekişmede kimin tarafı olmak iyidir diye. Tabii ressam her zaman figürün, şeklin, mevcudiyetin tarafıdır, boşluk da bunu bilir, ama bilmediği şey ressamın bunu da bildiğidir. Bu yüzden bazen boşluğun ümitlerini boşa çıkarmak için hiç beklemediği işler yapar, öyle bir çevirir ki etrafını... boşluk kendi kendine resmin bir parçası olur. Bu neticede bir hayat memat meselesidir. Varlık ile yokluğun mücadelesi. Boşluk her zaman şunu söyler: Şimdilik bir muharebeyi kazanmış olabilirsin ama en sonunda savaşın galibi ben olacağım ey fani! İnsanı en zayıf yerinden, ölüm korkusundan yakalar. Bu çok şiddetli bir hücumdur. Çoğu insan buna yenik düşer. Hangimiz ölümün soluğunu hissettiğimizde paniğe kapılmayız? Hep vakit kazanma telaşı, kendini teskin etme, oyalama çabası. Kişi bazen geçmişte kazandığı muharebelerin hatırasını tekrar eder, yani yapa yapa ustalaştığı metodu tatbik etmeye döner, tabii bu aslında bir nevi mağlubiyettir. Ustalık dediğimiz yaratıcı ruhun ölümüdür. Büyük heyecanlarla başlanmış bir gecenin sonunda aradığını bulamamış, perişan vaziyette evine dönen sarhoş gibi. Mağlup. Her zaman bundan korktum. O yüzden bildiğime dönmek istemem. Her seferinde yeni bir şey olsun, yeni bir muharebe, yeni bir meydan okuma. Misal, az önce nasıl resim yaptığımı sordunuz ben de bakalım nasıl yapıyormuşum diye fırçayı elime alıp beyaz kâğıdın üzerine o çizgiyi çektim ya, işte o an ben boşluğa karşı savaş açtım, bir kez daha. Neticesinin ne olacağını da bilmiyorum. İşte bir yandan da boşluğu boyalarımla şekillendiriyorum. Artık... Görüyor musunuz, bakın bakın... Boşluk nasıl da korkak bir sırtlan gibi geri çekiliyor, biraz daha turuncu, biraz daha sarı... işte oldu. Boşluk artık çok uzaklarda...

...

...

Bu dediğinizi Nazmi Ziya duysa çok kızardı. Ona göre resmin şiire benzetilmesi günahların en büyüğü idi. Mamafih bir sanatı bir diğerine benzetmek abesle iştigal. Her birinin kendine has bir ifade etme biçimi, yolu, yordamı var. Ama şu konuda haklısınız, tüm sanatlar müşterek bir ruhtan beslenirler. O sebepten iyi bir sanat eseri başka sanat eserlerini hatırlatabilir.

...

...

Nazmi Ziya eski dostum, talihsiz arkadaşım.

...

...

Elbette hem ressamdı hem de senelerce akade-minin müdürlüğünü yaptı. Çok güzel günlerimiz oldu. Başlı başına bir devirdi Nazmi Ziya... Onu size nasıl anlatmalı? Aslında yeni kuşaklar geçmişi hiç bilmiyor. Herkes unutuluyor. Tamam hafızayı beşer nisyan ile maluldür, anladık ama bu kadar da olmamalı. Şahsi almayın, sözüm size değil. Sizin jenerasyon maziye tamamen kapalı, adeta unutmak için yaşıyor. Kim bilir belki de çok acı çekip çok acı çektirdiğimiz için şimdi maziyi hatırlamak istemiyoruz. Unutamazsak, unutturamazsak dağılırız gibi geliyor. Nisyan bu milletin tutkalı olmuş. Hep beraber her şeyi, tüm günahlarımızı, tüm kötülüklerimizi unutalım.

...

...

Nazmi Ziya çok hoş adamdı, tam bir sanatkâr. Bir seferinde birisi bir yerde "o ressamdan ziyade şairdir" diye yazmıştı da küplere binmişti. Hatta sert bir cevap da vermişti. Halbuki yazanın maksadı Nazmi Ziya'nın sanatını methetmekti. Tabii onun resmi ne kadar ciddiye aldığını hesap edememişti. Nazmi Ziya sonra üzüldü gerçi, keşke öyle demeseydim falan diye içlendi, ama aslında haklı olduğu husus şuydu, memlekette resimden anlayan, otorite seviyesinde eleştiri yapacak kimse yoktu. 1930'lardan bahsediyoruz. Bu belki de dünyanın her yerinde böyledir, sanatçılar yaşadıkları cemiyette anlaşılmadıklarını düşünürler. Fakat bizde bu mesele ileri memleketlerde olduğundan daha vahim bir seviyededir.

O kendini resme tamamen teslim etmiş bir adamdı. Bu derece teslimiyeti her zaman korku ve hayranlıkla karşılarım. Bazen onu izlerken kendimden şüpheye düşerdim. Onda kaldığım olurdu, evinde, hele geceleyin muhabbet uzamışsa mutlaka orada yatar uyurdum. Gerçi onca içkinin üzerine sızardım demeliyim, yattığım yeri bilmezdim. Çok içerdik o zamanlar, rakı kiloyla. Şarap, votka... Buhranlı zamanlarda daha çok içiliyor sanki. Acıyan ruhlarımız için ilaç. Ama her ilaç biraz da zehirdir değil mi? Miktarını şaşırmamak icap eder ama biz o zamanlar gençtik tabii, gerçi Nazmi Ziya benden dokuz-on yaş büyüktür. Enteresandır onunla Paris'te tanıştık. Tabii, 1909 ya da 1910 olmalı. Hemen kaynaşmadık gerçi, biraz kıskançlık oluyor evvela. İnsan gençken kendini çok müstesna sanatçı zanneder başkalarını hep küçümser. Ben yirmi bilemedin yirmi bir yaşındayım. Nazmi Ziya ise otuzlarının başında. Biraz geç başlamış resme, malum ailevi sebeplerden. O zamanlar resimle uğraşanlara iyi gözle bakılmazdı, gerçi şimdi de farklı değil ya. Ekseriyetle aileler çocuklarının resme, heykele, sanata merak sarmasını hoş karşılamazlar. Fakir olanlar evlatlarının aç kalacağından, zenginler ahlaklarını kaybedeceklerinden korkarlar. Nazmi Ziya çok köklü bir aileden geliyordu. Dedeleri Molla Gürani'nin soyundan. Fatih'in hocası. Babası devlette çalışıyor, yüksek mevkilerde. Aile feci mutaassıp. Resme hep merak duyuyor, hatta... bu çok enteresan bir tesadüf, benim askerî doktor amcam gibi bir amcası var, binbaşı, üstelik de resim öğretmeni. Tabii o dönem askerler arasında böyle bir ekol var. Bilir misiniz bizim ilk ressamlarımız hep askerler arasından çıkmıştır. Modernleşme de zaten askeriyeyle başlamadı mı? Askerî ihtiyaçtan. Eski usullerle harp edebilecek olsa hiç modernleşme zahmetine katlanır mıydı Osmanlı? Ama işte tüfek icat oldu mertlik bozuldu lafı ortada. Bu da ayrı bir ironi. Bakınız, suçlu: Bir icat! Teknoloji, yani bilim. Sanki insanı palayla, kılıçla doğramak haysiyetli bir işmiş gibi... Her neyse lafı dağıtıyorum, mesele modernleşmenin mecburen başlamış olması. Eh muasır medeniyetler dairesinde kendine yer bulmanın zaruri bir neticesi de resimle uğraşmak, öyle düşündüler zahir. En nihayetinde son halife Abdülmecit Efendi bile ressamdı. Müthiş bir atölyesi vardı. Bu da bizi çok iyi anlatan bir hadisedir, düşünsenize resim yapmayı men eden bir dinin halifesi bizzat ressam olmuş, kim nasıl açıklayabilir bunu? Meşhur psikanalist Freud'a sormalı bunun manasını. Süprese edilenin geri dönüşü derdi muhakkak. Ricat-ı süprese!

...

...

Yani, bir şeyi sıkıştırarak, bastırarak yok edemezsiniz. Mesela bir silindir haznenin içindeki buharı pistonla sıkıştırmaya çalışın. Ne olur? Bir yerden sonra piston ya da kap en zayıf yerinden çatlar, sızdırır. Onun gibi... Mağara devrinde bile insanlar resim çizdiler. Belki konuşmadan önce çizmeyi öğrendiler. Sanat insanın en mühim hasletlerinden biridir. Onu sıkıştırırsanız önce kılık değiştirir, yazıda, hat sanatında, ebruda, minyatürde kendine bir yer bulur ama bir müddet sonra kendi mevcudiyetini ortaya koyar. Bizde de öyle olmuş işte. Resmi yasak eden dinin en üst seviyesindeki adamı, halifesi bizzat resim yapıyor. Kim bilir bu hadisede ne hikmetler gizlidir? Anlayana... Hakikaten fevkalade bir vaka. Tabii her şey öyle büyük bir hızla değişti ki şaşırmaya, düşünmeye fırsatımız olmadı.

...

...

Nazmi Ziya'nın hayatındaki iniş çıkışlar aslında baba-oğul çekişmesinin seyrini takip eder. Baba epeyce muhafazakâr, ressam amcası da fazla karışamıyor tabii, bizim Nazmi mecburen Mülkiye'de okuyor. Ne zaman ki peder bey ebediyete intikal ediyor bizimki Sanayi-i Nefise'ye kaydını yaptırıyor.

Bence en fena şey budur, evladına mâni olmak. Bir baba evladına köstek olmamalı, arkasında sırtını yaslayabileceği bir kuvvet olmalı. Yeni nesil istikbaldir, onun önüne dikilmek beyhude bir çabadır, çünkü her zaman yeni nesil kazanır. Belki evlat bir müddet saygısından ya da korkusundan babanın sözünden çıkmaz, e sonra? Sonra zaman işi bitirir. Babanın ömrü umumiyetle evladından kısadır. İpi daha önce eğrilmeye başlanmıştır. Bu hakikati hiç aklına getirmeyen baba evladına mutlaka kötülük yapar. İstemeden tabii, ama yapar, muhakkak yapar. Bakın benim babam çok geniş adamdı, yavaş, sakin, tembel. Uğraşmazdı benimle. Her şey olacağına varır derdi. En büyük derdi akşam yenecek yemek olan bir adam... Kuzu kolunu zeytinyağı ile mi ovalım, soğanda mı bekletelim, pilav domatesli mi olsun yoksa Özbek işi mi? Geri kalan meselelerin bir ehemmiyeti yok. Benim de ne yaptığımla pek alakadar olmazdı. Zamanı gelince Mekteb-i Sultaniye'ye yazdırırız olur biter. Öyle de oldu. Bir yanıyla iyi bir şey ama bir yanıyla da tuhaf. Okuldaki arkadaşlarım mesela, ekseriyetinin babaları birer despottu. Bu onların hayatına o kadar kuvvetle tesir ediyordu ki, duruşları, oturuşları, konuşmaları hatta kavga etme şekilleri bile babalarına karşı geliştirdikleri reaksiyonların birer koleksiyonuydu. Bu oğlanlar her an babalarının kızgın nefesini enselerinde hissettikleri için hep öfkeli oluyorlardı. Bense farklıydım. Başımda despot değil de lapacı bir baba olduğu için ben de pamuk şekeri gibi dolanıyordum ortalıkta. Ötekiler hayalî düşmanlarla çevrili bir dünyada, her an çarpışmaya hazır gladyatörler gibi gergindiler, bense hiç... Koltuğumun altına sıkıştırdığım defterimle ortalıkta geziniyordum. Bu itiyadım hiç değişmedi. Hep olaylara muayyen bir mesafeden bakan bir antropolog gibi oldum, fakat bu yüzden de bir türlü hayatın içine giremedim. Her şey, tabiat, insanlar, eşya hep resmi çizilecek modeller gibi ötemde durdular. Gerçi böyle söylüyorum ama şimdi Nazmi Ziya'nın evindeki o geceleri düşünüyorum da... nasıl kendimi kaptırmadığımı söyleyebilirim ki? Ne güzel bir evdi, planını kendi çizmiş, her şeyini kendi başına tasarlamıştı. Duvarlarından yaseminlerin, morsalkımların sokaklara taştığı bir ev. Avluya kurduğumuz masada kimler yok ki: Feyhaman, Hikmet, elbette Çallı... Ziya kendi eliyle hazırladığı Tatar böreğini ortaya getiriyor, rakılar mütemadiyen tazeleniyor. Her çeşit memleket meselesinin masaya yatırıldığı ama lafın dönüp dolaşıp sanata bağlandığı, geç saatlere kadar süren ateşli tartışmalarla, şen kahkahalarla çınlayan bir ev. Şimdi ne kadar uzak geliyor hatırası bile. Zamanın geçişine aldırmam aslında ama işte böyle eskilerden bahsetmeye başlayınca tuhaf hislere kapılıyorum. Sanki mazi orada bir yerde duruyor, hiç bozulmadan. İyice verniklenmiş yağlıboya bir tablo gibi. Misal, Süleymaniye'de sabahın erken saatleri. Evin kapısı gıcırdayarak açılır, Nazmi Ziya görünür, malzemelerini yüklenmiş resim yapmaya gidiyor. Şövalesi, tuvali, çantası koltuğunun altında. Komşusu Arif Kaptan da gelmek ister, tembih etmiş geceden, beni de uyandır diye. Kapının önündeki zili üç kez çekiyor. İp doğrudan yatak odasındaki zile bağlı. Ama Arif Kaptan'dan ses yok, bir gece önce çok içmiş kalkamıyor, oysa kaç kez tembih etmiştir sabah mutlaka beni de uyandır ben de geleceğim diye. Yürüyoruz beraber, hava güzel, hanımeli kokuları baştan çıkarıcı, ağzında piposu bana fikriyatını anlatıyor, can kulağıyla dinliyorum ve elbette asıl ustamdan öğrendiklerimle kıyaslıyorum.

...

...

Hayır hayır, amcam değil, o da mühim tabii ama ilk ve asıl üstadım bir kadındır, Georgette Valané. Nazmi Ziya ile Paris'ten sonra yollarımız tekrar kesiştiğinde ben çoktan Georgette'in tedrisinden geçmiştim. Kendime göre bir yol tutturmuşum ama Ziya'ya saygımdan itiraz etmeden dinliyorum ne anlatırsa. "En büyük ustam Hoca Ali Rıza'dır," diyor, "kimseden etkilenmeyeceksin, asla! Asıl hoca tabiatın kendisidir, derdi." Onda müthiş bir fikrisabite dönmüştü hocasının bu düşüncesi. Bir *idée fixe*. Evet kopya ressamı olmak iyi bir şey değildir ama büsbütün etkilenmemek de bana göre bir zayıflıktır. Ne tuhaf! Gündelik hadiseleri hatırlamakta zorlanıyorum ama Nazmi Ziya'nın fikirleri hemen canlanıyor aklımda. Ne vakit usta bir ressamın elinden çıkmış bir resimle karşılaşsam onun laflarını hatırladığımdan herhalde... "Hoşuma giden bir resim çıksa karşıma hemen kaçarım, gözucuyla bakarım, korkunç bir şey görmüş gibi," derdi. Neden? *L'angoisse de l'influence.* Tesir altında kalmaktan korkuyor. Bu her sanatçıda az çok vardır bence. İşte güzel bir resme bakarken bu laflar aklıma gelir. İçimden cevaplar yetiştiririm rahmetliye. Kimi zaman haklısın üstat derim tesir altında kalmak yaşayan ölüye çevirir insanı, sanatkâr kendini başkasında kaybedebilir. Bazen de tam tersini düşünürüm, hayır üstat yanılıyorsun derim, sanat sadece insanın kendi aklıyla, ruhuyla yaptığı bir şey değil, her çizdiğimiz çizgide, her karıştırdığımız boyada binlerce senenin tecrübesi var. Sanat, evet, bir yandan son derece ferdidir, sadece sanatçının özel tecrübesinden doğar ama bir yandan da kolektif aklın inşa ettiği muazzam bir kültürdür. Fert ile cemiyet arasındaki çarpışmadan besleniyor besbelli. Ben severim tesir altında kalmayı. Sanat eseri beni ele geçirsin isterim, ruhuma nüfuz etsin, tabiri caizse ruhumu gebe bıraksın isterim. Ancak o zaman güçlü eserler çıkarabilirim gibi gelir. Ama o kadar kuvvetli tesir edecek eseri bulmak kolay mı? Aşkı bulmaktan daha zor.

...

...

Mamafih ben çok kolay âşık olurum. Neden bilmiyorum, hayatım boyunca da böyle olmuştur. Hatta şöyle diyebilirim, size belki çok tuhaf gelecek, ben farkında olmadan âşık olurum. Önce yaşarım, sonradan, kaybettikten sonra o yaşadığım tecrübenin aşk olduğunu idrak ederim. O anda sorsalar bin bir çeşit laf söylerim; arkadaşım, dostum, ustam, idolüm derim belki ama sonradan, onları kaybettiğim zaman, aslında hissettiğim şeyin aşk olduğunu büyük bir hasretle anlarım. Evet... aşk ile hasret birbirine dolanan iki yılan olup kalbimi sıkıştırırlar. Doktorların sembolündeki gibi. Onlar zehir ile panzehri temsil eder sanırım, benim yılanlarım ise pek de öyle sayılmaz. Ne aşk zehirdir ne de hasret onun panzehri. Olsa olsa aşk hasretin sebep olduğu ateşli bir hastalıktır. Önce kaybederim, sonra hasretini duyarım en nihayetinde bunun aşk olduğunu anlarım.

...

...

Belki de şimdi böyle hissediyorum. Eskiden sorsaydınız bir kahkaha atar aşk hakkında bambaşka şeyler söylerdim. Heyecan derdim, nefessiz kalmak, uçmak, kaybolmak, kendinden geçmek, içmeden sarhoş olmak... Şimdi tüm bunlar benim için mazide kaldığından elimdekilerle baştan kuruyorum bütün ruh dünyamı. Öyledir. Elimde hangi malzeme varsa onlarla resim yapmaya alışığım. Biz ne de olsa yokluk zamanlarında aldık ruh terbiyemizi. İşte Nazmi Ziya'dan bahsediyorduk. Yoklar ülkesinde küçük sıcak bir adacık, kızlarıyla yaşadığı ev. Bir pazartesi akşamı sofranın başındayız. Her şey azar azar ama sıcak. Samimi. Tatar böreğinin kokusu halen burnumda. Ben sofradayım ama aklım kim bilir nerede? Fazla konuşmuyorum. Bazı meclislerde susmam icap ederdi, bunu şimdi itiraf etmek içimi burkuyor ama hakikat bu. Kendimi çok fazla ortaya koyarsam bir müddet sonra o mecliste barınamıyordum. İşte şimdi kimse kalmadı. Hayatın sonuna eksile eksile geldim. Bazılarını kırdığıma çok üzülürüm. Bedri mesela... Sonra kırmadan kaybettiklerim var. Nedim gibi...

...

...

Aslında bu kayıt işine kalkışmadan önce çok düşündüm. Ada'nın teşviki olmasa belki de hiç cesaret edemezdim. "Bak Vasıf, hiçbirimiz ölümsüz değiliz, birer birer gidiyoruz, arkada bir iz bırakmadan..." Maya'da çekilmiş bir fotoğrafı burnuma dayadı, ellerimizde kadeh, ebediyete kadar yaşayacakmışız gibi bakıyoruz objektife. Parmağıyla birer birer gösterdi ölüleri. Evet, ölüleri. Fotoğraf değil Karacaahmet Mezarlığı mübarek. O zaman ikna oldum. Ama yine de içimi bir kurt kemiriyordu. Çünkü muayyen bir yaşa gelince insan kendini tanıyor. Ya geçmiş zamanın içinde bıraktığım o aşklar canlanırsa? Yaşlı kalbim dayanabilir mi o hayaletlerle sevişmeye?

...

...

Fakat iyi ki sanat var. Bakın sizin kayık ne güzel gidiyor denizin üzerinde. Hiç yolcusu yok ama yine de bir menzile doğru dümen kırmış, adeta kendi ruhu var. Resim böyle bir şeydir, eşyaya ruh üflemektir. Bu sebeple korkarlar eski insanlar. Herhangi bir şeyin kendi başına bir varlık haline gelmesi ürkütür onları. Haklıdırlar. Kesinlikle haklıdırlar. Misal Edirnekapı'da bir kahve düşünün, koç dövüştürenlerin gittiği bir yer. Nazmi Ziya pek severdi o kahvede çizmeyi. Bir onun çizdiği kahveye bakın bir de gidip hakiki kahveye, tabii yerinde kalmışsa... Ben Nazmi Ziya'nın çizdiklerinde onun ruhunu görürüm. Sarıdır onun ruhunun rengi, evet. Hissettiği ıstırabı, umudu, sevinci, sukutuhayali hep sarının farklı tonlarıyla ifade eder. Yani demem o ki ressam bir yeri, bir nesneyi, bir insanı çizmez sade, asıl kendi ruhunu resmeder.

Bir yandan konuşup bir yandan çizmek en sevdiğim şeydir Halit Beyciğim. Neden derseniz, aklım size laf yetiştirirken elim serbest kalır da ondan. Eğer siz olmasaydınız, bugün gelmeseydiniz, ben durduk yere bu resmi yapmayacaktım. Sizinle konuşurken içimde bir yerlerde kendiliğinden bir kuyu açıldı, elim bana danışmaksızın bu kuyudan çektiği karanlıkla bu resmi yapmaya başladı. Resim yapmak da bir nevi itiraf sayılır.

Sanat insanın en derinindeki karanlığı itiraf etmesidir. Neyse ki o itirafları herkes hemen tüm açıklığıyla anlamıyor. Fakat tam manasıyla anlaşılmasa da hissedilmesi mümkün. Hatta mükemmel bir sanat seyircisi sanatçının suçuna ortak olandır, o azabı kendi ruhunda hissedendir.

...

...

Anladım neyi kastettiğinizi... Cennet gibi tasvir edilmiş manzara resimlerini söylüyorsunuz ya da güzel çıplak insan vücutlarını, belki vazoda renk renk çiçekleri, tepside elmaları, üzümleri... Eğer resim basit bir formüle dayanan sathi bir çalışmaysa elbette onun seveni çok olur, evini süslemek için duvarına asan kişi gözünü okşayan renklere bakar, ne güzel yer der, bununla yetinir. Oysa hakiki bir resim, iyi bir sanat eseri bundan çok daha fazla tesir eder insana. Manzaranın güzelliğinin arkasında ressamın ruhundaki incinmiş yerlerden sızan acıyı hisseder kişi. Manzara güzeldir, evet ve kaybolup gidecektir, tıpkı onu tuvaline aktarmaya çalışan fani gibi. Alın size hüzünlenecek bir sebep! Veyahut, manzara güzeldir, evet, ama ressam terk edilmiş olmanın acısıyla o güzelliği çizmeye çalışmaktadır. Hata yapmıştır, onca yıl mazbut bir hayat sürdükten sonra karısını aldatmış, akabinde terk edilmiştir. Bir kez yapılan hata hayatının mükemmel manzarasını bozmuştur. O da habire aynı manzarayı resmetmiştir. Siz ortaya çıkan neticeye bakarsınız, hocam neden aynı manzarayı defalarca çizdiniz dersiniz, Nazmi Ziya da size, "O geri döner belki," diye cevap vermez, tam tersine akademik birtakım laflar eder. İşte biz sanatçı taifesinin itirafı böyle olur. İtiraf ederiz ama farkına bile varmayız. Benim aşklarım gibi...

KAYIT SONU

GALERİ

BOYA MALZEMELERİ

Ressam Vasıf'a ait fırçalar, ıspatulalar, boya karıştırma kapları, tüp boyalar, paletler, kalemler, şövale ve üzeri resimli boya kutusu. Kutunun iç kapağında Nazmi Ziya'ya ait bir manzara resmi bulunuyor. Ağaçların araşından görünen Boğaz ve karşı yaka. Nazmi Ziya bu kutuyu Vasıf'a 1920'lerin başında Çamlıca'da tavuk çiftliği kurmak için civar köyleri gezdikleri dönemde hediye etmiş. Kutunun içi yağlıboya tüplerle dolu.

GAZETE KUPÜRÜ, *AKŞAM* GAZETESİ, "DÜŞÜNCELER" KÖŞESİ 21 KASIM 1935

Nâzım Hikmet Orhan Selim adıyla kaleme aldığı "Bir Ressam Atelyesinde" başlıklı yazısında "Mistik değilim. Mistisizmin, hele bugünkü biçiminde, bir dejeneresans palavrası olduğunu söyleyenlerdenim. Nazmi Ziya da mistik değildir. Belki de bunun için onun ışıklı, kımıldanan, yaşayan, başı ve sonu olmayan, yaratılmamış tabiat anlayışını ve görüşünü boya ve çizgi dünyası içinde görünce bu kadar sevindim ve anladım," diyor. Ressam Vasıf da Nazmi Ziya'nın bu sanat anlayışının büyük ölçüde kendine emsal teşkil ettiğini belirtiyor.

Yavaş Yavaş Işık Değişiyor Büyü Bozuluyor

Tüm bunlar niye? Bakın hepsi yok olup gidecek. Tek üzüntüm bu. Eskiden anlamazdım, evlat sahibi olmak önemli derlerdi gülüp geçerdim, adam sen de ne lüzum var, dünya haddinden fazla insan dolu, derdim. Oysa millet, kendini düşün, istikbalini düşün, sana kim bakar, kim korur demek istermiş. Mamafih idrakimiz biraz geç intikal etti, olsun. Netice? Benim çocuğum yok. Kardeşim yok. En yakın akrabam maalesef yeğenim Orhan Necmi. Ben ölünce her şey ona kalacak. Ne yapacak biliyor musunuz? Ben biliyorum. Her şeyi haraç mezat satacak, paraya çevirecek. O kadar nefret ediyor ki benden. Her neyse, benim son arzum bu evin, bu çalışmalarımın kaybolmaması, yok olmaması. Tamam bir Picasso değilim, ama yine de yok olmak istemiyorum. Belki gelecekte birilerinin ilgisini çeker. Olamaz mı? Sanat tarihi bu gibi anekdotlarla dolu.

Orhan'la o kadar farklıyız ki... Vârisim olmasına tahammül edemiyorum. Şöyle bir sahnenin yaşanmasını kabul edemem: Ben ölmüşüm, evde dualar okunmuş, fıstıklı irmik helvaları yenilmiş, kokusu halen havada asılı duruyor, her şey kitabına göre yapılmış, misafirler gitmiş, sonunda Orhan Necmi yalnız kalmış. Muhteris bir fare gibi etrafta dolanıyor her köşeye burnunu sokuyor. Neyi nasıl yok ederim telaşında. Benden kalan her şeyi bir cüzamlının eşyasını yok eder gibi yok edecek.

...

...

Bilmem ki anlatmalı mı bunları? Doğru olur mu?

...

...

Öyle mi dersiniz? Her şey anlatılabilir mi? Dün gece hiç uyutmadı bu mesele beni. Sabahı zor ettim. Ezan okunurken dalmışım, bir uyandım ki güneş iyice yükselmiş. Bugün sabah ritüelini kaçırdım anlayacağınız. Eski aile hikâyelerini ya da birtakım kavgaları kurcalamanın manası nedir diye düşündüm durdum. Eğer anlatmazsam tüm bunlar eksik kalacak, misal şu duvarda asılı kadın portresi, kim olduğunu bilmeyen için ne mana ifade eder ki? İşte o zaman içimden bir başka Vasıf çıkıp konuşuyor, bu benden çok daha aklı selim bir Vasıf. Diyor ki eğer sanat eseri yeterince kuvvetliyse kendi başına ayakta durur, sanatçının onu anlatmaya çalışması nafile bir çırpınıştır. Hakikaten de öyledir. Neticede sanat aşk gibi bir şeydir. Bir insan düşünün ki kendisini karşısındakine anlatarak âşık etmeye çabalıyor, hayır dedikçe üsteliyor, tartışıyor, ille de beni sevmelisin diyor, en doğru kişinin kendisi olduğunu mantık yoluyla kanıtlamaya uğraşıyor. İkna yoluyla aşk romans değil acıklı komedi olur ancak. Eseri de anlatmaya çalışmak beyhude bir çaba o manada. Eser ile ona bakan kişinin arasında bir çekim olur ya da olmaz. Bu, meselenin sanatla alakalı kısmı. Ama benim asıl uykumu kaçıran işin şahsi yönü. İnsan kendi hayatını anlatırken ne kadar objektif olabilir ki? Otobiyografiye oldum olası şüpheyle yaklaşırım. Dostoyevski'nin romanındaki yeraltından seslenen adamın söylediği gibi, insan tam manasıyla kendini anlatamaz, ya abartır yüceltir ya da aşağılık kompleksiyle yerin dibine geçirir. Hem sonra bunlar hassas mevzular, yeğenim okursa iyice benden nefret edecek. Belki de kendimi ona affettirmek, gözüne girmek için vakaları kendi lehime çevirerek anlatacağım... Velhasıl bir o yana bir bu yana dönerek sabahı ettim.

...

...

Ama neresinden tutacağımı da bilemiyorum doğrusu. Belki Orhan Necmi'den başlamalı. Bu duvardaki resim onun annesine ait, Fatma Belkıs Hanım'a. Hayatımdaki mühim kadınlardan biri. Belki en kuvvetli tesir edeni. Bilmek, tartıya vurmak zor.

Sene 1919. 15 Mayıs'ta Yunan ordusu İzmir'i resmen işgal etti. Büyükamcam Ali Salih Paşa çok hasta. İzmir'de kalmaları mümkün değil. Ortalık çok karışık. Durum ümitsiz. Bilhassa büyük Osmanlı aileleri İstanbul'a gitmeye karar veriyorlar, imkânı olanlar Avrupa'ya. Bizimkilerin vaziyeti iyice fena. Amcamın iki oğlu bir kızı vardı ama oğullarından büyüğü Birinci Cihan Harbi'nde, Çanakkale'de şehit oluyor. Amcamın evlatlarından kız olanı da genç yaşta bir askerle evleniyor, Şark'ta bir yerde hastalıktan ölüyor. Kala kala hasta amcam, yarım akıllı oğlu Fazıl Mehmet kalıyor ailede erkek olarak. Bir de bendeniz cennet kuşu var tabii, o tarihte İstanbul'da bohem bir hayat yaşıyorum. Çamlıca'daki babadan kalma köşke ara sıra uğruyorum ama esasen Pera'dayım. Köşkte rahmetli Huriye Kalfa'nın kızı Dürdane Kadın ile köşkün bütün işlerine bakan kocası Mehmet Çavuş kalıyorlar, odaların çoğu kilitli, her sene bir yeri daha çöküyor, bende de para yok tabii. Bilir misiniz, aileler de devletler gibidir... önce bir genişleme, büyüme devri oluyor sonra gerileme başlıyor, ardından çöküş. Bizim ailenin yaşlılığına denk gelmişim ben, çöküş devrine. Birinci Cihan Harbi'nin sonunda o koskoca aileden geriye işte bu üç erkek kalmıştık, hepsini toplasan bir adam etmiyor eskilerin tartısında. Oysa ne ümitlerle başlamıştı 20. asır bende. Mekteb-i Sultani'den sonra Paris'te delifişek seneler... Dünya kendini lezzetli bir meyve gibi bana sunmaya hazır görünürdü gözüme. Ah gençlik, soğuğun sıcağın işlemediği tunçtan bir gövde. Çok da güzel adamdım ha. O dönemin meşhur kadın ressamlarından birinin atölyesine devam ettim, Georgette Valané'nin. Daha önce söylemiştim, değil mi? Benim asıl ustam. O da ayrı bir hikâye. Belki de tüm muvazenem orada bozuldu, bilmiyorum. Her neyse... sonra Balkan harpleri, babamın hastalığı, parasızlık, işler bir anda tersine döndü. Paris'ten apar topar dönmek mecburiyetinde kaldım, Cihan Harbi patlak verdi. Aynı sene babam ebediyete intikal etti. Bazen ne kadar şanslı olduğunu düşünürüm babamın. Hiç değilse sonraki fenalıkları görmedi. Çünkü sonrası tam bir *catastrophe,* tam bir felaket. Uğursuz zamanlar. Her sabah başka bir şayiayla uyanıyorduk, ben seferberlikte mütercim subaydım, bütün yazışmalar, gazeteler elimden geçiyordu, feci bir devir, bütün dünya kaynıyor. Sonunda korkulan oldu, İstanbul, yüzlerce yıllık payitaht Avrupa'nın eline geçti, bitti. Tabii şimdi yarım asır sonra insan farklı düşünüyor, neticede İstanbul yerli yerinde duruyor, insanlar geçip gidiyor içinden. İşte tam o sırada Orhan Necmi'nin anası Fatma Belkıs Hanım'dan bir mektup alıyorum. Kendisiyle daha önce hiç karşılaşmamıştım. Babamdan duyardım ismini. Her seferinde iç çekerek talihsiz kadın diye hikâyesini anlatırdı. Kültürlü, iyi yetişmiş, Avrupai bir kız ama işte gönlünü bir Ermeni gencine kaptırıyor. O devirde olacak şey değil ama Fransızca ders alıyormuş adamdan, deli gibi âşık olmuş. Adam yüksek eğitimli, münevver biri ama malum, ailesinin cevaz vermesi mümkün değil. Kaçıyorlar, İstanbul'da evleniyorlar, ya büyük hikâye...

Tam evi barkı kuruyorlar, ortalık karışıyor, banka baskınıyla iltisaklı diye alıp hapse atıyorlar. Adam orada ölüp gidiyor. Fatma dımdızlak ortada kalıyor. Mecburen baba evine dönüyor. İçine kapanıyor. Aradan birkaç sene geçiyor. Bu arada amcam Ali Salih Paşa bakıyor ki oğlu Fazıl'ın aklı bir karış havada, bunu evlendirmek lazım, ahbabının kızı Fatma aklına geliyor. Bu şekilde, kendinden dört-beş yaş küçük yarım akıllı bir adamla evlendiriliyor Fatma. Bu hikâyeyi dinleye dinleye evlilik denilen müesseseden soğumuştum gençliğimde. Hoş soğumasam ne olacak? Birini bulup da evlenir miydim? Zannetmem. Paris bende çok şeyi değiştirdi, aslında mana veremediğim hislerimi anlamama sebep oldu, iç dünyam yerli yerine oturdu. Ufkum açıldı. İnsana atfedilen rollerin ne kadar izafi olduğunu keşfetmiştim bir kere. Artık imkânı yok İstanbul'da aynı hayata devam edemezdim, bir punduna getirip Paris'e geri dönmek niyetindeydim. Ne niyeti! Hayatımın gailesi buydu. Fakat insanın talihi karşısında planlar yapması kadar naif bir şey olabilir mi? İşte buradayız şimdi, 1967 senesinde Moda burnunda bir apartmanın çatı katında. Ne Çamlıca'daki köşk kaldı ne Georgette Valané ne Fatma Belkıs. Ne oldu onlara?

Acayip bir şey bu yaşa kadar yaşamak. İnsanların yok olup gittiklerine şahit olmak, üzülmek, yas tutmak, bir süre sonra alışmak, her şeyi tabii seyri içinde kabullenmek...

...

...

Bakın ne güzel güneş batıyor. Işığa bakın. Hayır bakmayın, durun öyle. Şu anda üzerinize düşen renklerin ve gölgelerin terkibini görebilseydiniz. Hayır, kımıldamayın. Evet, işte böyle.

...

...

Her seferinde aynı şey. Hayatın renklerini bulabilmek için paletimiz ne kadar da kifayetsiz. Ama işte burada, şimdi bir tablo var gözümün önünde, siz kendinizi göremiyorsunuz tabii. Soluk gülkurusu koltuklardan, ceviz masanın kalın kahverengi ahşabından, Murano küllüklerin mor pembe camlarından yansıyan ince ışık huzmelerinin yüzünüzün kıvrımlarını nasıl güzel boyadığını görebilseydiniz... Renklerin hayat verdiği yüzünüzde bütün bir insanlık medeniyetinin yakalamaya çalıştığı ifadeler gelip geçiyor. Ve zavallı ressam bunları alıp tuvaline nakşetmek istiyor. Bir ayna olsaydı keşke elimde. Size sizi gösterebilseydim. Nasıl da güzel olduğunuzu görebilseydiniz. Genç sağlıklı bir erkek başı, endişeli. Buna mukabil güçlü bir torso... Hayat dolu. Damarları kanla şişiyor, yaşıyor. Ama... yavaş yavaş ışık değişiyor, büyü bozuluyor. Akşamın gölgelerine bulanmaya başladınız çoktan. Artık yeniden siz bugünkü sizsiniz, hatırladığınız kişisiniz.

...

...

Ne diyordum?

...

...

Evet, öyle ya. İşte bu resimde görüyorsunuz kendisini. Nasıl buluyorsunuz?

...

...

En çok neyi dikkatinizi çekiyor? İlk bakışta?

...

...

Evet, çok akıllı, cerbezeli bir kadındı, girdiği meclise hemen fark edilirdi, insanlar onun mevcudiyetine göre vaziyet alırlardı. Tabii onun gibi bir kadının nasıl olup da Fazıl Mehmet gibi yarım akıllı bir adamla evlendiği tamamen talih meselesiydi. Ali Salih Paşa son demlerinde de olsa forsunu kullanıp zavallı oğluna bu harikulade ama talihsiz kadını eş olarak almayı başarmıştı.

İşgal seneleriydi. Fatma Belkıs'tan bir mektup geldi, biz burada fena durumdayız, ne yapıp edip İstanbul'a gelmek istiyoruz minvalinde bir şeyler. Mektupta yardım talebinden çok ailenin yetişmiş erkeği olarak bana vazifemi hatırlatır bir hava vardı. Çok da alınmadım doğrusu. Ben de, tamam Çamlıca'daki köşk emrinize amade, buyurun gelin dedim. Böyle gelin, buyurun diyorum ama neye güveniyorum belli değil. Cep delik cepken delik. Hayatımda bir ev çekip çevirmiş değilim. Sadece Sultanhamam'daki küçük birkaç dükkânın iradı var, o da benim cep harçlığım. Köşkü açık tutan Mehmet Çavuşlar ailecek kendi yağlarında kavruluyorlar, bahçeyi ekip biçiyorlar. İstanbul'da durum çok fena. 1918 sonbaharında şehir resmen işgal edilmiş. Elli sene oluyor ama dün gibi hatırlıyorum. Şimdiki gençler bilmezler sokaklarınızda yabancı askerlerin dolaşmasının ne demek olduğunu. Üstelik her milletten asker burada. İngiliz'i, Fransız'ı, İtalyan'ı, Habeşlisi, Senegallisi... Tek kelimeyle mahşer. Tabii İstanbul bu! Netice itibarıyla eski dünyanın merkezi. Bu fırsatı kaçırırlar mı? Herkes yağmadan yüklü bir parça koparmak için üşüşmüş durumda. Bizim hatalarımız yok mu? O kadar çok ki... Saymakla bitmez. En fenası da savaşa girmekti tabii. Bir türlü masadan kalkamayan kumarbazlar gibi davrandı İttihatçılar, kaybettiklerimizi geri alacağız diye diye daha çok kaybettiler. İşte İsmet Paşa'nın da en büyük faydası o olmuştur, bizi İkinci Cihan Harbi'ne sokmamıştır. Eğer o eski İttihatçılar olsaydı kesin Hitler'in yanında saf tutarlardı.

...

...

Vardı tabii. Hitler sempatisi bilhassa buradaki sağcılar arasında yükseliyordu. Yahu Beyoğlu'nda Nazi kulüpleri vardı. Ama İnönü yine de incelikli bir siyaset yürüttü. Hitler'in yanında ya da karşısında savaşa girseydik bir daha da belimizi doğrultamazdık. Netice önemli. Birinci Cihan Harbi'nde yirmi milyon insan öldü. Bunların üç milyonu Osmanlı coğrafyasından. Üç milyon! İkinci Cihan Harbi'nde kaç kişi öldü? Seksen milyon. O devirde dört tane Türkiye yok oldu! Bunları düşünmek lazım. Savaş en kötü şeydir. İnsanlığın en çirkin, en karanlık yüzüdür. Savaş sadece silah tüccarına yarar, stokçu, fırsatçı takımına yarar, zengin daha çok zengin olur, fakir elindeki son servetini de kaybeder, canını...

...

...

Her neyse... En nihayetinde geldiler. Hayatım temelinden değişti. Daha ilk dakika, gemiden iner inmez Fatma'nın bir teşekkür edişi vardı ki... gözlerinden yayılan sıcaklık içimi ısıttı, Karaköy Rıhtımı'nın kömür karası binaları masmavi bir ışıkla aydınlandı, şehrin kasveti dağıldı, o an hayatımda her şeyin geri dönülmez bir şekilde değiştiğini idrak ettim. Tabii bir de Fazıl Mehmet vardı... Of, ne kadar acayip bir hikâyenin içine girmiştik. Hem biliyorduk bu acayipliği hem de kaderimizmiş gibi uysal bir şekilde yaşamaya çalışıyorduk.

...

...

Resim sizi yanıltmasın. Benim sınırlı kabiliyetimin neticesinde ortaya çıkan bu eser hakikatin ancak soluk bir kopyasıdır. Kendisi çok daha güzeldi. Güzel... Ne demek güzel sizce? Hiç düşündünüz mü? Bir kadın, bir manzara, bir şarkı güzel dediğimizde, aslında neyi kastediyoruz? Proporsiyonları düzgün olan şeye mi diyoruz mesela? Bu en kolay cevap. Geometriden faydalanabiliriz, bir elimizde cetvel bir elimizde pergel ölçeriz, nispetine bakarız güzelliğine karar veririz. Harika! Üstelik objektif bir metot. Ama bence doğru cevap bu değil. Güzel sadece bakan kişinin kafasının içindedir ve o yüzdendir ki Fatma Belkıs'ın bu resminin ifade ettiği güzelliği benden başka kimse anlayamaz. Mümkün değil. Belki bu söylediklerim bunak bir ressamın son günlerindeki sabuklamaları gibi geliyor kulağınıza ama inanın değil. Ömrüm boyunca edindiğim tecrübelerin neticesini söylüyorum size. Güzellik hesap işi değildir ahenk işidir. Âşık ile maşuk arasında hissi bir ahenk vardır. Biz Fatma'yla bir ahenk yakalamıştık lakin buna aşk denir mi bilmem... Zaten başkalarının ne dediklerini hiçbir zaman umursamadım.

...

...

Aslında tam manasıyla doğru değil bu dediğim. Başkalarının nazarında nasıl biri olduğumu önemserdim gençken. Nasıl biri olmam icap eder? Yanlış mıyım? Eksik miyim? Ucube miyim? Bu meseleler öyle kolayca insanın üzerinden aşırtacağı şeyler değil. Ama benim en büyük şansım babamı erken yaşta kaybetmek oldu. Şimdi size çok ters geliyor biliyorum ama babam ve amcalarım gittikten sonra beni mütemadiyen tetkik eden o bakış da yok oldu. Fakat cemiyet içinde yine onlara benzeyen figürlerle karşılaştığımda aynı sıkıntıyı hissederdim. O yüzden de başka taraflara kaçtım, bohem hayata daldım. Orada bir nebze olsun rahat ediyordum.

Fatma Belkıs'a bağlılığım dışarıdan bakan gözler için besbelli bir aşktı. Hatta aşk-ı memnu. Halit Ziya'nın eserindeki gibi. Ama Bihter'ın haletiruhiyesine yakın olan bendim bu hikâyede, Fatma değil. Her neyse neticede Orhan Necmi, sekiz yaşındaydı ama hissediyordu havadaki tekinsizliği. Belki babasının tuhaflığının faturasını bile bana çıkarmıştır şuur altında, kim bilir. Sonuçta beni asla kabullenmedi, benden hep nefret etti Orhan Necmi. Mamafih o da haklı. Herkes haklı. Bir yanlış var ortada evet, ama bunun mesuliyeti kime ait belli değil. Tabii böyle anlatınca beni çok yanlış anlayacaksınız.

KAYIT SONU

GALERİ

KİTAPLAR

Ressam Vasıf'ın geniş sayılabilecek kitaplığından:

Francisco de Goya: avec 52 reproductions originales, 1 gravure et 19 illustrations, Paris, Libraire Artistique Internationale, 1900.

Le portrait de Dorian Gray d'Oscar Wilde, Paris E. Figuiere, 1922.

Jokond ile Si-Ya-U, Nâzım Hikmet, Akşam Matbaası, 1929.

Nazmi Ziya, Bedri Rahmi, Güzel Sanatlar Akademisi, İstanbul, 1937.

Souvenirs de Cézanne et de van Gogh à Auvers. Natures mortes composées avec des objets choisis et peints dans la maison du docteur Gachet, Paris Les Beaux arts, 1953.

Yeraltından Notlar, Dostoyevski, Milli Eğitim Bakanlığı Yayınları, 1955.

FATMA BELKIS PORTRESİ, 1955, YAĞLIBOYA, 55 X 85 CM

Orijinali Rus ressam Gritchenko tarafından yapılan tablo yangında yok olmuştur. Ressam Vasıf daha sonra aynı kompozisyona sadık kalarak portreyi yeniden yaptığını söylemektedir ancak kullanılan renkler ve portrenin ifadesi Vasıf'ın orijinalini ne kadar yansıttığı konusunda kuşkulara neden olmaktadır. Fatma Belkıs'ın yeşil elbisesi ayrıntılı bir şekilde çalışılmış, üzerinde oturduğu Kars işi battaniye ise küçük tuşelerle işlenmiş, arka planda görünmesi gereken kameriye ise tamamen gölgede bırakılmıştır. Fatma Belkıs'ın yüzünde endişeli bir ifade vardır. Kolları omuzlarından sarkan şalın altında kalmış ancak bir kitabın çevresinde kenetlenmiş parmakları, olduğundan daha yaşlı bir kadına aitmiş gibi görünmektedir. Kitabın adı okunmamaktadır. Vasıf defterlerinden birine bu resimle ilgili şu cümleleri not etmiştir: "Her an bir şey söyleyecekmiş gibi. Gözlerinde zeki ama alaycı bir pırıltı var. Sonra elleri. Kitabı nasıl da kararlı bir şekilde kavramış. Bir şey yazıyormuş da siz birden içeri girip onun dikkatini dağıtmışsınız gibi bakıyor. Sevdiği birine bakar gibi..."

Tam Bir Dekadans

Dün sizden sonra, gece rüyamda Fatma Belkıs'ı gördüm. Seneler var ki görmemiştim. Hep sizinle yaptığımız bu sohbetlerin tesiri. Bir kere açtınız o yasak kapıyı. Cin şişeden çıkınca geri girer mi? Girmez tabii. Senelerce ne çok şey biriktiriyoruz. Mamafih unuttum zannettikleriniz aslında içinizde bir yerde zamanlarını bekliyorlar. Hatıralar ölümsüz hortlaklar gibi.

...

...

Kameriyede oturuyorduk, ben resim yapıyordum, Fatma meyve soyuyordu. Küçük parlak Amasya elmaları, içleri kar beyazı. Böyle bir an, bir tablo. Hakikaten de böyle zamanlarımız çok oldu. Kameriyenin bakımsızlıktan boyası çoktan dökülmüş, kararmış tahtaları, mermeri kırık masası, tahta bank, direklerine dolanmaya çalışan yarısı kurumuş morsalkım... böyle viran bir haldeydi o zamanlar. Yine de çok güzel gelirdi bize. O bahçenin dışındaki her şey o kadar fenaydı ki hiç değilse buradayken evdeyken kendimize ait bir zamanı yaşamalıydık. O sene çok resim yaptım, hep Fatma'nın sayesinde. Ekseriyetle bana kitap okurdu, meyve soyduğu pek olmazdı, rüya nedense böyle bir mizanseni tercih etmiş, herhalde Fatma'ya bir nevi annelik rolü atfetmek için.

Çok da yanlış sayılmaz. Bizimkisi çok farklı bir sevgi idi. Her neyse... Rüyada yine oradayız, kameriyede. Ben Mehmet Çavuş'un tavuklarını çizmeye çalışıyorum ama durmadan yer değiştiriyorlar, bir türlü kompozisyona karar veremiyorum, amcam olsa halledebilirdi, ben yapamıyorum diye bir düşünceyle boğuşuyorum. Bu sırada Fatma kayboluyor, gitmiş! Bir sini dolusu elmayı da beraberinde götürmüş. Oysa susuzluktan ağzım dilim kurumuş, bir ısırık bile alamamışım. Orhan Necmi'ye götürdü tabii diye sinirleniyorum o anda. Şedit bir kıskançlık nöbeti sarıyor içimi, öfkeleniyorum. Sonra... sonrası çok acayip, kuyunun başındayım, Orhan Necmi köşkün çatısına çıkmış, oradan atlayacakmış, Hezarfen Ahmet Çelebi gibi bir tecrübe peşindeymiş. Benim de vazifem onu kuyuya düşmekten kurtarmakmış, o yüzden nöbet tutuyormuşum, aslında içten içe düşsün istiyorum. En nihayet Orhan Necmi görünüyor, çocuk falan değil, şimdiki yaşında. Kollarını iki yana açmış duruyor çatıda, kanat falan da takmamış. Arkasında Fatma'nın durduğunu fark ediyorum. Sonrası biraz karışık. Fatma mı Orhan'ı boşluğa itti yoksa Orhan kendisi mi atladı Fatma'nın telkiniyle, onu anlayamadım. Yine de hemen düşmedi, kâğıttan uçak yapıp atarsınız da bir müddet sağa sola süzülür ya, onun gibi kavisler çizerek uçtu bir müddet. Sonra birden üzerime geldiğini, çarpışacağımızı, ikimizin birlikte kuyuya düşeceğini anladım. Dehşete kapıldım. Kalbim ökseye tutulmuş zavallı bir kuş gibi çırpınırken uyandım. Uzun zamandır böyle detaylı rüya görmemiştim.

...

...

Yaşlılığın en fena tarafı rüyaların solması. Gençken o kadar canlıdır ki renkler, sesler, dokunuşlar... İşte o zaman hakiki bir ikinci hayattır rüya. Şimdiyse kendini mütemadiyen hatırlatan uzviyetin sızlamalarıyla, ağrılarıyla delik deşik. Viran bir yangın yeri adeta, mekânlar natamam, insanların sureti bulanık, hikâyesi birkaç primitif korkudan ibaret. Oysa dün gece... Hakikaten çok *vibrant* bir rüyaydı. Fatma'nın mevcudiyetini yanı başımda hissettim. Bakın şu anda size anlatırken bile sanki dün görüşmüşüz gibi yakında olduğunu hissediyorum. Tüylerim diken diken oluyor.

...

...

İnsanın her yaşadığının tesiri az ya da çok vardır ama Fatma'nın yeri bambaşka. 1919'da onların İstanbul'a gelişiyle hayatımın yeni bir devresi başladı.

Bir kere Çamlıca'daki köşke daha sık gider oldum. Ev biraz daha yaşanan bir yer halini aldı. Mehmet Çavuş asırlık uykusundan uyanmış, Dürdane Kadın gençleşmiş üzerine bir hamaratlık gelmişti. Fatma Belkıs'ı hemen evin hanımı olarak kabul etmişlerdi. Babamın vefatıyla evin üzerine çöken kasvet biraz dağılmış ikinci kat açılmış, Ali Salih Paşa'nın manzarayı rahatça seyredebileceği büyük oda hızla boyanmış, cilalanmıştı. Artık kristal aynaların içi müphem bir âlemin karanlığıyla mayalanmıyor, gün ışığıyla parlıyordu. İkinci kata onlar yerleşince ben de üçüncü katta kalmaya başladım. Resim malzemelerimi de oraya taşıdım. Gümüşsuyu'ndaki bekâr odamı bırakmadım tabii. Orayı Paris'te gördüğüm ressam odaları gibi döşemiştim, bohem ve artistik, Pera civarında kalacak bir yerim olmalıydı. Benim öteki hayatım... Mürai, tehlikeli ve cazip.

Fatma'nın mevcudiyeti köşkün bütün haletiruhiyesini değiştirdiği gibi beni de büsbütün farklı bir adam yaptı. Onlar gelene kadar epeyce serkeş bir hayat yaşıyordum, kandili nerede kiminle söndürdüğüm belli olmuyordu, zaten o sebeple Çamlıca'ya yolum düşmüyordu.

Ekseriyetle Gümüşsuyu'ndaki atölyemde yatıp kalkıyordum. Çok içiyordum tabii. Her gün bir bahane bulunuyordu. Her nevi adamdan dost edinmiştim. Tabii en çok da benim gibi biraz bohemliğe meyilli olanlar kapımı aşındırıyordu. Şahsiyetim, en kritik yaşlarımı idrak ettiğim Paris'te bu şeklini almıştı. Belki Georgette yüzünden bu hale gelmiştim belki doğuştan böyle sakat bir tarafım vardı da orada ortaya çıkmıştı, bunu bilemiyorum. Esas olarak yalnızdım. Akademiye, sanat camiasına mesafeliydim, aslında içlerindeydim ama hep bir yabancılık olduğunu onlar da hissederlerdi. Asıl sırlar ben masadan kalktıktan sonra konuşulurdu. Yani ben öyle zannederdim. Ama işte bu serkeş hal Fatmaların köşke gelmesiyle değişti. Hayata katılan bir adam oldum, çünkü Fatma Belkıs öyleydi, hayattı. Daha önce yapmayacağım şeyler yapıyordum, hep onun gözüne girmek için. Bir yandan da inanıyordum yaptıklarımın doğruluğuna. Mesela ne yaptım? Millet Tiyatrosu'nda, Şehzadebaşı'nda, İzmir felaketzedeleri yararına tertiplenen bir tiyatronun dekorlarını boyadım. İki gün ve iki gece kan ter içinde çalışırken Fatma'nın beni şefkatle, sevgiyle seyrettiğini kuruyordum. Onun sıcacık bakışı tam arkamdaydı, beni kolluyordu, seviyordu. Belki de annemi hiç tanımadığım için böyle şeyler hissediyordum. Fatma baştan sona anneydi çünkü, üç kere anneydi. Önce kendi oğlunun annesiydi, Orhan Necmi'nin. Bundan daha tabii bir şey olamaz. Sonra Fazıl'ın annesiydi, evet, Fazıl kocası değil sanki evladıydı. Ve en nihayet Ali Salih Paşa'nın...

...

...

Onların seslerini dinlerdim çoğu geceler. Bilhassa kulak kabartmama lüzum olmadan duyardım her şeyi. Köşkün bakımsızlıktan kevgire dönmüş ahşap duvarları mahremiyeti muhafaza etmekte kifayetsiz kalırdı.

Şöyle olurdu: Önce Ali Salih Paşa'nın yemeği yedirilir, bir müddet paşanın anlaşılması mümkün olmayan duaları işitilir, akabinde şiddetli öksürükler ve, "Allahım al artık canımı" inlemeleri. Sonra her nasılsa bu sesler tamamıyla kesilirdi. Ardından Fatma'nın parmaklarının uçlarına basarak bu en büyük evladının odasından çıktığını anlardım. Ahşabın belirsiz gıcırdamaları, esnemeleri hep onun yürüyüşünün akisleriydi. Bu fasıl bitince ben elimin altındaki içkiden bir kadeh daha doldururdum. Çoğu zaman şarap, eğer elime biraz para geçmişse viski. Ne tuhaf zamanlardı... Bir tarafta aylarca elektriğin yanmadığı, sokaklarda haydutların yol kestiği, milletin hastalıktan kırıldığı bir İstanbul. Öteki tarafta parası olanlar için havyardan şampanyaya her şeyin bulunabildiği bambaşka bir İstanbul. İkisi yan yanaydı. Çamlıca'daki köşk bu manada da iyi geliyordu, bir nevi küçük kalemize çekilmiş, o İstanbul'a uzaktan hüzünle bakıyorduk. Arka bahçemizdeki bostanlarımız, tavuklarımız, ineklerimiz kendi mutfağımızın iaşesini temine yetiyordu. Salih Paşa gelince elimiz bollaşmıştı zaten. Köşk onun parasıyla dönmeye başlamıştı. İşte gecenin o vakitlerinde en büyük çocuk, Salih Paşa, uyutulduktan sonra ben de ikinci kadehimi doldurup pencereden Boğaz'a bakardım.

Mutlaka ay olmalı, hafızamda hep şıkır şıkır bir Boğaz canlanıyor şimdi, çünkü tüm bu sefalete, mağlubiyete rağmen nasıl olup da bu kadar güzel olabildiğini düşünürdüm hep. Dört asırdan fazla kendimize yurt edindiğimiz bu güzel şehir sonunda elimizden kayıp gitmişti, artık onu bunu suçlamanın da bir manası kalmamıştı, netice ortadaydı. Türkleri önce Avrupa'dan kovmuşlardı. Çok değil birkaç sene önce Balkan muhacirleriyle dolmuştu camiler. Zavallılar. Soğuk taş üzerinde yatıyor, kaderlerini tevekkülle karşılıyorlardı. Topraktan sökülüp atılmış ayrıkotları gibi toz toprak içinde kıvrılıp kalıyorlardı buldukları her köşede. Şimdi İstanbul da düşmüştü. Biz de mi öyle olacaktık? Belki de en iyisi Anadolu'ya geçmek, orada başlayan müdafaa hareketine katılmaktı. Ama ben bunu yapabilecek kudrette değildim, hem ben gidersem Fatmaların hali nice olurdu. Aslında kendimi aldatıyordum. Savaştan, sefaletten korkuyordum. Bunları şimdi bile konuşmak ağırıma gidiyor. Herkes geçmişinde kendini kahraman olarak göstermek ister, hatta öyle olduğuna önce kendini ikna eder. Ben de kendimi ailenin koruyucusu ilan etmiştim. Fakat içten içe mürai diyordum, bunda bile samimi değilsin, her fırsatta kendini Pera'ya atmıyor musun, yabancı subayların devam ettiği gece kulüplerinde içmiyor musun? Hatta onlardan dost tutmuyor musun? Karmakarışık zamanlar. Her neyse, bu nevi karanlık düşünceler içinde, kulağım kirişte alt katta olanları hayal ederek Fatma'yı beklerdim. Salih Paşa uyutulduktan sonra en küçük çocuğun yatırılma faslı başlardı. Bu, arka odada kendine has bir ritüel demekti. Orhan Necmi o tarihlerde yedi-sekiz yaşlarında olmalı. Taş çatlasa dokuz. Çok aksi bir çocuktu, benden nefret ederdi. Eline geçirdiği bir kömür parçasıyla duvar panolarına yaptığım deniz manzaralarını karalardı, zavallı Fatma çok üzülürdü onun bu hallerine, Allahım barbar bu çocuk, bir vahşi, deyip dertlenirdi. Ben de öyle düşünürdüm ama tabii onu teskin etmek için bütün çocuklar böyledir, büyüyünce geçer derdim. Mamafih ikimiz de inanmazdık bu söylediklerime. Her neyse, işte Orhan'ın uyutulması için ille de kitap okunacaktı, yoksa katiyen uyumazdı. Fatma bazen yarım saat, bazen bir saat mırıl mırıl Fransızca okurdu, hep de aynı şeyler, Jules Verne romanları. Bu okuma faslı sırasında ben de kendi işlerimle uğraşırdım. Bazen eski tuvalleri yeniden astarlardım, bazen fırçalarımı temizler bazen de bir şeyler çizerdim. O kadar tuhaf bir haletiruhiye içine girerdim ki. Fatma Belkıs'ın tatlı Fransızca okuyuşu beni Paris hayatıma götürür, Georgette'in yanında kaldığım zamanların renklerine boyardı odamı. Georgette'i daha önce anlatmalıydım aslında... şahsiyetimin, sanatımın şekillenmesinde en büyük pay onundur. Ne tuhaf, insan kendini anlatmaya başladığında hep başkalarından bahsetmek zorunda kalıyor. Başkaları olmasa biz biz olamazmışız gibi...

...

...

Evet... Orhan Necmi'nin uyutulma faslı. Jules Verne'in fantastik hikâyelerini dinleyen oğlan mütemadiyen aklına gelenleri yarı Türkçe yarı Fransızca annesine soruyor, Fatma sabırla, kusursuz bir Fransızcayla hepsini tek tek cevaplıyor, ben de bir yandan onları dinliyor bir yandan çiziyordum. Evet huzurla resim yaptığım anlar... Hayatımın en velut devresiydi diyebilirim. Gündüz başladığım eskizleri geceleri boyuyordum. Üstelik bunların çoğunu da satabiliyordum.

...

...

Evet enteresandır, o devirde resim satmayı becerebiliyordum. Çoğu İstanbul manzarasıydı, bazıları empresyonist tarzda şeylerdi ama yine de ecnebilerin ilgisine mazhar oluyordu. Tabii aralara Ayvazovski ekolünden mülhem oryantalist temler ekleyerek onlar için cazip hale getiriyordum. Şimdi düşününce sanat tarafı zayıf dekoratif resimlerdi.

...

...

Ecnebi dediklerim, işgal ordusunun kumandanları... Sonra buraya ticaret yapmaya gelmiş Avrupalılar. Elçilikler... Onların eşleri dostları... İstanbul'da çok geniş bir Levanten sosyete vardı, tabii birçok İngiliz subayı da buranın sosyetesiyle kaynaşma yoluna gitmişti. Hatta bazı büyük Osmanlı aileleriyle ahbaplık ediyorlar, köşklere yalılara yerleşiyorlardı. Paraları çoktu. Her neyse, geçmiş zaman, kim bilir ne oldu o resimler... Ne diyordum?

...

...

Tamam, Fatma Belkıslı hayatım... Evet Orhan Necmi en nihayet uyuyor, bu sefer Fatma üçüncü çocuğuna ihtimam etmek üzere yatak odalarına geçiyordu. O zaman elimdeki işi bırakıp kulak kesilirdim. Çünkü o andan itibaren gece iki farklı yola girebilirdi. Fatma yatak odasına sessizce girer, muhtemelen Fazıl'ın uyumuş olmasını dilerdi, eğer uyuyorsa, üzerine bir şal alır sofaya açılan balkona çıkar bir sigara yakardı. Bunu bir işaret olarak alan ben de şarap şişesini ve iki kadeh alıp yanına inerdim. İşte gecenin en mesut anları başlamış olurdu. Fazıl bir kere uyuduktan sonra asla uyanmaz, bizi rahatsız etmezdi. Ama bazen, sebebini hiçbirimizin bilmediği şekilde olay farklı bir seyir izlerdi. Fatma odaya girdikten sonra Fazıl'ın mırıl mırıl konuştuğunu duyardım. Eyvah derdim, bu gece bize huzur yok. Çünkü başta uykulu ve yumuşak olan bu konuşma gitgide hızlanır, Fatma'nın tüm teskin etme çabalarına rağmen dinmez, Fazıl'ın ruhu uzviyetine ağır gelmeye başlar, en nihayetinde gece asabi bir krizle noktalanırdı. Karıkocanın ağlayışları birbirine karışırdı. Öyle zamanlarda Fatma asla dışarı çıkmaz, ben de şişeyi kendim bitirirdim, yukarıda, tek başına, puhu kuşu gibi dertop olup bir noktaya bakarak... İşte çizdiklerim o gecelerde bana hiçbir hususiyeti olmayan berbat şeyler olarak görünürdü. Belki de o yüzden kolayca satıyordum onları. Kimi besili domuza kimi kadidi çıkmış maymuna benzeyen İngiliz komutanlara sırıtarak, hiçbir şeyden gocunmayarak satıyordum resimlerimi. Aldığım parayı da hemen, hiç vakit kaybetmeden harcıyordum. En pahalı içkiler, yemekler, ne olursa... Tam bir dekadans. Bir çürüme.

...

...

Aslında itiraf etmeli insan ölmeden önce. Sonuçta bizim hikâyemizin sonu çok belli. Toprağın altına gireceğiz, çırılçıplak. O halde nedir alıp veremediğimiz?

...

...

İşgal... İşgal her şeyi yüzümüze vurdu bence. Bütün eksiklerimiz, yanlışlarımız ortaya çıktı. Osmanlı devleti çoktan ölmüştü, tahtakurularının azimle tükettikleri ahşap bir konak gibiydi... Son darbeyi bekliyordu. İşgal bu ölümü tescil etti. İnsanlar inanmakta zorluk çekiyorlardı tabii. Babanızın da hiç ölmeyeceğini sanırsınız yaşarken ama ölür. Bizimkisi de o hesap. Ayrıca sadece bizim babamız mı ölmüştü? Yoo, işte koskoca Rusya Çarlığı da tarihe karışmıştı. O seneler çok acayipti, bir yandan her şey yıkılıyor, çözülüyor, paramparça oluyor ama öte yandan yeni şeyler doğuyor, başka bir dünya kuruluyordu.

...

...

Aslında düşünüyorum da o resimlerimde, o İstanbul manzaralarında hep bu çözülme vardı. İlk bakışta çok realist bir manzara görüyorsunuz, sonra konturlara gittikçe şekiller silikleşiyor, renkler bulanıyor, işte oralara bu çöküşün sembollerini yerleştiriyordum. Yıkılan köprüler, çöken binalar, delik deşik olmuş evler, hayalet gibi dolanan insanlar, gölgelerin arasında, yaralı, sakat, çirkin... Tabii ecnebiler ön plandaki parlak renkli oryantalist figürlere tav oluyorlar, arkada dolanan hayaletlerimi fark etmiyorlardı bile.

...

...

Maalesef bir tane bile yok. Ama bir yerlerde eskizleri var, yine defterlerde. Aslında bu defterler çok meşgul ediyor kafamı son zamanlarda. Bunca eskiz, etüt o defterlerin içinde neyi bekliyor? Eskiden bir gün onları hakikaten çizeceğimi, büyük tablolarını yapacağımı hayal ederdim, o yüzden kıymetli olduklarını düşünürdüm. Halbuki şimdi sekseni devirdim, mafsallarım ağrımadığı günlerde biraz çizebiliyorum o kadar. Ne olacak benden sonra? Kiloyla satılacak herhalde kâğıtçılara, belki manavlar kesekâğıdı yapar bazılarını, o bile bir şey biliyor musunuz, belki biri fasulye ayıklarken serer masaya, gözü resme takılır... Bizim sanatımızın en önemli zayıflığı: Seyredecek birine duyduğumuz ihtiyaç. Kimse görmezse, seyretmezse o resim yok hükmündedir. Her neyse, bazen böyle oluyor, kasvet basıyor. Eski günleri hatırlamakla alakası yok, tam tersine yarını düşündükçe canım sıkılıyor. İnsan yanardöner bir ruh, bazen öyle bazen böyle. Tabii belli bir hudut dahilinde. Orası geçilirse bir daha geri dönmek mümkün olmuyor. Sanatçı o hududa yaklaşan, hatta ötesini seyreden kişidir, diğer tarafa geçenler sadece delilerdir, onlar kolay kolay geri dönemezler.

...

...

Fazıl mı? O çok hasta bir adamdı. Hastalık üzerine uzaktan ahkâm kesmek çok kolaydır ama asıl birlikte yaşayınca ne menem bir şey olduğunu idrak ediyorsunuz. Aslında çok tahsilli, münevver bir adam, benden üç devre büyüktü, o da elbette Mekteb-i Sultani'de okudu. Lisenin bahçesinde görürdüm uzaktan, hep dalgındı. Fakat bir kuş sesi duymasın, hemen kulak kesilir, uzun uzun dinler, cinsini tahmin etmeye çalışır, etrafta kimse yoksa ıslıkla kuşun ötüşünü taklit eder, onunla konuşmaya başlardı. İnsanlar önce istihza sonra acımayla bakmaya başladılar arkasından. Ben de bu sebepten akraba olmamıza rağmen uzak dururdum. Çocuklar acımasızdır bilirsiniz, onunla gezer dolaşırsam beni de yaftalayacaklarından korkardım. Daha sonraları bu korkunun asıl sebebini buldum. Mesele başkalarının beni nasıl gördüğü değildi. Damarlarımızda akan kan aynıydı ve o tuhaflık pekâlâ bana da sirayet etmiş olabilirdi. Onda kendimden bir şeyler bulacağımdan korkardım galiba.

...

...

Sonra senelerce görüşmedik. Araya benim Paris maceram girdi, sonra Birinci Cihan Harbi. Neden sonra, Çamlıca'ya taşındıklarında büsbütün değişmiş bir Fazıl çıktı karşıma. Evvela vaktinden önce yaşlanmıştı, çok zayıflamış, kurumuş, bir deri bir kemik kalmıştı. Hekimler çeşit çeşit müsekkinler veriyordu biteviye. Bu zavallı da onların etkisiyle yarı sarhoş bir vaziyette kırlarda geziyor, yine kuşları seyrediyordu. İşin en fenası neydi biliyor musunuz? Fatma Belkıs'ın katiyen onun hastalığını kabullenmemesi... Her zaman ama her zaman ona normal bir insan muamelesi yapardı. Grip ya da başka bir hastalığa yakalanmış ve her an iyileşecekmiş gibi. Bu, pek tabii beni de etkiliyordu, nasıl anlatsam bilemiyorum... Bu kadar ayan beyan ortada olan bir deliliği inkâr ederek hastaya yardım etmek mümkünmüş meğer. Şimdi düşünüyorum da çok hastaydı Fazıl, akıl hastanesine kapatılmalıydı. Kendi iyiliği için... Mamafih kimseye bir zararı yoktu. Çoğu zaman bir hadise de çıkarmıyordu, sakindi. Benimle zaman zaman konuştuğu oluyordu. Bilhassa sabahları güneşin canlı ışıklarını yakalamak maksadıyla şövalemi güzel gölgeli bir yolun başına ya da bir koruluğun taze serinliğine yerleştirip çalıştığım zamanlarda aniden ortaya çıkar, bir müddet omuz başımda durur, yaptığım resmi seyreder, iç çeker ve her seferinde şöyle derdi, yani lafa hep aynı yerden girerdi: Ne müthiş bir istidat hayatı hakketmek. Bu lafı öyle bir söylerdi ki... kafam karışırdı. Acaba doğru mu işittim diye düşünürdüm eğer iki k ile hakketmek dediyse hayatı tuvale kazıdığımı ifade etmiş oluyordu yok eğer tek k ile hak etmek demişse hayatı hak edebilmenin bir istidat olduğunu söylüyordu. Belki de ikisini birden anlatmak istiyordu. Belki delilik dediğimiz, kelimelerin zincirlerinden kurtulmasından başka bir şey değildir. Kelimelerin hürriyeti. Kim bilir...

...

...

Öyle de denilebilir tabii. Şimdi o günleri düşününce acıklı bir nostalji kaplıyor içimi. Ne kadar tuhaf bir şeydir değil mi, geçip gitmiş, yaşanıp bitirilmiş bir hayata özlem duymak. Olmayacağını, olamayacağını bile bile istemek. İstikbalden ümit kesilince mazi kıymete biniyor. Mazi, geçmiş zaman, hatırladıklarımızdan, hatta hatırlamak istediklerimizden, keyfî bir şekilde uydurduğumuz bir hikâyeden başka nedir ki? Ama yine de tüm bunların birer *illusion* olduğunu bile bile o zamanları özlüyorum. Oysa çok iyi biliyorum, o günleri yaşarken canım sıkılırdı, keyfim kaçardı. Neticede Fazıl Mehmet amcamın oğlu, neredeyse ağabeyim, damarlarımızda akan kan ortak. Akrabalığımız aklıma geldiğinde onun için üzülür kendim için korkardım: Belki benimki de Fazıl Mehmet'inki gibi bir delilikti, onun kafayı kuşlarla bozması gibi ben de ressam olma vehmine kapılmış olabilirdim! Bilirsiniz bu musibet ırsidir, zaten bütün ailemizde vardı bir tuhaflık. Bu uğursuz düşüncelerle boğulacak gibi olunca onun sevdiğim kadının kocası olduğu fikrine sarılırdım. Kötülük ırmağının sularına kapılmamak için dikenli korkunç bir dala sarılır gibi. İşte öyle zamanlarda ondan nefret ederdim. Böylece nefret korkuma galip gelir, beni karanlıktan kurtarırdı ama o sırada resim mahvolurdu.

...

...

O resimlerden? Olabilir. Büyük ihtimal yarım kalmış Çamlıca'dan görünen manzara resimlerinin çoğu böyle bir ânın mahsulüdür. Yarım olduğu için satamamışımdır. Arkada odalardan birinde olmalı. İçeriyi gördünüz, tam bir keşmekeş. Önceleri depo olarak kullanıyordum, gitgide kontrolümden çıktı. Önce küçük oda, sonra büyük oda ki taşındığımda atölye yapmıştım orayı, tam kuzeye baktığı için, ama kısa sürede ardiyeye çevirdim, ardından arka balkon, misafir tuvaleti derken görüyorsunuz işte adım atacak yer kalmadı koskoca evde. Bilmiyorum nasıl tasnif edilir, ne yapılır, her şey üst üste... En büyük eksiğimiz bu bizim, sınıflandırmayı bilmiyoruz, ayıklamayı, atmayı beceremiyoruz. O kadar isterdim ki düzenli bir evim, bir atölyem olsun. Olmadı. Bu saatten sonra da olacağı yok. Ama bu kayıt işi biraz da böyle bir ihtiyaçtan ortaya çıktı. Geçmişi derleyip toplamak istiyorum. Hesap günü... Evet, kıyamete kadar bekleyecek halim yok. Hem mahşer meydanında bana sıra gelene kadar kimlerin kimlerin defterleri açılacak, günahları ortaya saçılacak. Hele ki dünyada yaptıklarının hesabını görmemiş olanlar, yaptıkları kötülükleri unutmuş olanlar, unutulduğunu zannedenler... Gülüyorsunuz. Haklısınız. Dünyada hakkı yenmişlerin tesellisidir bu mahşer tiyatrosu. Keşke öyle bir mahkeme olsa, değil mi? Ama olsa bile insanın kendini yargıladığı mahkemeden daha üstün olamaz. Ben buna inanırım en çok. İnsanın vicdanıyla baş başa kaldığında hissettiklerine...

KAYIT SONU

GALERİ

GALATASARAY LİSESİ'NİN BAHÇESİNDE, TALEBELER VE HOCALAR, FOTOĞRAF, 1906

Galatasaray Lisesi'nin bahçesinde talebeler ve hocalar. Ön sırada oturanlar içinde soldan dördüncü resim öğretmeni Viçen Arslanyan. Ressam Vasıf üçüncü sırada sağdan beşinci. Yüzünde ciddi bir ifade var. Fotoğrafın çekildiği günü çok iyi hatırlıyor: "Kız Selim'in yanına düştüğüm için kızgındım. Moliére'in *Riyanın Encamı* [Ziya Paşa'nın *Tartuffe* tercümesi] oyununda Mariane rolünü o kadar iyi oynamıştı ki adı Kız Selim'e çıkmıştı. Adımın onunla anılmasını istemiyordum. Ondan uzak duruyordum ama işte burnumun dibinde bitiveriyordu. Oysa çok iyi çocuktu. Ah acımasız Vasıf, korkak Vasıf."

ÇAMLICA'DAN BOĞAZ MANZARASI, 1920, KONTRPLAK ÜZERİNE YAĞLIBOYA, 32 X 40 CM

Ressam Vasıf'a ait tamamlanmamış tablo. Gökyüzünün büyük bölümü boyanmamış. Sol ön tarafta yıkık bir duvar ve kurumuş bir çeşme dikkat çekiyor. Sağ tarafta eşeğiyle yürüyen köylünün yüzü çok karanlık resmedilmiş, oysa resmin diğer kısımlarında parlak renkler tercih edilmiş. Köylü mezardan çıkmış bir ölü gibi korkutucu. Dikkatle bakıldığında manzaraya sonradan eklenmiş gibi duruyor.

TİYATRO İLANI

Şehzadebaşı Millet Tiyatrosu'nda İzmir felaketzedeleri yararına düzenlenen temsilin el ilanı. En altta elde edilen gelir işgal altındaki İzmirliler yararına harcanacaktır ibaresi görülüyor.

Asla Ben Artık Oldum Deme

Resme dair ilk tecrübelerim amcam sayesinde olmuştu, anlatmıştım, Çamlıca'ya geldiğinde kameriyenin altında resim yapardı, ben de seyrederdim. Bazen bana boyaları karıştırmayı, renkleri öğretirdi. Sihirbazlık gibi bir şey. Sarı ile maviyi karıştır, hop yeşil olsun... Kırmızıyla mavi başka bir renk, mor. Beyaz kattın mı azar azar gerçek hayale döner. Üstüm başım, elim yüzüm boya içinde eve döndüğümüzde Huriye Kalfa'dan bucak bucak kaçardım. Etrafı ne kadar batırsam da kıyamazdı bana kalfa, koskoca köşkün tek çocuğuydum, üstelik küçük yaşta öksüz kalmıştım. Çok vardı benim gibiler eskiden, kadınlar ekseriyetle doğumda ölürlermiş, bazen de sonrasında... Yokluk zamanları. Hastalık geldi mi fena, mikrop kaptın mı ilaç yok o zamanlar, paran da olsa yok, daha keşfedilmemiş. Antibiyotik bulunmasa hali haraptı insanlığın. Ben de annesini tanımamış o çocuklardan biriydim. Soluk bir fotoğrafı bir de çeyiz sandığı kalmıştı sadece. İçinde elbiselerinin, kumaşlarının, kırlentlerinin, dantellerinin bulunduğu üzerindeki göz göz budaklarıyla beni takip eden ahşap bir sandık. Ben yine şanslıydım. O devirde çoğunun o da yoktur. Ne fotoğraf ne eşya... Eski zamanlarda insanlar hiç iz bırakmadan kaybolup giderlerdi mazinin içinde. Etleri kemiğinden ayrılır, toprağa karışır, çiçeğe böceğe yem olur, biter gider. Yaşadı mı yaşamadı mı kimse hatırlamaz bir daha.

...

...

Çok tuhaf, çocukken anne diye baktığım resim hiç yaşlanmadı, ben büyüdüm, annemin o resimdeki yaşını çoktan geçtim, yaşlı bir adam oldum ve torunum yaşındaki o genç kadının annem olduğunu düşünüyorum hâlâ. Çocukken duygular daha keskin oluyor tabii, köşkte bunların bulunduğu odada hep tuhaf bir şeyin mevcudiyetini sezerdim. O yüzden ancak bir kabahat işlediğim zaman, azarlanacağımı, paylanacağımı hissettiğimde gayriihtiyari bu odaya sığınırdım. Sandığın yanına çömelir, onun kendi eliyle örmüş olduğu şalının altına girer, sözüm ona saklanırdım. Kalfa beni kaç kez böyle bulmuştu kim bilir? Vah yavrum, vah öksüzüm diye kucağına alır bağrına basardı. Ben de paçayı sıyırdığım için sevinirdim. Aslında bu odayı severdim ama sadece kaçıp saklanmak için girerdim. Sanki normal zamanlarda girmem yasaktı. Hem annemin odasıydı hem de bir ölünün. Ölü bir annem vardı benim, vardı çünkü işte odası, eşyası her şeyi duruyordu, ama yoktu çünkü çoktan toprak olmuştu. O tek fotoğrafının içinde belli belirsiz gülümsüyordu, bakışlarını ne kadar kendi üzerimde hissetmeye çalışsam da o, başka, içinde benim olmadığım bir dünyaya doğru bakıyordu. İşin tuhaf yanı nedir biliyor musunuz? Tüm bunları yaşarken her şeyin bana çok normal gelmesi. Başka bir hayatı bilmiyordum, başka çocukları, anneleri, babaları... Tamam Huriye Kalfa'nın da çocuğu vardı, Dürdane, ama yine de onlara bakarak bir tahlilde bulunmayı aklıma getirmiyordum. Ben buydum, benim hayatım da olabilecek tek hayattı benim için. Mektepte okurken de bu hissiyatım değişmedi, zaten leyli okuyordum, orası ayrı bir âlemdi. Fakat başka türlüsünün olabileceğini aklıma Georgette soktu. Benim sevgili ustam... Okulu bitirip de Paris'e gittiğimde, Georgette'in atölyesinde çalışmaya başlamıştım. Kısa sürede aramızdaki ilişki çok acayip bir noktaya geldi. Usta-çırak, ana-oğul ya da iki sevgili... Her neyse ona böyle çocukluğumu, gençliğimi, İstanbul'daki hayatımı anlatırdım zaman zaman. Biraz da kendimizi ona göstermek isterdim. Bakın biz Türkler sandığınız gibi primitif değiliz, bizim de kendimize göre bir hayatımız var demek isterdim sanki. Bu annemin odasına saklanma meselesini anlattığımda gözleri doldu, sarılıp beni göğsüne bastırdı, bu yaşadıklarımın bir trajedi olduğunu söyledi, hayır sadece söylemedi, öğretti bana. Sersemlemiştim, müteessir olmuştum. Ama şimdi düşündüğümde bunun çok tuhaf bir şey olduğunu idrak ediyorum. Eğer Paris'e gitmiş olmasaydım, Georgette'le tanışmış olmasaydım yaşadığımın bir trajedi olduğunu bilemeyecektim belki de... Kendimi alelade bir insan sanarak yaşayacaktım, oysa Georgette'in merhameti beni başka biri yapmıştı. Kendi hikâyesi olan mühim biri, bir kahraman... Bilemiyorum belki de başka bir vesileyle aynı noktaya gelirdim ama Georgette'in tesirini inkâr edemem. Ben yirmili yaşlarımın başındayım, o kırklarında bir kadın. Üstelik ben yaşlarda oğlunu ben oradayken toprağa verdi. Ben de onun trajedisine şahit oldum. Tabii zor bir hayatı vardı ama o hiç de öyle yaşamıyordu. Ben biraz kenarından, köşesinden dahil olmaya çalışıyordum onun hayatına. Trajik olan onunkiydi benim nazarımda. Oğlunu kaybetmiş bir anneden daha acılı kim olabilir? Beni kurtaran tek şey var derdi, sanat. O da bu işe din gibi sarılanlardandı. Onu resim yaparken seyrederdim. Aşk diye bir şey varsa, işte o anlarda hissettiğim şey oydu. Başka bir açıklaması olamaz. Onunla resmin içine girmeyi, resme nüfuz etmeyi, resimle –tabiri caizse– sevişmeyi öğrendim.

...

...

Ama ilk hocam o değildi, evet, tahsil hayatımı sormuştunuz. İlk hocam, amcamı saymazsak, Galatasaray'da Viçen Arslanyan'dı. Çok iyi bir ressamdı. İkinci Selim Türbesi resmini görmeniz lazım, müthiş, o ışık gölge geçişleri... Muazzam, hem orada, gerçekten türbenin olduğu yerdesiniz hem de bir resmin önünde, o görüntünün verdiği hissin içindesiniz, bir haletiruhiyenin şahidisiniz. Öyle bir ustadır. Tabii Mekteb-i Sultani'de resme çok ehemmiyet verilirdi. Çünkü medeniyet demek aslında resim, heykel, müzik yani sanat demekti. Benim doğduğum senelerdeyse memleketimiz henüz çok geri idi. Mekteb-i Sultani'de, yani şimdiki adıyla Galatasaray Lisesi'nde ilk kısmından başlar ve hemen her seviyede resim dersi verilirdi. Mösyö Viçen iyi bir ressamdı, öğretmeyi de çok severdi. Herkes muhakkak az ya da çok resim çizmeli derdi. Resim yaparken dünyaya başka bir gözle bakarsınız, eşya, tabiat, her şey size bir başka görünür, sonra malzemeyle de münasebetiniz değişir, artık elinize bir kömür parçası geçse onu yakmayı değil onunla dünyada bir iz bırakmayı düşünürsünüz, toprak, otlar, taşlar her şey sizin için artık birer malzemedir, *L'homme est un animal qui sait dessiner*, insan resim çizen hayvandır, derdi. Resimle uğraşmak onun için insan olmakla aynı manaya gelirdi. Karakalem, suluboya, yağlıboya... Her türden çizerdi kendisi de. Bir de hızlı çalışırdı. Müthiş! Seriydi yani. Ben o zamanlar pek yavaş çalışırdım. Babamdan kalma miskinliğin bir tezahürü olabilir... Neyse ki Paris'te bu itiyadım az çok değişti. Kendi hızımı buldum. Mösyö Viçen ders dışında da talebelere alaka gösterirdi. Herkes top koşturur, biz birkaç meraklı talebe, hocayla bir kenarda resim etüt ederiz. Bunların içinden sonradan çok mühim ressamlar çıktı. Kendimi tenzih ederim. Feyhaman mesela. Benden bir devre yukarıdaydı, bizde de malum devre meselesi mühim, saygıda kusur edilmez, ağabeyim sayılır, Allah uzun ömürler versin. Aslında çok ortak taraflarımız vardı, o da annesini küçük yaşta kaybetmişti benim gibi. İkimiz de resim yapmaktan hoşlanıyorduk.

...

...

Hatta enteresan bir çekişmemiz de oldu. Alleon Sokağı'nın girişinde iki dükkân vardı, Leduc kardeşler işletiyordu. Biri çerçeveci ve yaldızcı, diğeri çiçekçi. Mösyö Viçen'in ahbapları. Dediler ki sizin bu çalışmalarınızı dükkânda sergilesek hem güzel bir hava katar hem de resimleriniz gün yüzüne çıkmış olur. Biz de tamam dedik, canımıza minnet. O zamanlar galeri falan yok, resim sergilemeyi hayal etmek mümkün değil.

...

...

Tabii ama onların başlamasına daha çok var. Galatasaray sergilerinin ilki 1916 senesinde açıldı. Biz daha talebeyiz şimdi. İşte, Mösyö Viçen bizde bir ışık görmüş olacak ki sergilememizi istedi. Feyhaman, ben, birkaç arkadaş daha verdik resimlerimizi. Mösyö Gabriel tarafından çerçevelendi, Mösyö Leon'un dükkânına asıldı. Aman ne heyecan... Ben o tarihlerde hep manzara resmi yapıyorum, açık havada çalışmaya bayılıyorum. Çoğu da lisenin bahçesinde çizdiğim şeyler. Yoksa öyle Paris'teki gibi uluorta şövaleni koyup resim çizdirmezlerdi sokaklarda, rahat vermezlerdi. Lisenin o muazzam giriş kapısını yapmıştım, güneşli güzel bir günde, işte onu verdim asılsın diye. Mösyö Viçen de en çok onu beğenmişti. İnce zarif bir çerçeve takmıştı Mösyö Gabriel, nasıl beğendin mi diye sormuştu, neredeyse gidip boynuna sarılacaktım. Hayatımda belki de hiç o kadar mutlu olmadım bir daha. İnsanın ilk kez kendi kabiliyetinin farkına varması... Ben bu dünya üzerinde bir kıymetim diye düşünmesi... Müthiş bir saadet. Gidip gelip bakmak istiyorum resme. Fakat bir taraftan da korkuyorum. Gece yatakhanede gözlerimi kapatıyorum, resim geliyor karşıma, tekrar tekrar boyuyorum. Çok kötü oldu, keşke hiç girişmeseydim bu işe, rezil ettim kendimi diye ter içinde bir sağa bir sola dönüyorum, uyku sıfır. Sanki tüm İstanbul resmimi seyrediyor, bu ne biçim şey diye gülüyorlar. Bazen de tam tersi, derste arkadaşların arasında otururken, hiçbirinin böyle bir hususiyeti yok, bir tek benim resmim şimdi, şu anda Alleon Sokağı'nda sergileniyor, bir parçam orada diye düşünerek kendimi herkesten farklı addediyorum. Keşke amcam hayatta olsaydı da görseydi diye müthiş bir hasretle içim yanıyor, aynı anda kendi babamın hiç bu nevi işlerden heyecan duymadığını düşünüp bu sefer de kendimi yalnız, biçare, bedbin hissediyordum. Böyle acayip bir şey insanın yaptığı işle insanların önüne çıkması. En büyük imtihan başkalarıdır. En mühimi sizi hiç tanımayanların verdikleri hükümdür. Fakat o da ne! Ertesi hafta haber yolladılar, cuma akşamüzeri gelsin diye. Ne oldu Mösyö Viçen diyorum, hiç renk vermiyor, bilmiyorum evlat diyor, gidip anlayacaksın. Hafta bitmek bilmedi. Arada Feyhaman'la konuşuyoruz, onun da bir şeyden haberi yok. Delirmek işten değil.

...

...

Hayır. Sadece beni. Neyse cuma günü geldi çattı. Dizlerim titriyor korkudan. Lanet ediyorum kaderime. Rezil oldum işte, bir daha elime fırça almamaya yeminler ediyorum, ben de herkes gibi alelade bir talebe olacağım, okulu bitirip bir memuriyete girerim, ömrümü bir masanın başında çürütürüm sonra da ölür giderim diye düşünüyorum. İnsan gençken çok keskin oluyor. Böyle kendi kendime kızarak yürürken sokağın başına geldiğimde karşıma Feyhaman çıktı. Çok endişeliyim, muhakkak iade edecekler, rezil ettim kendimi hiç bu işe bulaşmasaydım dedim Feyhaman'a. Eğer öyle bir terbiyesizlik yaparlarsa ben de resmimi geri alırım, merak etme sen, bu işte beraberiz, *Un pour tous, tous pour un*, dedi. Tabii o zamanlar üç silahşorlar okuyoruz. Neyse... Feyhaman'ın desteği içimi biraz rahatlattı. Beraber gittik. Dükkânın kapısını araladık yavaşça, çıngırak korkunç bir ses çıkararak geldiğimizi herkese haber verdi. Burası uzunlamasına bir dükkândı, böyle tramvay vagonu gibi... Sağda solda çiçekler, önde mevsimlikler, içlere doğru daha az güneş isteyen geniş yapraklılar ve en geride de yapma çiçekler. Bizim resimler de bu bölümde duvarda asılı duruyor. Mösyö Gabriel ve Mösyö Leon ayaktalar, bağa gözlüklü yaşlı bir beyzade ise bastonuna dayanmış oturuyor, kahve içiyor. Mösyö Leon beyzadeye *Voici notre jeune peintre*, genç ressamımız işte diyerek beni takdim etmesin mi? Ben neye uğradığımı şaşırdım, Feyhaman'a baktım gayriihtiyari, onun yüzü bembeyaz, vaziyeti hemen anlamıştı. Ben onun yüzündeki hayal kırıklığından idrak ettim nasıl bir hikâyenin içinde olduğumuzu. Meğer benim resmim çok beğenilmiş. Bu beyzade bir altına satın almak istermiş. Ne dersin diye soruyorlar. Benim nutkum tutulmuş, ağzımdan zar zor birkaç kelime çıktı. Beyzade meşhur bir resim meraklısıymış, daha yeni Paris'ten gelmiş, David Cox'un *St. Denis Kapısı* resmindeki gibi bir hava yakaladığımı falan anlatıyor ama duyduklarımı havsalam almıyor, sadece kaydediyorum, sonradan düşünebilmek, tüm bunların ne manaya geldiklerini anlayabilmek için her bir kelimeyi zihnime nakşediyorum, bir yandan da yanımda duran Feyhaman'ın çok bozulmuş olduğunu, artık aramızın eskisi gibi olamayacağını üzüntüyle idrak ediyorum.

…

…

Orası öyle benim bir kabahatim yok ama işte insan böyledir, çiğ süt emmiştir, kıskanç olur. Hakikaten de bu olaydan sonra aramızda hep bir soğukluk oldu. Oysa o beni geçti, evet, şimdi bu yaşımda bunları itiraf etmekten gocunmuyorum, ismini sanat tarihimize büyük harflerle yazdırdı. Ben ise hep kenarda kaldım. Ama o esnada vaziyet çok başkaydı. Biz iki tıfıl mektep talebesi ressam muamelesi görüyoruz, bilhassa da bana ihtimam ediyorlar. Bize de kahve söylediler, birer sandalye verdiler, beyzade durmadan bana ailem hakkında sualler soruyor, dikkatinizi çekerim bana soruyor Feyhaman'a değil, ben de anlatıyorum. Arada amcamın da resimle uğraştığını duyunca pek meraklandılar, hiç resmi var mıymış, nasılmış diye sualler, sualler… Feyhaman'ın yüzüne bakan yok. En nihayetinde, tebrik edip, minik yeşil kadife bir kesenin içinde bir altını takdim ettiler. Resmin bana ait olduğunu, ebadını malzemesini tarif eden bir evrak hazırlamışlar, onu da imzalattılar, ben iyiden iyiye havaya girdim. Neredeyse bu satıştan bir vergi tahakkuk eder mi diye düşünmeye başlamıştım ki işlemler tamamlandı, dükkândan çıktık. Öyle sevinçliyim ki içimden bir şey taşıyor dünyaya yayılıyor gibi geliyordu. Maksadım bu zaferimi kutlamak ama kiminle… Mektebe doğru yürürken yandan bakıyorum Feyhaman duvar gibi. Belli etmemeye çalışıyor ama feci bozuk, bir-iki laf açacak oldum, baktım geçiştiriyor, ben de sustum. Okulun bahçesine girer girmez ayrıldık.

…

…

Maalesef bu olaydan sonra arkadaşlığımız bozuldu. Fakat sonra ne oldu biliyor musunuz? Onun çiçekçideki hat levhasını gören Hariciye Nezareti'nden birileri

Feyhaman'a bir arma sipariş etti. O zamanlar hat sanatına merakı vardı Feyhaman'ın, meşhur hattat İzzet Efendi'den el aldığını söylerlerdi. Zaten dikkat ederseniz daha sonraki resimlerinde de bir köşede muhakkak bir hat levhası görürsünüz. Neyse bu arma siparişi ona başka bir kapı açtı. Meğer Habeş imparatoruna bir hediye imiş bu arma! Çok da beğenilmiş, bunu Habeşistan'a davet etmesinler mi?

...

...

Tabii. Tabii, Habeşistan'a! Bu nasıl mutlu oldu, nasıl gururlandı, anlatamam. Gidemedi ama teklifin kendisi yeter. Bin bir gece masalları gibi. Epeyce bir konuşuldu mektepte bu mesele. Bu esnada benim de havam söndü tabii. O vakit bir karar verdim, insan talihi hakkında çabuk karara varmamalı. Hele erken kazanılmış muharebelere hiç bel bağlamamalı. Aslında hiçbir zaman, "Tamam artık oldum ben," dememeli. Gerçi der, insandır bu, öyle bir an gelir, der, ama o an var ya ne kadar nankör, kalleş bir andır o. Siz muvaffakiyetinizle mesut olmuş, zaferinizin tadını çıkarırken aslında en zayıf ânınızdasınızdır. Zirveye çıktığınızı zannettiğinizde düşüş başlar. Ne fena, değil mi? O vakitler bunun büyük bir haksızlık, zalim bir tanrının oyunu olduğunu düşünür hiddetlenirdim. Oysa zaman içinde fikrim değişti. İşin tabiatı böyle. Her şey fizik kanunlarına göre hareket etmek mecburiyetindedir. Tabii... Zirve stabil bir yer olamaz. Orada uzun süre kalamazsınız. Zirve ne kadar sivriyse oradan yuvarlanıp düşmek de o kadar kolay olur. O halde çıkışı zor olan zirvelerin inişinin son derece kolay olduğunu söyleyebiliriz. Her neyse, ben bu yaşadığım tecrübeden mühim bir ders çıkardım: Asla ben artık oldum deme!

KAYIT SONU

GALERİ

RÜSTEM PAŞA CAMİİ KAPISI, 1897, YAĞLIBOYA, 40 X 55 CM

Uzun seneler Galatasaray Lisesi'nde resim dersleri veren, tarihî binalar, onların dış ve iç detayları üzerine yaptığı çalışmalarıyla tanınan Viçen Arslanyan'a ait resim.

AKSESUVARLAR

Ressam Vasıf giyimine özen gösterir. Özellikle renkli fularlar ve boyunbağları kullanmayı sever. Fransız ve İtalyan markalarını tercih eder. Burada ikinci Paris seyahati sırasında almış olduğu fularlar görülmektedir.

RESSAMLAR, 1921, YAĞLIBOYA, 42 X 72 CM

Bir portre ustası olan Feyhaman Duran birçok kez kendi kuşağından ressamları (kendisiyle birlikte) aynı tabloda çalışmıştır. Soldan sağa: Sami Yetik, İbrahim Çallı, Feyhaman Duran, Şevket Dağ, Hikmet Onat ve Ressam Vasıf. Bu resmin Ressam Vasıf'ın yer almadığı bir versiyonu da mevcuttur.

DAVETİYE, 20 MAYIS 1961

Ressam İbrahim Çallı'nın ölüm yıldönümü münasebetiyle Türk Amerikan Derneği Resim Galerisi'nde eski öğrencisi Asuman Yavuzer'in düzenlediği serginin davetiyesi. Sağlığında hiç kişisel sergisi açılmamış olan Çallı'nın bu anma sergisinin açılışına 500 kişiye davetiye yollanmış olmasına rağmen ne yazık ki çok az kişi gelmiştir. Ressam Vasıf o günü gözleri dolarak anlatır.

Bir Ölünün Geri Döndüğünde Evini Bulamaması Gibi

Bu Paris hikâyesinin başladığı yer bir miskinler tekkesidir, tabii çok ironik. Miskin bir babanın oğlu olarak Paris serüvenimin böyle bir yerden başlaması... Hep babamı ağır bir adam olarak hatırlarım, hakikaten çok fazla hareket etmeyi sevmezdi, küçükken geçirdiği ağır hastalıklar sebebiyle babaannem onun üstüne titremiş, pamuklara sararak büyütmüş, o yüzden de ağırkanlıydı babam ve ben de hep ona çektiğimi düşünmüşümdür ya da bundan korkmuşumdur diyeyim. Evet benim dünyaya açılmam da bu acayip noktadan, miskinler tekkesinden başladı. Bu tekke Üsküdar'daydı, Karacaahmet Mezarlığı'nın orada. Şimdi yıkıldı tabii yok oldu birçok şey gibi. Ama o zamanlar halen ayaktaydı. Miskinler tekkesi nedir bilir misiniz? Cüzamlı hastaların karantina altında tutuldukları bir yer. Cüzamı biliyorsunuz, hastalar hep bitap olurlar, üstelik vücutlarında yaralar açılır, bazı uzuvları hasar görür, parmakları dökülür mesela... Çok bulaşıcı olduğuna inanıldığı için onları hep böyle şehrin dışında miskinler tekkesi denilen yerlerde barındırırlarmış eski zamanlarda. Hem hastalığın yarattığı dehşet hem de insanlardan uzakta yaşamaları halkın onlara birtakım güçler atfetmelerine sebep olmuş.

...

...

Mesela... işte, evlenemeyen kızlar gidiyorlar, para veriyorlar hastalara, onlar da orada bir değirmen taşını çeviriyorlar, sözde kısmet açıyorlar. Bazen de sadece dualarını almak için, bir hayır işlemek için orayı ziyaret ediyor insanlar. Nereden aklıma estiyse, gidip orada biraz etüt yapmaya karar verdim. Muhakkak lisenin kütüphanesinde gördüğüm Ortaçağ resimlerinin tesirinde kalmış olmalıyım. Delilerin, körlerin, sakatların, ucubelerin bolca bulunduğu eserler. Herhalde öyle orijinal bir şey yapma arzusu duydum. Tam hatırlamıyorum. Bir kazan çorba, bir kazan da tavuklu pilav yolladım önden, sonra da şeyhine gidip derdimi anlattım. Şeyh dediğime bakmayın aslında oranın başındaki bir nevi idarecidir, yani dinî bir hüviyeti yoktur, zaten orası da hakiki bir tekke değildir. Acayip bir iş değil mi? Hastalıkla dinin birbirine karıştığı bir yer. Maksadım bu hastalardan birinin resmini yapmak. Tabii meseleyi sanat olarak koymadım, tıbbi tetkikler için lazım dedim şeyh efendiye, o da uyanık bir adam, üzerinde durmadı, olur bakarız falan dedi, harçlığını aldı sustu. Aslında hiç ümidim yoktu ama becerikli çıktı. Mustafa Çelebi diye bir hasta getirdi, gönüllü olmuş meğer, hemen çalışmaya başladık.

Kaç sene geçti aradan ama ismini hiç unutmadım, Mustafa Çelebi. İyi bir aileden geliyormuş, hayatı trajedilerle dolu bir adam. Benden epeyce büyüktü. Henüz yüzü gözü birbirine girmemişti Picasso tabloları gibi. Sadece burnunun ucundan bir parça düşmüştü. Sağ kulağının yarısı yoktu. Bir gözü hiç görmüyordu. Eskiden çok yakışıklıymış, yırtık pırtık bir fotoğrafı vardı, çıkarıp onu gösterdi. Hakikaten de pırıl pırıl bir zabit bakıyordu sisli fotoğrafın içinden. Kim bilir nerede çekilmişti. Zavallı. Fotoğraf gözümün önünden gitmiyor çünkü dokunmaya çekinmiştim, elini sokup iç cebinden değil de gövdesinin hastalıklı derisinden koparıp uzatmış gibi gelmişti, hakikaten de vücut ifrazatıyla lekelenmiş bozulmuş, delik deşik olmuştu. Ama onun için tüm mazisini temsil ediyordu, mevcudiyetinin en büyük delili. Bir fotoğrafa bir adamın suratına bakıyordum şaşkınlıkla. Henüz yirmi yaşında bile değildim, hayatımda ilk kez bir cüzamlı görüyordum. Her şey garip geliyordu. Ona bakışımdaki tedirginliği anlamış olmalı ki, "Aynaya bakmayınca insan unutuyor," demişti. Bu laf hayatım boyunca aklıma gelip durdu, hem de en alakasız zamanlarda. Mustafa Çelebi'nin neden bu lafları sarf ettiğini anlayabiliyordum ama benimle hiç alakası olmamasına rağmen arada sırada aklıma gelivermesine mana veremiyordum doğrusu. Mesela sabah tıraş olurken, bakkaldan ıvır zıvır alırken, cenazede saf tutmuşken, bir sergi açılışında, ada vapurunda keyif çatarken... *Aynaya bakmayınca insan unutuyor*. Neyi unutuyor? Kendi yüzünü mü? Kendisini mi? Talihini mi? Yaşını mı? Neyi? Ve ben neden bu lafı aklımdan çıkaramıyorum?

Resmini yaparken, başlangıçta, onun üzerinde bir hâkimiyet kurduğumu zannediyordum. Tabii ya! Ona ölümsüzlüğü veriyordum. Neticede zavallı bir hastaydı, çirkindi, herkesin tiksindiği bir hilkat garibesiydi ama ben ona ebediyeti bahşediyordum. Evet başlangıçta böyle hisler içindeydim. Ama aradan zaman geçip de Mustafa Çelebi'yi unuttuktan çok sonraları bile söylediği cümlenin aklımda tüm canlılığıyla devam etmesi? *Aynaya bakmayınca insan unutuyor*. Evet. Kendisi tamamen yok olup gitmiş olmasına rağmen... Düşünsenize Mustafa Çelebi çoktan toprağa karışmıştır ama o cümlesi benim zihnimin içinde bir hayalet gibi dönüp duruyor. Bana ait değil. Onun cümlesi. Onun sesi. Adeta yumurtayı arayan bir döl hücresi gibi dolanıp duruyor içimde. Aslında büyük yazarların cümleleri de böyle tesir eder, ama biz rahatsız olmayız, tam tersine onlara bağrımızı açarız. Onlar da zihnimizde filizlenmiş taze tecrübeleri büyük bir zevkle döller, aklımızın içini melez hayallerle ve fikirlerle doldururlar. Fakat ben Mustafa Çelebi'nin sarf ettiği o alelade cümlenin üzerimde Dostoyevski gibi bir tesir bırakmasını istemiyordum. Ama işte bırakmış, maalesef... Herhalde ona benzemekten korkuyordum. Başka neden bu kadar kafama takılsın ki... Çükün düşer derlerdi küçükken, kim derdi hatırlamıyorum ama işte büyüklerin münasebetsiz şakaları. Çocuklukta öyle bir zaman olur, hani oğlan pipisiyle oynayıp durur, oyuncak eder, öyle zamanlarda söylerlerdi herhalde. Halbuki hiç de oynadığımı hatırlamıyorum öyle herkesin içinde. Mustafa Çelebi'nin burnunun düşmüş olmasından aklıma gelmiş olmalı belki de. Öyle derlerdi bir erkeğin çükü burnuna benzer diye bir şeyler hatırlıyorum. Lafügüzaf.

...

...

Kusura bakmayın bir an kayboldum.

...

...

Evet miskinler tekkesinde Mustafa Çelebi'nin resmini nasıl yaptığımı anlatıyordum. Aslında bu benim ilk ciddi tecrübemdi. Elim ayağıma dolanıyordu. Bahçenin yıkık duvarının dışına çıktık, o bir kilimin üzerine bağdaş kurarak oturdu, nasıl poz verdireceğimi de pek bilmiyordum işin doğrusu, lisede canlı modelle çalışmıştık ama bunlar genelde hademelerden biri oluyordu, Mösyö Viçen onları en münasip şekilde oturtuyordu. Şimdi yalnızdım, ilk kez canlı bir modelle çalışıyordum, o yüzden de elim ayağıma dolanıyordu. Neyse ki modelim çok munisti, son derece ağır hareket ediyordu, elinden geleni yapıyordu. Tabii Mustafa Çelebi'nin bir süre sonra neden poz vermek istediğini anladım.

...

...

Hayır, ebediyete kadar yaşama arzusu değil. Resmiyle hiç alakadar olmuyordu. O konuşmak istiyordu, hayatını, arzularını, korkularını anlatmak istiyordu.

...

...

Tıpkı benim şimdi size tüm bunları anlatmak isteyişim gibi. Ne kadar tuhaf... Seneler öncesi acıdığım o adam oldum sanki. Hayat çok korkunç. Shakespeare trajedileri gibi. Kader acımasız bir roman yazarı... Sadistçe oynuyor bizimle. Acılarımızla eğleniyor...

...

...

Bütün hayatını anlattı bana iki saat içinde. Çok acayip bir tecrübeydi. Dikkatim dağılıyordu, resim üzerindeki kontrolümü kaybediyordum ama bir taraftan da Mustafa Çelebi anlattıkça resim ona daha çok benziyordu. Işık ve gölgenin yarattığı bir figür olmaktan çıkıyor, hakiki bir karakter bütünlüğüne varıyordu. Muharebe cephelerinden Beyrut batakhanelerine, Arap çöllerinden Kafkas dağlarına uzanan hikâyelerini dinlerken kendi hayatımın ne kadar renksiz ne kadar monoton olduğunu düşünüyordum. Oysa birkaç saat içinde benim de hayatım temelli değişecekti ama o esnada bundan haberim yoktu, o anda yirmi yaşında Mekteb-i Sultani'yi yeni bitirmiş ne yapacağını bilemeyen bir delikanlıydım sadece. İstanbul dışında bildiğim tek yer İzmir'di, o da hayal meyal. Dışarıda kocaman bir dünya vardı ve ben onu keşfetmek istiyordum ama Mustafa Çelebi'nin anlattığı yerleri, yaşadığı serüvenleri dinlerken bir yandan da içimi bir korku kaplıyordu. Detayları aklımdan çıkmış, geçmiş zaman... ama sefaletin her türü vardı anlattıklarında: açlık, susuzluk, esir düşme korkusu, insan katletmek, hatta masumların kanına girmek, yılanlar, akrepler, tahtakuruları, çıyanlar, frengili orospuların kollarında uyumak, afyon tekkelerinde uyuşmak ve en sonunda bu illete yakalanmak. Sanki yüzünün o hale gelmesinin sebebi bu yaşadığı sefih hayattı. Cüzam adeta günahlarının cezasıydı. O tarihte daha Dorian Gray'i okumamıştım, haberim yoktu. Sonradan aklıma hep Mustafa Çelebi geldi okurken. Trajik bir karakter. Bu hikâyemi Georgette'e anlattığımda öyle enteresan şeyler söylemişti ki...

...

...

Evet Georgette Valané. Onu anlatmak için başlamıştım lafa... Kusura bakmayın. Artık bunları ayıklamak size kalacak. Deli pösteki sayar gibi oturup uğraşacaksınız, lanet edeceksiniz bu ihtiyar ne çok saçmalamış diye...

...

...

Değil mi? Ne kadar detay verirsem o kadar iyi... Yoksa hepsi benimle birlikte yok olacak yakında. Mesela Trajik Mustafa Çelebi. Resmi ona vermiştim, o da ne oldu kim bilir? Yok olmuştur, ne olacak... Belki biri sobada yakmıştır. Kim ne yapsın cüzamlı bir adamın portresini? Maalesef bu memlekette sanatın kıymetini bilen yok denecek kadar az. Bir avuç insan işte... Gerisi resimden, sanattan bihaber. Bir punduna getirip kendini Paris'e, Londra'ya atabilenler ancak fark ediyorlar dünyanın asıl büyüklüğünü. Mamafih okudukça, gezdikçe, öğrendikçe insan kendi yaşadığı yeri de beğenmez oluyor, çünkü onu kimse anlayamıyor. Çok zor insanın yaşadığı yerde bir yabancı olması. Yabancı tabii. Sizin kıymet verdiğiniz şeyler başkaları için hiçbir mana ifade etmiyorsa yabancı değil de nesiniz?

...

...

Tabii meselenin başka veçheleri de var, mesela insanlar sanata hak ettiği kıymeti vermezken sanatçılar da yaptıkları işe çok fazla mana atfediyorlar. Sanki sanat eseri ebediyete kadar kalacakmış gibi. Kalanlar var belki ama o da ayrı bir imkân meselesi. Eser kendi başına nasıl yaşasın? Onu koruyacak, kollayacak, kıymet verecek bir kültür lazım, bir cemiyet lazım. Asıl mühim olan o. Tek başına bir insanın kudretini aşan mevzular bunlar. İnsan, ömrü ve sıhhati nispetinde hâkim olur hayata. O da mahdut bir süre. Buna mukabil cemiyetlerin ömrü çok daha uzun olabilir. Bu yüzden müze lazım, büyük organizasyonlar lazım, belirli bir zihniyet olgunluğu lazım. Müze bir kültürün gücünü gösterir. Kalıcılığını gösterir. En büyük zenginlik odur. Ve fakat, müze yoksa, işte o zaman ne yapsan boş, hepsi tek tek berhava olur. Misal benim yaptığım o portre, Trajik Mustafa Çelebi ölünce bir köşeye atılmıştır muhakkak, miskinler tekkesinde kim bir resme değer verir ki... Mamafih orası da bir süre sonra kapandı. Resim kim bilir kimin eline geçti? Zaten cüzamlı bir adamın portresi... Düşündükçe kalbim sıkışıyor. Bazen diyorum ki kendi kendime, keşke hiç çizmeseydim o resimleri... bu şekilde yok olacağını bilsem uğraşır mıydım?

...

...

Aslında o gün, resmi çizdiğim gün böyle pesimist değildim, hayır, yirmi yaşındaydım, her yaptığımın taze, güzel, şahane olduğuna dair derin bir inancım vardı. Neden biliyor musunuz? Tek olma hissi! O sanatın temeli aslında. Enteresan olan şey, bu aynı zamanda insan olmanın temeli. Tek olmak, başka benzeri olmamak. Değil mi ki her insan bir diğerinden farklıdır. Hayatın kanunu budur. İşte o yüzden ikizler insanı tedirgin eder. Birbirine tıpa tıp benzer iki insanla karşılaşınca çok derinden gelen korkunç bir hisle sarsılırsınız. Mesela Avrupalılar insanın kendi benzeriyle karşılaşmasını büyük uğursuzluk addederler. Bir yerde doğru. İnsan kendini benzersiz bir şey olarak hayal eder. Bu his sanatçıda iyice güçlüdür. Ben de işte o öğleden sonra, Karacaahmet'teki miskinler tekkesinin bahçesinde Trajik Mustafa Çelebi'nin resmini yaparken kendimi öyle *unique* hissediyordum. Hakikaten de o anda dünya üzerinde bir tane Karacaahmet Mezarlığı, o mezarlığın içinde bir tane miskinler tekkesi, o tekkede bir tane cüzamlı Mustafa Çelebi vardı ve onun resmini yapan bir kişi vardı: Ben! Genç Ressam Vasıf. Bunu çok kuvvetli bir şekilde hissediyordum. Aslında resim yaparken istisnasız hep bunu hissederim: *Unique* olmak. Fırçayı ya da kalemi elime aldığım anda başlar bu his. Sanki yemek yerken, çay içerken, yüzünü yıkarken, vapura binerken, eş dostla sohbet ederken, ne bileyim herhangi bir işi yaparken *unique* olunamazmış gibi. Sadece resim yaparken meydana gelen fevkalade bir vaziyet.

Evet... İşte böyle yüksek hislerle bir yandan çiziyor bir yandan zavallı adamı dinliyordum. Devasız bir dertle cenkleşen bu adama hem acıyor hem de utanıyordum, çünkü gençtim, sıhhatim yerindeydi, önümde yaşanacak bütün bir ömür vardı. Mamafih henüz bu ömrü neye vermem gerektiğine karar verememiştim ama yine de o zavallının karşısında kendimi çok şanslı, hak etmediği bir hayatı yaşayan bir hırsız gibi hissediyordum. Sigmund Freud beni görse ne düşünürdü acaba? Kim bilir ne baba kompleksleri ne acayip seksüel fanteziler çıkarırdı buradan. Haksız da olmazdı çünkü çok karışık hisler içindeydim. Mesela zavallı adamın resmini yaparken onu ebediyete taşıdığımı düşünerek gururlanıyordum... Evet maalesef sanatla kibir Siyamlı ikizler gibi birbirlerine yapışıktırlar, aksini iddia edene inanmayın. Sanatçı yeni bir eser ortaya koyduğu için kendisiyle iftihar eder, gurur duyar. Alçakgönüllülük, kalenderlik zanaatkârlara mahsustur. Çünkü onlar ustalarından öğrendiklerini tatbik etmeye çalışırlar, ustaları da kendi ustalarından almışlardır bu bilgiyi. En mükemmel eser en uzak mazide atalar tarafından yapılmıştır, zanaatkârlar o asrı saadet devrinde yapılmış olana yaklaşmaya çalışırlar ömürleri boyunca ama ulaşamazlar. Ne tuhaf değil mi: Zanaatkâr için mükemmel geçmiştedir, sanatkâr için gelecektedir. O yüzden de zanaat erbabının boynu büküktür. Oysa sanatçı kendisi hiç yoktan ortaya yeni bir eser çıkarır, evet eski ustalardan öğrenir ama en nihayetinde kendi yolunu bulur. Gurur sanatın mayasında vardır.

...

...

Evet ben de gururlanıyordum fakat bir yandan da utanç duyuyordum. Yaptığım işten utanıyordum, az evvel *unique* olmaktan dolayı hissettiğim azamet şimdi bir anomaliye bir acayipliğe bir günaha bir yanlışa dönüşüyordu. Bir yandan da Trajik Mustafa Çelebi anlatmaya devam ediyordu. Neyse ki anlattığı hikâyelerin bazıları şaşılacak derecede bayağı olduğu için ona mesafe alabiliyor, böylelikle kendimi koruyabiliyordum. Bu acayip sahnenin sonuna doğru birdenbire seyircilerimiz olduğunu fark ettim. Trajik Mustafa Çelebi anlattığı hikâyeye kendisini öylesine kaptırmıştı ki gölgeleri üzerimize düşen adamların farkına varmadı bile. Üç kişiydiler. Ecnebi oldukları her hallerinden belli oluyordu. Önde mavi fularlı beyaz takım elbiseli sarışın bir adam ayağını bir taşın üzerine koymuş fiyakalı bir şekilde piposunu tüttürüyor, diğeri tripodunu kurmuş fotoğraf çekmeye çalışıyor, ötekisi bir mezar taşının kenarına ilişmiş kayıp bir ifadeyle bizi seyrediyordu. Tanıştık tabii. Bir İngiliz, bir Fransız, bir de yarı Fransız yarı Türk. Fıkra gibi. İstanbul'un tarihî mekânlarını gezip bir kitap hazırlıyorlarmış. Kısa sürede kaynaştık. Tabii onların gelişiyle Trajik Mustafa Çelebi'yle rabıtamız sekteye uğradı. Fransızcaya dönmüştük hemen. Charles, beyaz asilzade, İngiliz'di, Fransızcayı aksanlı konuşuyordu ama çok kültürlü olduğu hemen belli oluyordu. Ben de kendimi göstermeye çalışıyordum, geri kalmamaya... ara ara Trajik Mustafa Çelebi'yle göz göze geliyorduk. Artık benim için onun bir insan olarak mevcudiyetinden bahsetmek mümkün değildi. Çok sonra fark edecektim, bunu söylerken halen utanıyorum, aslında Marcel fark etmemi sağlayacaktı. Bizi tanıştırmadın bile demişti. Of, Allahım, herkesin çok pişman olduğu anlar vardır hayatında, benimkilerden biri de budur işte. Hakikaten tanıştırmak aklıma bile gelmemişti, çünkü hemen onlara cüzamlı portreleri çalıştığımdan bahsetmeye başlamıştım. Trajik Mustafa Çelebi bir insan değil sadece bir modeldi artık, canlı bir obje, bir hilkat garibesi. Fakat Charles'ın söyledikleri, Marcel'in ciddiyetle fotoğraf çekmesi, bir taşın üzerinde oturan ötekinin cep defterine bir şeyler yazması çok farklı bir hava yaratmıştı. Kendimi antropolojik bir tetkikin objesi gibi hissetmeye başlamıştım. Ne tuhaftır ki az evvel kendimi üstün bir mevkide görürken, Trajik Mustafa Çelebi'ye tepeden bakarken, onun üzerinde çalışırken şimdi ben başka bir çalışmanın objesi olmuştum. Bu hızlı mevki kaybını telafi edebilmek için durmadan konuşuyor, şakalaşıyor, akıllıca laflar etmeye çalışıyor, en fenası da zavallı cüzamlı adamı bilhassa görmezden geliyor, onun zaman zaman mırıldanarak söylediklerini kulak arkası ediyor, adeta ben de sizlerdenim, sanatçıyım demeye çalışıyordum. Bu telaşımı ne kadar fark ettiler bilemiyorum. Şu veya bu sebeple meraklarını uyandırmış olmalıyım ki beni yalıya davet ettiler.

...

...

Evet. Kandilli'de bir yalıda yaşıyorlardı. Doğrusu çok güzel günlerimiz geçti orada. Halen duruyor, tabii çoktan el değiştirmiş. Bazen gidiyorum. Yani gidiyordum diyeyim, son zamanlarda pek çıkamıyorum, çabuk yoruluyorum, hemen eve dönmek istiyorum. Yaşlandıkça insan evine daha çok bağlanıyor, içeriye doğru çekilmek ihtiyacı duyuyor. Ama yakın zamana kadar giderdim. Bahçe duvarından içeriye doğru bakar, bir zamanlar şövalemi kurup resim yaptığım o yerde gençliğimi arardım. Öyle, evet, insan hep gençliğini arıyor. Mekân değişmişse kendini bulamıyor, bir ölünün geri döndüğünde evini bulamaması gibi. Ne oldu irkildiniz?

...

...

Eski zamanlarda her şey mümkündü Halit Beyciğim, zaman zaman ölüler mezarlarından çıkar evlerine dönerlerdi. Masal ile realite birbirinin içindeydi. Sınırları şimdiki gibi yüksek duvarlarla ayrılmamıştı. Tabii... hatta o zamanlardan kalma âdetler halen tatbik edilmektedir, mesela ölenin bütün eşyaları dağıtılır, ayakkabıları kapının önüne konulur. Neden? Hortlayıp da geri dönemesin, gelmeyi başarırsa da kendine ait hiçbir şey bulamayıp gitsin diye... Her neyse... Size komik bir şey söyleyeyim mi? Ben de tüm hayatımın geçtiği Cadde-i Kebir'e gittiğimde şimdilerde kendimi böyle bir hortlak gibi hissediyorum. Tünel'e doğru yürürüm, lisenin önünden geçmek için sırf. O muhteşem kapının önünden geçmek hoşuma gider. Gerçi her şey çok değişti. Balık Pazarı, dükkânlar, meyhaneler değişti ama lise hâlâ orada. Lisenin kapısının önüne geldiğimde nefesim açılır, "İşte her şey yerli yerinde, henüz ölmedik, yaşıyoruz be," diye düşünerek yürümeye devam ederim.

...

...

Ne diyordum?

...

...

Evet, evet Kandilli'deki yalı... Çok acayip bir gruptu. Charles burada iki kadınla yaşıyordu, biri akrabasıydı diğeri de onun arkadaşıydı galiba. Geçmiş zaman, bazı şeyleri birbirine karıştırıyorum. Bu kadınlar Amerikan Koleji'nde ders veriyorlardı. Charles ise eksantrik bir adam. Eski zaman kâşiflerini andıran bir yanı vardı. Biraz da *diabolique,* yani şeytaniydi. Çekiciydi ama uzaktı. Sanki kimse onun gövdesine dokunamazdı, farklı, ilahî bir cevhere sahipti. İlahî ve kötü. Aslında tam olarak kötü de denemez, ama kötülüğü kışkırtan bir cevher. O kadar zaman geçirdik beraber, kötü bir hareketini görmedim, hatta bana çok büyük bir iyiliği de dokundu. Ama mesele bıraktığı intiba. Goethe'nin Faust'u gibi, her şeyi öğrenebilmek için Şeytan'la pazarlık yapmış biri gibi gelirdi bana. Sürekli bir araştırma, akıl yürütme hali içinde bir adam. Enteresan tarafı sizi de bu arayışın, bu maceranın içine çekmekteki muazzam gücüydü. Onunla karşılaştığınız andan itibaren siz de ona katılmak mecburiyetindeydiniz, aklınızda ruhunuzda ne var ne yok ortaya çıkarmaya ant içmiş bir dedektif gibi kurcalardı sizi. Aslında bu alaka hoşuma gidiyordu çünkü iç âlemimin zengin ihtimallerle kaynadığının farkına varıyordum. Düşüncelerle sarhoş olan cinsten bir adamdı ve tabii rafine bir gustoya sahipti. Diğer ikisi, Marcel ve Fuat, onun cezbesine kapılmış biçare pervanelerdi. Marcel'le çok yakınlaştık kısa sürede. İkimiz de imajlarla uğraştığımız için belki. Yaptığım resimlere bakıp, mükemmel bunlar, inanılmaz, deyişi halen kulaklarımda. Sanatıma duyduğu hayranlığını saklamıyordu. Böylesi sevgi gösterilerine alışık değildim. Bizim lise malum afili delikanlılardan oluşurdu. Tamam kültürlüyüz ama bir yandan da hayat adamıyız havası vardı hepimizin üzerinde. Öyle kalem efendisi tipler sarakaya alınırdı, böyle bir hal. Marcel ise düşündüğünü, hissettiğini yumuşacık söyleyiveren bir adam. Hüzünlü kocaman yeşil gözleriyle dünyaya ürkek bakışlar atan biri. O dönem, ki birkaç ay sürdü, yalıda belki yirmi tablo yaptım. Charles şehre adam yollar, en pahalısından malzeme, boya tedarik ederdi. O zamanlar kaliteli malzeme bulmak çok zordu. Pahalı oyuncaklarla şımartılan bir çocuk gibi ben de orada bulunduğum günlerde durmadan çizerdim. Onlar zaman zaman tartışırlar, gülerler, sohbet ederler bense hep tuvalimin arkasında çalışırdım. Tabii bazen lafa karışır orada olduğumu, onları dinlediğimi hissettirirdim. Marcel bu yaptığım resimlere iltifatlar ederdi. Fevkalade derdi, müthiş. Siz bir *magicien*, bir büyücüsünüz. Ben de asıl büyünün fotoğraf makinesi olduğunu söyleyerek onu taltif eder, kendimi aşağıya yerleştirir, bir nevi dengeyi tutturmaya çalışırdım. Tabii o ne yapmak istediğimi hemen anlardı. Yüzlemezdi ama bilirdi. Sonra, bir süre sonra, Charles'ın benden rahatsız olduğunu anladım. Neden derseniz... Nasıl anlatsam? Aslında artık öyle bir yaşa geldim ki her şeyi anlatabilirim. İnsanların beni hor görmeleri umurumda değil.

...

...

Akşam oluyor. Ne dersiniz bir kadeh bir şey içelim mi? Güzel bir şarabım var. Fransız. Ne zamandır içilmeyi bekliyor. Kısmet sizeymiş. Tek başına içmeyi sevmiyorum, alkolikler gibi. Oysa doktorlar her akşam bir kadeh kırmızı şarap kalbe iyi gelir diyorlar.

...

...

Yok yok, hemen burada, buyurun siz şarabı açın, ben de, iki parça peynir vardı dolapta, onları getireyim, biraz da meyve.

...

...

Haydi şerefinize! Madem Paris'i konuşacağız...

...

...

Bizde güzel şarap yapılmıyor. Aslında şarabın memleketi burası ama malum sebeplerden geriye gitmişiz. Yok şikâyet etmeyeceğim, sevmiyorum mızmızlanan insanları. Dünyada kötülük de var iyilik de. Eksiklik de çok zenginlik de. Mütemadiyen bizde o yok bu yok demekle geçti bizim ömrümüz Halit Beyciğim. Ne işe yaradı derseniz, hiç! İnsanı sadece miskinliğe sevk ediyor bu serzenişler. Yapamıyoruz, beceremiyoruz, mesut olamıyoruz çünkü bu memleket baştan ayağa eksik demek aslında mazeret üretmekten başka ne ki... Şu kalan kısa ömrümde artık şikâyet etmek istemiyorum. Neyse ne!

...

...

Evet, evet benim Paris macerasının nasıl başladığını anlatıyordum. Kıskançlık meselesi, tabii, insana dair tüm kötülükler bu tuhaf histen doğar, kıskançlık. Haset. Gıpta değil ama haset. İnsan hep başka insanı kendinden daha iyi seviyede sanır. Herkeste az ya da çok bu hissiyat vardır. Eksik olma hali. Nasıl olmasın ki... insan zavallı, çıplak bir hayvan. Dünyanın en şanssız mahluku. Ne kürkü var, ne yırtıcı pençeleri, ne iri dişleri, ne kuvvetli kanatları! Hiç. Sıfır. Düşünsenize anasının karnından çıkan bebeğin çaresizliğini. Hep muhtaç. Her ne ise... Charles tekamülün en üst basamaklarından herkese kibirle bakan bir İngiliz serüvencisi de olsa bu en primitif arzudan azade değildi. Kıskanmıştı bizi. Çünkü

Marcel'le çok yakınlaşmıştık. Müthiş eğleniyorduk. İstanbul'un altını üstüne getiriyorduk. Sanırım Marcel de Charles'ın nihilizminden ve müstehzi üslubundan bıkmıştı. Fuat deseniz depresif bir oğlan, bir türlü karar veremiyor, Fransız mıyım, Türk müyüm, kendi dünyasında debeleniyor... Ben tabii Mekteb-i Sultani senelerinden talimli olduğum için Cadde-i Kebir'in en güzel lokantalarını, birahanelerini, meyhanelerini ezbere biliyordum. Ah o kadar güzel yerler vardı ki. Çoğu yok oldu, şimdi yerlerinde yel esiyor. Mesela Anadolu Han'ın altında şahane bir birahane vardı, Balabani diye bir Rum işletirdi. Nasıl güzel bir yerdi, böyle küçük havuzlar, yeşillikler, çiçekler. Duvarda bir guguklu saat başka bir âlemin zamanını gösterirdi. Zaten güzel mekân öyle olur, kapısından girdikten sonra insan kendini başka bir âlemde bulur, dışarıdaki sokak unutulur, içeride kendi zamanınızı yaşarsınız. Bu guguklu saat de bana o mekânın kalbi gibi gelirdi. En sık gittiğim yerlerden biri oldu sonraki senelerde de. Çallı'yla orada buluşurduk mutlaka. Defterler dolusu eskiz yapmışımdır orada.

...

...

İşte Balabani'nin yerine gidiyoruz Marcel'le, kapının önündeki sokak satıcılarından lakerda, fıstık, badem, ceviz alıp meze yapıyoruz. Sokak satıcısı deyip burun bükmeyin. Onların lezzeti hiçbir yerde bulunmazdı. Sonra bizim lisenin karşı sokağında Auziere'nin lokantası vardı, Du Petit Roubion, daha çok ecnebilerin gittiği bir yerdi. Epeyce pahalıydı ama müthiş şarapları vardı, oraya da gittik birkaç sefer. Bir gece hiç unutmuyorum, herkesin iyice sarhoş olduğu bir anda birisi, genç bir opera artisti bir arya söylemeye başladı, ama nasıl söylemek... *Erbarme dich mein Gott...* Zamandan koptuk, ruhlarımız hafifledi. Yukarıya, yıldızlara, parlak geceye doğru yükseliyorduk, düşmemek için birbirimizin ellerine sarılmıştık. Marcel hayretler içindeydi, onların gezip durdukları İstanbul bu değildi. Hoşuma giderdi onu şaşırtmak. Daha bunlar bir şey değil Marcel, bir zamanlar Naum Tiyatrosu'nda opera temsili verildiğinde caddeye boydan boya kırmızı halı serilir, Sultan Abdülmecid seyretmeye gelirmiş, diye bire bin katarak anlatırdım. Burası Paris gibi, hayır hayır Roma ya da Viyana gibi deyip duruyordu, her yerden bir şey var, hepsi ama hiçbiri. Burası Asya'nın gördüğü Avrupa rüyası, her şey iç içe, kucak kucağa... Cadde-i Kebir öyle bir yerdi tabii. Kozmopolit. Bundan nefret ettiler sonraki jenerasyonlar, hep kötü anlattılar İstanbul'un bu yüzünü. Belki Milli Mücadele senelerinde kâfi derecede destek olmadığı için, ne de olsa İstanbul Osmanlı'nın payitahtıydı. Aslında bana sorarsanız İstanbul ne Osmanlı'dır ne Bizans ne şu ne bu. İstanbul sadece İstanbul'dur, kendi başına bir *entitê*. Kimsenin ele geçiremeyeceği bir yer. Işığı, mevsimi, havası, denizi binlerce sene hep öyle kendine has renklerle, seslerle, kokularla kaim. Üzerine biri gelip kilise yapmış, beriki cami, diğeri meydan açmış. Fark etmez, bunlar coğrafya için sathi müdahalelerdir. İnsanlar burada nefes alırken, uyurken, rüyalarında bile İstanbul ince ince sızar iliklerine. Öyledir tabii, bazı yerlerin ruhu çok kuvvetlidir, siz orayı zapt ettim zannedersiniz, bir de bakmışsınız o sizi esir almış. Bakın bunu unutturmayın, sonra tekrar konuşalım, çünkü resim yapmak tamamen mekânla güreşmektir.

...

...

Ah şimdi o geceye, Du Petit Roubion'daki geceye geri dönebilseydik... Genç sopranonun sesi kadehlerimizde çınlıyordu. Tüylerimiz diken diken oluyor, şarap şişeleri birbiri ardına boşalıyordu. Sonra o susunca başka biri neşeli kabare şarkılarıyla kalabalığı coşturmasın mı? Gençtik, hayat otuz iki kısım tekmili birden harika bir macera olarak önümüzde uzanıyordu. Tabii bizim bu azgınlıklarımız Charles'ı rahatsız ediyordu. Laf aramızda Marcel'i kimseyle, bilhassa benimle paylaşmak istemiyordu. Ne o? Yüzünüzde tuhaf bir ifade oluştu. Erkeğin erkekten hoşlanması sizi rahatsız mı etti?

...

...

Şaşıracak ne var? İnsan ruhunun cinsiyeti yoktur. Uzviyeti kışkırtan ruhsal arzulardır, insanlar kendilerine türlü sınırlar çizerler, neden? Korktukları için. Başa çıkamadıkları için... Eskiler bu konuda bizden çok daha ileriydiler, bilir misiniz? Bütün o Divan şiirlerinde bahsi geçen sevgili kimdir sanıyorsunuz? Kadim Grek medeniyetinde aşk denildiğinde erkeğin erkeğe duyduğu muhabbet anlaşılırdı. Neyse, böyle anlatıyorum ama o tarihlerde ben de sizin gibi naiftim, tüm bunların farkında değildim. Henüz Georgette'in tedrisinden geçmemiştim. Sonradan üzerine düşününce Charles'ın kıskançlığının benim Paris biletim olduğunu anlayacaktım. Tabii... bakın ne oldu... Bir gün şöyle dedi Charles: Burada yaptığınız resimler burada kalacak Vasıf, artık onlar bu yalıya ait. Ben de, tabii nasıl isterseniz, benim için şereftir dedim. Ancak, dedi, karşılığında size ödeme yapacağım. Bunlar çok değerli tablolar. Alay ediyor sandım. Hatta öyle bir meblağ söyledi ki dudağım uçukladı. Romanlardan öğrendiğim bir jestle, bunu kabul edemem dedim. Haysiyetli bir tavır göstermek istiyordum. Tabii, öyle... Resimlerimin o kadar etmeyeceğini biliyordum, bu parayı almak bir nevi sadaka kabul etmek manası taşıyacaktı. Charles görmüş geçirmiş insanlara has bir tavırla, reddetmekte acele etmeyin dedi, bu bir anlaşma. Bir iş. *A bussiness!* Anlaşmanın tek şartı vardı.

Bu parayla Paris'e gidip resim tahsil edecektim, iyi bir ressamın atölyesinde çalışacaktım, böylece kısa sürede dünya çapında bir şöhret olacaktım, resimlerimin değeri de on katına belki yüz katına çıkacaktı, böylece bana verdiğinden çok daha fazlasını kazanacaktı. Yani bana yatırım yapıyordu! Müteşebbis İngiliz rolündeki performansı takdire şayandı doğrusu. Aslında gururumu incitmeden parayı bana vermenin bir yolunu icat etmişti...

...

...

Böyle bir teklif reddedilebilir mi? Tamam, ama kimin yanına giderim biraz araştırmam lazım dedim. Aklımda da hemen Viçen Hoca'ya gidip danışmak var. Lüzum yok dediler. Meğer bu Fuat'ın yakın bir arkadaşının annesi çok mühim bir ressammış Paris'te, yazışmalar yapılmış, referanslar verilmiş, hatta Marcel benim tabloların fotoğraflarını göndermiş Georgette'e...

...

...

Evet bir yandan da Charles öyle bir adamdı ki... nasıl anlatmalı. Bir roman kahramanı gibi yaşıyordu. Kendisinin merkezde olduğu bir hikâye. Onun hayatına birisi girdiyse orada tesadüfe yer yoktu, muhakkak o hikâyede mühim bir rolü olacaktı. Misal, Karacaahmet'teki karşılaşmamız. Biraz konuştuktan sonra Marcel ve Fuat'a dönüp kitap projesinin eksik parçalarından birinin daha bulunduğunu söylemişti. Tabii, Marcel'e yaptığı gibi. Onlarla da karşılaşınca hemen kancayı atmış. Aslında Marcel ve Fuat bir dergiye haber yapmak, fotoğraf çekmek için gelmişler İstanbul'a. Malum 1908 senesi mühim şeyler oluyor burada. Charles hemen onları da kendi hayallerinin içine katıvermiş. "İstanbul'un Sırları" diye bir kitap yazmaya çalıştığını söylemiştim değil mi? Marcel gezdikleri yerlerin, binaların, yıkıntıların fotoğraflarını çekiyordu, ben de efsanelerin temsilî resimlerini yapacaktım. Eksik parça bu yani. Yaptım da epeyce. Sonra kitabı göremedim, ama basıldığını duydum. Öyle bir adamdı işte. Hepimize çok müstesna kişiliklermişiz gibi davranırdı, sorularıyla insanı didikleyişinde de böyle bir taraf vardı. Gösterdiği alaka karşısında insan kendinde müthiş bir sır olduğu hissine kapılırdı. Neticede biz de bir müddet sonra onun verdiği rollere alışmıştık. Yine de ben o anda bu ilgiyi hak ettiğimden asla emin olamadım. Ama her halükârda çok şanslıydım. Herkese nasip olmayacak bir talih. Böylece Paris maceram başladı. Haydi Paris'e içelim... Beni oraya gönderen talihe.

...

...

Evet, tabii. Meşrutiyet ilan edilmişti. Evet kesinlikle. Dediğim gibi Marcel ve Fuat İstanbul'daki siyasi hadiseleri takip etmek için gelmişlerdi Paris'ten. Ben Mekteb-i Sultani'den mezun olmuştum çoktan. Ne yapacağıma bir türlü karar verememiştim, böyle resim yaparak bir-iki yıl geçmişti sanırım, akademiye kayıt yaptırmak istiyordum ama babam müsaade etmediği için –ne kadar miskin olsa da bu konuda canavar kesiliyordu– mecburen Mülkiye'ye devam ediyordum. Eskiden olsa bizimkiler sırtımı sıvazlar, devlette iyi bir memuriyet kaparsın derlerdi ama devir değişmişti. Hem de ne değişmek... Ne de olsa bizimkiler Hamid devrinin paşalarıydı, onun güçten düşmesiyle nüfuzlarını kaybettiler, kendi kabuklarına çekildiler. Büyükamcamlar İzmir'e göçtü, babam işte Çamlıca'daki köşke yerleşti. Böyle acayip bir devir. Cemiyet dediğin tahterevalli gibi, birileri yükselirken birileri illaki inecek. Ben de bu hadiselerden kendimi sıyırıp kapağı Paris'e attım.

KAYIT SONU

GALERİ

ŞARAP MANTARLARI

Ressam Vasıf kaliteli Fransız şaraplarını içmeye bayılır, içtiği şarapların şişe mantarlarını biriktirir, seramik kaplarda saklar. Bazılarının üzerinde içildiği günün tarihi, bazılarında birlikte içilmiş kişinin adı yazılıdır.

L'ILLUSTRATION, MARCEL CHEVALIER'İN FOTOĞRAFLARI (MİSKİNLER TEKKESİ)

1908-1909 tarihleri arasında İstanbul'u fotoğraflamak için gelen Marcel Chevalier'in L'Illustration dergisinde bir dizi fotoğrafı yayımlanır. Bunlardan bazıları İstanbul'un egzotik köşelerinden manzaralardır. 14 Ağustos 1909 tarihli sayısında ise Ressam Vasıf'ın bahsettiği miskinler tekkesinin bu fotoğrafı yer almaktadır.

DU PETIT ROUBION MENÜSÜ

Zengin şarap listesinin yanı sıra istiridye, ıstakoz gibi deniz ürünlerinin çeşitliliği dikkati çekmektedir. 1920 yılına ait bu menü işgal İstanbul'unda yaşanan sefalete karşın diğer tarafta nasıl lüks bir hayatın var olduğunu göstermektedir.

EXTRAORDINARY TALES OF CONSTANTINOPLE, CHARLES E. STEWART (ED.), 1914, LONDON, MACMILLAN & CO. LIMITED LONDON

Ressam Vasıf'ın Paris macerasının başlangıcında önemli bir rolü olan Charles E. Stewart İstanbul'a dair topladığı çeşitli efsane ve halk hikâyelerini *İstanbul'un Olağanüstü Hikâyeleri* adı altında Londra'da yayımlamıştır. Kitap İstanbul'un yedi tepesini sembolize eden yedi kısımdan oluşur. Hikâyeler kronolojik olarak değil mekânlara göre anlatılmaktadır. Kitapta Marcel Chevalier'in fotoğraflarının yanı sıra genç Ressam Vasıf'ın da on iki çizimi bulunmaktadır. Bunlardan biri İstanbul'un fethi sırasında Ayasofya'da kutsal kâse ile duvarın içinde kaybolan rahibi göstermektedir.

Sanatçı İçin Sınır Yoktur

Bakın bunlar Paris'ten... Şu üç eskiz defteri. Dün gece uyku tutmadı, sizden sonra sabah ezanına kadar depoyu altüst ettim. Tozdan tıkandım ama değdi. Nasıl ama? Asarıatika...

...

...

Bunlar ne ki... asıl Georgette'in yanında yaptıklarımı görseydiniz. Birçoğu kayboldu tabii. Zaten daha atölyesine adım attığım anda feleğimi şaşırdım. Tabii, düşünün, yirmili yaşlarının başında, çiçeği burnunda bir Türk genci kendini bohem bir atmosferin içinde buluyor. Paris zaten acayip bir âlem, hep kitaplarda okuduklarımla, fotoğraflarından gördüklerimle hayalimde canlandırdığım bir yer. Hayatım boyunca lisanlarını öğrenmeye çalışmış, şiirlerini, romanlarını okumuş, bilimini, felsefesini hatmetmişim. Neticede Mekteb-i Sultani mezunuyum. O devir şimdiki gibi değil, beynelmilel bir eğitim aldık biz. Yine de işte o yere, tüm bu lisanın, kültürün payitahtı olan Paris'e gidince insan bir tuhaf oluyor. Artık bir masal âleminin sokaklarında yürüyordum. Fırınlardan, *café*'lerden, *brasserie*'lerden gelen ekmek, şarap, kızarmış et kokuları başımı döndürüyordu. Bizim Pera'da görmeye alıştığım kıyafette insanların en tabii halleriyle sokaklarda dolaştıklarına şahit olmanın verdiği şaşkınlıkla elimde yazan adresi bulmak için dilim dışarıda biteviye yürüyordum. Fakat Paris'in derinliklerine doğru ilerledikçe güzel kokular yerini yanık kızartma, kesif bir sidik ve çürümüş balık kokusuna bırakıyordu. Gideceğim yerden emin olduğum intibaı vermek için sağa sola bakmadan, durmadan yürüyordum. Sanki durursam insanlar sen de kimsin birader, nereden çıktın da geldin, buraların yabancısı olduğun belli diyeceklermiş gibi tedirgin oluyordum. Caddeler, bulvarlar, binalar, insanlar, arabalar büyüleyici bir şekilde çoğalıyor, içimi heyecanla dolduruyordu. Buna mukabil insanların konuşmalarını anlayamayınca telaşa kapılıyor, onca sene boşuna okumuş olduğumu düşünüp hayıflanıyordum. Tabii sokak ağzına alışmak için bir müddet orada yaşamak, değişik lehçeleri tanımak icap eder. Mamafih uzun bir yürüyüşün sonunda Montmartre'a vardım. Haritada dümdüz görünüyordu şehir, bu yokuşlar da nereden çıktı diye söyleniyordum. Dik merdivenleri tırmanıp da dairenin kapısına vardığımda tükenmiş durumdaydım. Adresi bulmuştum fakat kapıyı açan yok. Önce kibarca tıklattım, sonra ısrarla çaldım ama kapı duvar. Karanlık merdiven aralığında valizime sırtımı dayayıp yere oturdum. O sırada bir viyolonsel çalınmaya başladı. Aşağı kattan geliyordu. Belli ki işinin ehli bir müzisyen yaşıyordu binada. Hüzünlü melodileri dinlerken bunun bir tesadüf olmadığını düşünüyordum. Orada öyle ne kadar zaman geçti bilmiyorum, bana bir ömür gibi uzun gelmişti. Karanlık, rutubetli bir apartman koridorunda oturmuş içeri alınmayı bekliyordum, oysa kapılar kapalıydı, arkasında güzel bir müzik vardı ama benim için değildi, beni içeri almayacaktı Paris. Pişmandım. Kandırılmıştım. Nasıl da büyük bir hata yapmıştım buraya gelerek. Hırsımdan ağlayabilirdim. Güzelim şehrimi bırakıp bu karanlık, rutubetli, sidik ve domuz yağı kokan cehenneme ne demeye gelmiştim ki! Hep o Charles'ın, Marcel'in suçuydu. Beni baştan çıkarmışlardı. Ben kimdim ki Parislerde yaşayacak, ressam olacaktım. Ne haddime! Ah salak Vasıf, ebleh Vasıf, cin olmadan çarpmaya kalkan, kifayetsiz muhteris Vasıf diye kendimi hırpalayıp duruyordum.

Fakat bir müddet sonra, hiç beklemediğim bir anda, yorgunluktan gözlerim kapanırken kapı açıldı, Fransız'dan çok Afrikalıya benzeyen, uzun boylu, büyük ağızlı, büyük burunlu, eli ayağı yağlıboyayla renklenmiş esmer bir kadın duruyordu karşımda. Georgette'le ilk karşılaşma. Kulaklarım uğulduyordu, kapının çaldığını duyamadım gibi bir şeyler söylemiş olmalıydı. Ben okulda öğrendiğim en temiz ve doğru Fransızcamla kendimi tanıttım. Hiç şaşırmadı. Genç ressam gelmiş diyerek beni içeri aldı. Atölyenin ölgün ışığı altında, olduğundan büyük görünen bir salona girdik. Duvarlar silme yağlıboya tablolarla kaplıydı. Yer kalmadığı için onlarcası da duvar kenarlarına yığılmıştı. Havada o şahane boya kokusu. Tablolarda insanlar, hayvanlar, manzaralar gaz lambasının titrek ışığı altında ürkütücü bir canlılıkla adeta hareket ediyorlardı. Ressam kadın bütün bir âlemi bu stüdyonun içinde yeniden yaratmıştı. Ben alık alık resimleri seyrederken haydi bakalım kaldır kıçını da çalışmaya başla, demez mi? Tabii. Hemen. İçeriye geçtik, başka bir odada, orta yerde bir İran halısının üzerinde çırılçıplak genç bir kadın uzanmış yatıyordu. İlk başta heykel sandım. Mermer bir gövde, beyaz. Zihnim nasıl bir terbiyeyle şekillenmişse orada halının üzerinde uzanmış olanın gerçek bir kadın olduğuna ikna olmuyordu bir türlü. Bu benim kadın çıplaklığıyla ilk karşılaşmamdı. Georgette tanıştırırken kendime geldim. Bu Sophie dedi, bu da Vasıf, genç ressam, ta Constantinople'den gelmiş. Heykel gülümsedi. Ben aptal, ben ahmak, ben salak… gülümsedim. Haydi, dedi Georgette, göster bakalım marifetlerini, şuradan kâğıt al, füzen al, çizmeye başla. İlk kez çıplak bir kadın modelle çalışıyordum. Mektepte zaman zaman canlı modelle çalışırdık ama bunlar genellikle yaşlı adamlardı ve pek de soyunmazlardı. Ya bir müstahdem ya bir seyyar satıcı, bazen de Viçen Hoca'nın kendisi. Yorgunluktan dizlerim titriyor ama bir yandan da bunun bir imtihan olduğunun farkındayım, elinden gelenin en iyisini yap Vasıf, utandırma Yarabbi diye dualar ederek çıplak kızı çizmeye çalışıyorum. Ne kadar matrak değil mi? Utandırma Yarabbi, çıplağı iyi çizeyim, günaha tam gireyim diye dua ediyorum... Bizim dinde öyledir değil mi, gerçeğine benzettikçe günahın dozu artar. Aslında modern sanat tam bize göre bu hesapla, figür yok, insan yok, çıplak yok, suret yok, sadece şekiller, renkler, desenler. Eh demek ki Batı en nihayetinde Hak yolunu buldu, *Absurde*! Neyse ben mahcup olmamak için elimden geleni yaptım. Çok da iyi olmadı. Hem yorgundum, hem çıplak bir kadını çizmeye alışık değildim ama Georgette beğendi zannederim. En azından beni kapının önüne koymadı. Çalışmamız bitince gidip içeriden kocaman bir salam, biraz peynir ve şarap getirdi. Ucuz sofra şarabı dedi ikram ederken. Tabii bizim Pera'da nasıl kazık yediğimizi o anda idrak ettim. Ucuz dediği hayatımda içtiğim en güzel şaraptı, rayihalı, leziz, yumuşacık… Neyse, Sophie de bir çarşafa sarınıp geldi yanımıza. Çok hoş bir sesi vardı, kelimeleri birbirine notalar gibi ekliyordu. Georgette biraz İstanbul'daki durumları sordu, malum Meşrutiyet ilan edilmişti, bütün dünyanın gözü üzerimizdeydi, ben de bilmiş bilmiş ona ne kadar da inkişaf ettiğimizi anlattım, *liberte, egalite, fraternite*… çok fazla alakadar olmadı tabii… Sonra resme nasıl başladığımı, kimden ders aldığımı sordu, ona amcamdan, sonra Sultani'deki Viçen Hoca'dan falan bahsettim. Frank'la nasıl tanıştığımı sordu. Fuat'la yani... Cüzamlı bir adamın resmini çizerken tanıştığımızı söyledim, çok şaşırdı. Tüm detaylarıyla anlattırdı. O yüzden şimdi aradan elli sene geçmesine rağmen o günü çok iyi hatırlıyorum. İnsan ânı bir kez yaşıyor, ama anlattıkça belleğine kazınıyor, hatıranın ömrü uzuyor. Peki nereden aklına geldi cüzamlı birinin resmini çizmek diye sordu. Bilmem dedim, okulda eski ustaların resimlerini gösteren kitaplar vardı, Ortaçağ ressamları, belki onlardan aklıma gelmiştir. Goya'yı bilir misin, dedi. Boya, fırça kalabalığının arkasında görünmez olmuş kitaplıktan bir sürü kitap çıkarıp önüme koydu. Bak bakalım, dedi. Hepsi Goya hakkında çeşitli dillerde yazılmış kitaplar. Resimlerinin çok azını görmüştüm, belki bir ya da iki tanesini... Delilerin, çirkinlerin, yaşlıların resimlerini yapmış Goya. Bu resimlere baka baka yorgunluğun da tesiriyle bir köşede sızdım. Hayatımın en güzel uykularından birini uyudum.

Paris'te hayatım böyle başlamıştı, çıplak bir afetin resmini yaparak ve galonla şarap içerek... Sabah kanepede uyandığımda üzerime kalın bir battaniye atılmış olduğunu fark ettim, Sophie ile Georgette ise büyük bir yatakta koyun koyuna uyuyorlardı. Geldiğimde kapıyı neden duymamış olabileceklerini o an idrak ettim.

...

...

Evet bohem bir ortama girmiştim. Ama bir yandan da hayatımın en çok çalıştığım devresiydi. Bir kere Georgette çok erken kalkıyordu, tabii ben de. Sabah ışığını yakalama takıntısı o zamandan kalmış üstümde demek ki... çünkü Georgette sabahları mutlaka çizerdi. Ne kadar içmiş olursa olsun, ne kadar dibe vurmuş olursa olsun, sabah gün doğarken kalkılacak, sert bir kahve ve ardından çalışmaya başlanacak. Müthiş enerjikti ama bazen her şey tersine döner, o hayat dolu ressam gider yerini gri bir elemin içinde boğulan bir kadın alırdı. Böyle günlerde yataktan çıkmaz, rahatsız edilmek istemezdi. İçeride, kalın battaniyelerin altında içini çeke çeke ağladığını duyardım. Ne yapacağımı bilemezdim. Gidip birkaç kez başını okşayıp teskin etmeye çalıştım ama işe yaramadı. Konuşmuyordu. Sonradan öğrenecektim bunun bir ruhsal hastalık olduğunu. Van Gogh gibi, Munch gibi, birçok sanatçıda görülen bir hastalık.

...

...

Derler evet. Deli ile dâhiyi bir tutmaya pek meraklı olur bazıları. Ama ben böyle toptancı fikirlere prim vermem. Bu tarz fikirler insanı kolayca zihinsel tembelliğe sürükler Halit Beyciğim. Komplike hadiseleri analiz edip asıl sebeplere nüfuz etmek yerine kestirmeden hüküm vermeye yol açar. Hüküm verince de insan rahatlar, böylelikle cehaletin tatlı mutluluğu bünyeyi sarar. Sizi tenzih ederim, sözüm meclisten dışarı... Yanlış anlamıyorsunuz beni değil mi?

...

...

Bakınız... Fikret Mualla'dan bahis açtınız, o apayrı bir vakadır. Deliliği de çok başkaydı. Onu yaşadığı hayat delirtti belki. Ya da yaşayamadığı hayat. Çok büyük sanatçı ama kıymetini bilen yok. Tabii ondan daha mühimi babasıyla münasebeti. Tam Freud'luk bir vaka. Zavallı Fikret meşhur İspanyol gribi esnasında anneciğini, nenesini kaybediyor, hatta zannederim gribi de kendisi bulaştırıyor annesine. Yetmezmiş gibi genç bir üvey anne getiriyor baba, bir de top oynarken düşüyor ayağı sakat kalıyor. Şimdi cıva gibi bir oğlan düşünün, artık top koşturamayacak, hayat boyu topallayacak, baba ise oğlundan birkaç yaş büyük bir kızla evleniyor. Çok büyük travma.

Her neyse bunu Avrupa'ya okusun diye gönderiyorlar, babada para çok. Birinci Cihan Harbi'nden çıkmış, feci vaziyetteki Almanya'da bizimkisine babası altınla harçlık yolluyor, tabii, adam Düyunu Umumiye'de memur, gerisini siz düşünün. Herkes fakirlikten kırılıyor bizimki baba parasıyla bohem bir hayat yaşıyor. Ne mühendislik okuması! Barlardan çıkmıyor. Alkol zehirlenmesi, hastaneler... Kendi Paris tecrübemle kıyaslıyorum da... ben de çok çalkantılı bir hayatın içine girmiştim ama onu mahveden içki olmuştu. İnsan derininde kaynayan arzularını doyurmayıp da onları içkinin yardımıyla yok etmeye çalışırsa sonu felaket oluyor. Ben kendime savaş açmamışım. Tabii bunu şimdiki aklımla düşününce böyle ifade edebiliyorum. Paris'te ben de bir sarhoşluğun içindeydim ama yalnız değildim. Georgette'in atölyesinde yaptıklarımızı bugünün hippileri bile hayal edemez.

...

...

Tabii sanatı biraz olsun takdir görseydi belki başka türlü olurdu. Bilemiyorum, belki de olmazdı. Fikret'in yaptıklarını taklit ya da illüstrasyon deyip küçümsediler. Bizim memlekette yeniyi teşhis edecek otorite yoktur Halit Beyciğim, bir şeye kıymet verilmesi için önce ecnebi memleketlerde emsalleri görülmüş, duyulmuş olması icap eder. Aslında bu bizi çok iyi anlatan bir saçmalık. Başka yerlerde emsalleri olan bir şey orijinal olabilir mi? Bu memlekette orijinal bir şey yapılamayacağını peşinen kabul etmek değil de nedir? Fransa'da bir diploma vardır, bilir misiniz? *Bon pour l'Orient* derler, Doğu için iyi. Yani o diplomayla Doğu'da iş yapabilirsiniz, ders verebilirsiniz ama Batı'da, Paris'te asla. Fikret öyle değildi, Doğu için de Batı için de iyiydi. Orijinaldi. Ama anlayan var mı? Yok! Zaten zor biri. Çok içiyor, *obsessionel* bir karakter. Yazık oldu, yâd ellerde ölüp gitti genç yaşta.

Şaşırdınız. Bana göre genç tabii. Daha altmış beş bile yoktu. O manada söyledim. Daha yaşayabilirdi.

...

...

Tanışmaz olur muyuz? Hacı hacıyı Mekke'de, hoca hocayı tekkede demişler. Bizimkisi de o hesap. Benden küçüktür. Ama biliyorsunuz ben gençlerle düşüp kalkmayı oldum olası severim. İnsanı diri tutar. Yaşlıların o her şeyi biz biliriz havasından tiksinirim. Fikret Mualla'yla tanışmamız da ayrı bir macera. İkimiz de *Lüküs Hayat* operetinde çalıştık. Evet ne tuhaf değil mi? O kostümleri çiziyordu bense badanacılık yapıyordum. Evet efendim bildiğiniz badana. Dekorları boyuyordum. Parasızlık, yokluk, sefalet öyle bir raddeye getirmişti beni. Üstelik Tarlabaşı'nda Fatma Belkıs'a bakmaya başlamışım. Elimde avucumda ne varsa onlara veriyorum. Çok fena bir devir. İşte ben bu operetin dekorlarını boyuyorum o aralık. Dişim de apse yapmış. Çok korkarım dişçiden. Gitmedim tabii. İş büyüdü. Yüzüm gözüm şiş çalışıyorum. İşte Fikret'le orada tanıştık. Birader neyin var, Quasimodo gibi olmuşsun, dedi. Sorma, dedim, diş belası. Gel, dedi ben onun ilacını biliyorum. Rakı basacağız. Tamam, dedim. Ama para nerede? Sonunda ispirto içmeye kadar vardırdık işi.

...

...

Sonra mı? Biz zilzurna sokakta sızdık, parkta. Zabıta uyandırdı, önce serseri sandı bizi, nezarete atacak, biz kendimizi tanıttık, şurada ahbabımız oturuyor, dedik, yeminler ettik de elinden zor kurtulduk. Gecenin bir vakti Fikret Adil'in evine attık kapağı. Valla sağ olsun Fikret Adil ertesi gün tuttu kolumdan kargatulumba dişçiye götürdü. Dişçi Hırant, rahmetli, eli de pek hafif, çekip aldı dişi. Ondan sonra hep bir rabıta oldu aramızda Fikret Mualla'yla. Karşılaştığımızda muhakkak içkiye otururduk; kafaları çeker Paris'ten, Montparnasse'dan, Saint Germain'dan bahsederdik. Farklı zamanlarını mukayese ederdik. Fakat zor adamdı, bir şeye taktı mı nevri döner, küfür kıyamet kendini kaybederdi. Zapt edemezsek sonu fena. Dayak yemekten kurtulursak ne âlâ. Tabii çok dertli bir adamdı, bu topallayan bacak, kadınlarla bir türlü halledemediği mesele...

Bakın onun asıl muvazenesini bozan hadiseyi anlatayım, şimdi sene 936, bizim Fikret Adil bir yazı neşrediyor. O senelerde Atatürk'ün bir yağlıboya portresi fotoğrafla çoğaltılıp bütün devlet dairelerine asılıyor. Adil de yazısında diyor ki böyle kötü renklendirilmiş fotoğrafları asmak yerine keşke bizim ressamlara sipariş verilse onlar Atatürk portresi çizseler hem duvarlarımıza hakiki tablolar asılmış olur hem de ressamlarımız para kazanır. Güzel fikir değil mi? Zaten Fikret Adil kadar hem ismini hak eden hem de sanatımıza hizmet eden kültür insanı azdır, Allah uzun ömürler versin. Neyse Mualla bu yazıyı kafasına takıyor. Nerede fotoğraf stüdyosu görse oradaki kötü kötü renklendirilmiş Atatürk resimlerine bakıp sinirleniyor. Öyle bir haletiruhiye içinde Degüstasyon'a giriyor, oturup içmeye başlıyor. Yalnız. Orada da o Atatürk resimlerinden biri asılı değil mi? Hem de Ata'nın hafif şehla bakışını iyice şaşı gibi gösteren bir rötuşla renklendirilmiş hali! "Bu şaşkalozun burada işi ne!" diye atıp tutmaya başlıyor. Aslında herkes Mualla'nın taşkınlıklarını bilir, idare eder ama işte Ekrem Muhittin diye bir zat var mekânda, vay bu adam Atatürk'e hakaret ediyor diye polis çağırmasın mı? İş büyüyor, bunu alıyorlar karakola. Bir dayak, bir işkence... Ahbapları Fikret Adil'e haber uçuruyorlar, tabii, ben bunları hep Bedri Rahmi'den dinledim, o da uğraşıyor, gidiyorlar bunu kurtarmaya, ama suçlama büyük, cumhurbaşkanına hakaret! Ee, ne olacak? Mualla'nın akıl sağlığı iyi değil Bakırköy'e yatıralım diyorlar, o şekilde hapisten kurtarıyorlar ama bu vaziyeti daha beter yapıyor. Uzun süre tımarhanede kalıyor, sonra bir gün Fikret Adil'in kapısı çalınıyor. Ayaspaşa'daki evinde, karısı bir açıyor kapıyı, Mualla iki polisin kolunda sersefil. Koskoca adamı imza karşılığı teslim edip gidiyorlar. Meğer Bakırköy'den Ayaspaşa'ya o karakoldan ötekine yürüte yürüte getirmişler Mualla'yı. Ya... çok feci, değil mi? Sonra hep polis paranoyasıyla yaşadı. Hep. Buna başka korkular da eklendi. Velhasıl hayat onu sınırın öteki tarafına itti.

...

...

Kimi zaman sanatçılar sınırları zorlayan insanlar olduğu için ekseriyetle efkarı umumiyeyle ters düşerler, yaptıkları tuhaf bulunur, o yüzden de deli damgası yiyiverirler. Buna mukabil hakikaten ruhsal hastalıklardan mustarip sanatçılar da vardır, işte Mualla gibi. Fakat bu rahatsızlıklar sadece sanatçılara mı musallat olur? Ne münasebet... Ne kadar çok vardır melankoliye kapılmış, vehimlerin pençesinde çırpınan, sebepsiz hüzünlerle hayatı mahvolmuş insan. Ama sanatçı olmadıkları için onlardan haberimiz olmaz. Kendilerini ifade edecek bir *medium* bir enstrüman bulamadıkları için alelade mutsuzlar olarak hayatlarına devam ederler. Evlerinin karanlık odalarında ağlayan sayısız kadın vardır, meyhane köşelerinde kaybettikleri manayı kadehlerin dibinde arayan bir o kadar adam. Ama onların adları anılmaz. Eh ne de olsa iltifat marifete tabiidir. Sıradan insanın dramı o yüzden hiçbir zaman tam manasıyla anlatılamaz binaenaleyh anlaşılamaz. Tam tersine insan sanatçıysa belki bir nebze kendini ortaya koyma imkânına sahip olur, belki sanat o vakit bir kurtuluş ümidi olur... Her neyse... Herkesin mutsuz zamanları olur ama Georgette'in krizleri çok derindi. Kriz diyorum çünkü birkaç gün sürer, sonra aniden geçip giderdi. Böyle zamanlarda hiçbir şey yapamazdı. Vasıf, bir zindanda çürüyor ruhum, karanlık bir zindanda, nefes alamıyorum, derdi. İşin kötüsü çizdiklerini, resimlerini yırtmaya kalkardı. Kaç kere mâni oldum... Elinde bıçak tuvalleri parçalarken önüne attım kendimi. Çekil Vasıf, çöp bunlar hepsi çöp, hiçbir manası yok, çekil, diye bağırmasına aldırmaz ancak cesedimi çiğnersin diyerek önünde dikilirdim. Size tuhaf gelecek ama o zaman, içinde yaşarken bana bunlar çok normal gelirdi. Dediğim gibi birkaç gün sonra eski haline döner yine aynı Georgette olurdu. Fakat son zamanlarında, oğlunu kaybettikten sonra bu krizlerin sıklığı arttı, süreleri uzadı. Mecburen afyon alıyorduk öyle zamanlarda. Asya'dan gelen, acayip bir afyon çeşidi vardı, uzun pipolarda içilirdi. Çandu. Bir sürü yer açılmıştı Paris'te bunların içildiği. Tabii tiryakilik yapıyordu. Tehlikeli bir şey yani... Şimdinin hippilerinin içtiği esrara benzemez. Hayaller gördüren, her seferinde daha fazlasını isteten bir illet. Onunla rahatlıyordu ama sonrası daha fena oluyordu.

...

...

Ne günlerdi... O zamanki hayatım hiçbir kalıba dökülmeyecek, tuhaf bir şeydi. Alt komşumuz viyolonsel üstadı Pascal, operacı sevgilisi Caroline, girişte durmadan kavga eden gecenin bir vakti içkiyi kaçırınca komün marşları söyleyen kır sakallı sosyalistler, onun yanındaki dairede yaşayan türedi bir Amerikalı yazar, köşe başındaki kırmızı burunlu tütüncü Henri... Daktilo şakırtısının opera provasına, marşın viyolonsele, domuz sucuğu kokusunun terebentine karıştığı acayip bir rüyanın içinde yaşıyordum. Her gün ayrı bir macera. Ben kimdim, neydim, orada ne yapıyordum? Modern bir sanatçının talebesi miydim yoksa çatlak bir ressama çıraklık mı yapıyordum? Yaşlı bir kadının sevgilisi miydim? Ödipal bir fanteziye mi kapılmıştım? Bunları o zamanlar aynı bu kelimelerle olmasa da düşünüyordum. Aklıma geliyordu. Bilhassa Paris'teki resim öğrenmeye gelmiş Türklerle karşılaştığım zaman bu endişeler daha kesif bir hale geliyordu. Ne de olsa onlar Cormon gibi akademi hocalarının talebeleriydi. Bir müddet sonra onlar da benim ne yaptığımı, kimlerle düşüp kalktığımı öğrendikleri için aramızda hep bir mesafe oldu. Olsun ben marjda kalmayı severim. Her neyse... Nasıl bir çalışma planımız vardı, bunu sormuştunuz galiba. Georgette'in de aklında *concret* bir plan yoktu, o gün aklına ne esiyorsa onu anlatıyordu. Mesela bir gün renkler üzerine konuşuyordu: "Onları palet üzerinde karıştırma, bulamaca çevirme sakın, saf halleriyle kullan, fakat tuvalin üzerinde öyle bir yan yana getir ki göz onları farklı renkler olarak görsün... Mesela yeşil ve moru karıştırırsan pis bir gri çıkar ortaya, ama yan yana küçük tuşelerle tuvale nakşedersen ince, parlak bir gri olarak görünür, sedef gibi..." Bir başka gün çizgilerden, eğrilerden bahsederdi: "Tuvali hangi çizgilerle taksim edeceğin çok mühim Vasıf, tuvalin karşısına geçtiğinde ilk meselen bu olmalı, boşluğu hangi çizgilerle taksim edeyim? Neşe, coşku istiyorsan çizgilerin yükselmeli, yerden göğe doğru... Hüzün, ıstırap, keder ise aradığın yokuş aşağı gitmeli çizgiler, göklerden yeraltına doğru... Dinginlik istersen ne aşağı ne yukarı, aynı seviyede kalmalısın, yere paralel çizmelisin... Tabii renk de mühim. Yükselen çizgilere sıcak renkleri bindireceksin, aşağıya inen hatlara soğuk renkler, koyu tonlar... Böylelikle resim arzu ettiğin gibi tesir eder." Tabii bu laflar çok hoşuma gidiyordu. Sadece yaparken değil başka resimlere bakarken de bu bilgiler sayesinde resmin arkasındaki tekniği görüyordum. Okuma yazma öğrenmek gibi. Sanatın son derece acayip bir mekanizma olduğunu anlıyordum. Aslında yeni bir lisan öğrenmek gibiydi. Nasıl ki her lisanın bir grameri var, kelime hazinesi var resim de öyle. Ama sadece o kadar değil. İşin zanaat kısmı yani teknik çok mühim, olmazsa olmazı, ama muhteviyat? Tüm bunların kaynağında ne var? Nereden geliyor? Bir lisanda yazılan şiirlerin, romanların ne kadar büyük zenginliklere sahip olduğunu düşünün. Nereden geliyor bu zenginlik? Mitolojik hikâye ile şahsi tecrübenin çocuğudur sanat. En azından Georgette'ten bunu öğrenmiştim.

...

...

Evet. Ama bunu laf olarak söyleyince tam manasıyla idrak etmek mümkün değil. İnsanlığa dair ne varsa eskiler anlatmış. Mitoloji, masallar, efsaneler, dinler hep bunlarla alakalı. Bu yeni bir şey değil şüphesiz, yani Georgette'in mitolojik hikâyeleri mesele etmesi aslında resim sanatında çok eskiden beri var olan bir itiyattır fakat o kendinden öncekilerden farklı olarak bu meseleleri kendi hayatıyla, kendi şahsi tecrübesiyle birleştirmeye çalışıyordu. Hem muhteva olarak hem de teknik olarak. Saf renkleri küçük tuşelerle tuvalde birleştirmeye çalışırken yaptığı gibi... Eski hikâyeleri de saf renkler olarak alıyordu, onları yan yana getirerek hayata dair kuvvetli imajlar yakalamaya çalışıyordu. Tabii ben epeyce etkilendim o devir. Fakat bunlar başkalarının da söylediği, söyleyebileceği, kitaplardan da okunabilecek şeyler, malumat yani. Sanatta ise malumat bir yere kadar, aslolan tecrübedir. Bunun imkânını gösterdi Georgette bana. Bir kadeh daha?

...

...

Üç seneden fazla kaldım yanında. Talebesi ya da çırağı olmaktan çıktım, sevgilisi, âşığı, dostu oldum. Çok büyük acılar yaşadı. Nasıl anlatmalı, neresinden tutmalı bilemiyorum.

…

…

Evet… İlk günlerde hep Sophie vardı. Onu çeşitli pozlarda resmediyorduk. Kimi zaman kuğu ve Leda oluyordu, kimi zaman Holofernes'in başını kesen Judith. Tabii bazen Holofernes'i ben canlandırıyordum, bazen de Jean. Parayla poz veren bir genç. Fırıncının küçük oğlu Jean. Ağabeylerinin aksine ince yapılı, resme, poz vermeye, içmeye meraklı, mürdüm eriği gibi koyu renk dudaklarıyla, sarısı bol ela gözleriyle başka bir afet. Erkek güzeli. Georgette zaman zaman Jean'ın bedenini bir model olarak kullanır bana insan anatomisinin inceliklerini gösterirdi. Işık yanıltır Vasıf, ancak dokunarak zihnine nakşedebilirsin, diyerek beni Jean'ın vücudunu keşfe çıkarırdı. Yüzünden başlar, parmaklarımla tüm girintileri çıkıntıları yoklar, aklımda yeniden canlandırırdım. Hacimleri meyvelere ya da hemen aklıma geliveren cisimlere benzeterek hatırımda tutmaya çalışırdım. İki elimle kavrayabileceğim büyüklükte bir kavun mesela Jean'ın başı, sarı sert yumrularıyla ayvalara benzeyen omuzları, fildişinden oval bisepsleri, gümüş yuvarlak düğmelere benzeyen meme uçları… Jean'ın bedenindeki keşif yolculuğum mahrem yerlerinde durakladığında Georgette elimden tutar, beni cesaretlendirirdi. Yunan heykellerine benzeyen vücudunda dolaşan ellerimiz çoğaldıkça Jean kendinden geçer, kıvranışları bizi de en tatlı günahların bahçesine davet ederdi. Peş peşe içtiğimiz şarapların tesiriyle bu sahnelerin sonu pek fena biterdi. Kışkırtıcı temaslarla çılgına dönen uzviyetin tahakkümüne teslim olurduk. Aklın gücünü kaybettiği bu zevk karnavalında vücutlarımız ateşin tüm renkleriyle kavrulur, başka bir şey haline gelir, adeta bir metamorfoz geçirirdi. "Vasıf, sanatçı için sınır yoktur," derdi Georgette, "vücutlarımızın her yeri, her santimi hayattan zevk almak için dünyaya gelmiştir, kendini bunlardan mahrum bırakan biri asla sanatın en yüce katına çıkamaz. Çünkü aldığımız her damla zevkin ödenmesi gereken bir bedeli vardır. Sanatçı bu bedeli boyayla, çizgiyle çalışarak öder." İlk zamanlar çok sarsılmıştım ama öyle bir âlemdeydik ki bana öğretilmiş olan tüm ayıplar, yasaklar, günahlar uzaklarda kalmıştı. Tabii bir yandan da çizgim gelişiyor, artık bu yeni Vasıf'ın resimleri eski Vasıf'ınkilerden çok daha etkileyici oluyordu.

...

...

Koridorun sol duvarındaki şu karakalem torso serisi mesela... Jean. Ne kadar genç değil mi? Yağlıboya resimleri ne yazık ki yok bende. Bazıları daha ben Paris'teyken satıldı, bazıları da Georgette'in atölyesinde kaldı. Satıldı dediysem, üç kuruşa gitti hepsi. Monmartre'da bir matmazel vardı... Her neviden acayip resmi alıp sattığı bir dükkânı vardı, Matmazel Weill, ona verirdim. Bazen koskoca resim karşılığında aldığım para ancak francala ve şaraba yeterdi. Orada da eğer meşhur değilseniz resminize para veren olmazdı. O Picasso'lar, Matisse'ler o devirde hep buralarda üç kuruşa resim satıyorlardı. Acaba matmazele sattığım resimler bir yerlerde duruyor mudur? En çok bunu düşünüyorum son zamanlarda. İnsanın yaptıklarının kaybolup gitmesi çok fena bir his. En çok yok olma ihtimali üzüyor beni. Bilsem ki birilerinin duvarında asılıdır ya da bir müzededir o zaman bundan büyük haz duyarım ama ya yok olup gittiyse? Zerre kadar ehemmiyet vermeyen birilerinin eline geçtiyse? Bu çok fena. O vakit hayatım boşa geçmiş sayılır. Resim çok nankör bir sanat. Halbuki roman olsa muhakkak bir baskısı bir kütüphanede durur, günü gelir tekrar basılır, senfoni olsa, unutulsa bile bir gün gelir notalarını birileri bulur yeniden çalar, yok olmaz yani. Oysa resim öyle değil. Fotoğrafını da çekseniz aynı şey değil. Hiç değil. Misal benim bir sürü eski resmimin fotoğrafı var, asılları kayıp. Ne işe yarar?

...

...

Jean... Jean çok değişik bir delikanlıydı. Bir daha onun gibi birini tanımadım. Bir sanatçıydı ama ne resim yapıyordu ne heykel yontuyordu. Sanatını vücuduyla icra ediyordu. Öyle bir duruyor, öyle bir poz veriyordu ki... çıplaklığı giyiniyordu adeta. Nü nedense kadınlara yakıştırılır hep. Oysa Jean'ı görseydiniz bu işin kadını erkeği olmadığını anlardınız. Ona baktığınızda damarlarından kanın nasıl aktığını, şahdamarının nasıl attığını, gözlerinin nasıl incecik bir gözyaşıyla parladığını görürdünüz. Nefesin, hayatın, zevkin, acının bir mevcudiyet kazanmasına, mücessem hale gelmesine şahit olurdunuz. İşin güzel yanı resim yapmamız için sadece poz verirken değil yanımızda olduğu her an bize bu tecrübeyi yaşatmasıydı. Her an kendini yeniden ince ince inşa ediyordu. Poz vermediği zamanlarda da çıplak dolaşıyordu... Ama siz onun çıplaklığını müstehcen bir şey gibi görmezdiniz. Hatta şimdi şurada olsa, çıplak oluşunun tuhaflığı sonradan aklınıza gelirdi. İlk başta onun güzelliğini görürdünüz, antik trajedi kahramanlarının canlı resimleridir derdiniz. Ara verdiğimizde, bir şeyler yerken, içerken, konuşurken hep belirli bir postürü koruyarak, üzerine düşen ışığı, arkasındaki fonu hesap ederek mütemadiyen bir performans halindeydi. Evet onunkisi canlı bir sanattı. Ben de sürekli elimde füzen, fırça, kömür artık ne bulursam onun o muhteşem gövdesini çiziyordum.

...

...

Tabii her zaman her şey yolunda gitmiyordu. Georgette'in hayatında ciddi iniş çıkışlar oluyor, ben de bunlardan payıma düşeni mecburen alıyordum. İki olay çok sarstı Georgette'i, ilk felaket Sophie'nin oğluyla olan ilişkisini öğrendiği zaman yaşandı. Evet, resimlerini yaptığımız, yatağımızı paylaştığımız Sophie meğer oğluyla aşk yaşamaya başlamış. Ne tuhaf değil mi? Anası oğlundan sevgilisini kıskanıyor. Ama bu salt bir kıskançlık hikâyesi değildi. Alex, oğlu, başka bir hayat yaşıyordu, daha doğrusu yaşıyormuş, çünkü ben Georgette'i tanıdığımda Alex bir sanatoryumdaydı. Sağlığı kötülediği için hukuk tahsilini yarıda bırakmış olduğundan başka hakkında bir şey bilmiyordum. Bir de Fuat'ın yakın arkadaşı olduğunu. Benim Paris'e gelmeme vesile olan olaylar zincirinde önemli bir halkaydı anlayacağınız. Georgette oğlunun Sophie'yle münasebetini duyduğunda çıldırdı, her şeyi kırıp dökmeye başladı. O kadar çok emek verdiği Sophie'nin İran halısı üzerinde uzanan çıplak resmini parça parça etti. İşte orospu olduğu besbelli, elimle çizmişim de aklımla kabul edememişim, diyordu bir yandan da. Oğluna kancayı takmakla suçluyor, onun adi bir kaldırım yosması olduğunu söylüyordu. Ben ne yapacağımı bilemiyordum. Birkaç sefer şahit olduğum çılgınlık krizlerine benzemiyordu bu. Bir türlü düzelmiyordu. Çandu falan hak getire.

Her gün yeni bir hadise. Neler olmadı ki... Sanatoryumu basmalar, hemşireleri hırpalamalar, Sophie'yi tutuklatmak için polise şikâyet etmeler... Bazen mâni olabiliyordum ama Georgette'ti bu, iki saat yalnız dışarı çıksa bile mutlaka sonu karakolda bitiyordu.

...

...

İkinci olay? Evet, Alex'in ölümü tabii. Bir daha asla eski Georgette olamadı.

KAYIT SONU

GALERİ

BACCHUS RÊVE, 1908, YAĞLIBOYA, 90 X 100 CM

Georgette Valané mitolojik temaları kendine has üslubuyla ele alan bir ressamdır. Baküs Rüya Görüyor adlı bu resminde birbirinin eşi genç erkeklerle çevrelenmiş olan androjenik Baküs kendinden geçmiş bir durumdadır. Erkeklerin onu uyandırma çabaları sonuçsuz kalmıştır. Ressam Vasıf'a göre Baküs için Sophie poz vermiştir. Genç erkeklerin hepsi Jean'dır. Bu da rüya havasını güçlendirmektedir. Baküs resimlerinde sıklıkla görülen doğa manzaraları ve hayvan figürleri bu tabloda yoktur. Baküs ve genç erkekler farklı renklerde parlayan bir bulutun içinde resmedilmişlerdir.

SERGİ İLANI, 1913

Berthe Weill'ın Victor Massé Sokak 25'te bulunan küçük galerisinde Georgette Valané'nin 1913'te açtığı serginin ilanı. Ressam Vasıf, Matmazel Weill'a birkaç defa resim bırakmıştır satılması için. Bu resimlerin akıbeti bilinmemektedir. Berthe Weill 1900'lerin başında Paris'te avangard sanat piyasasının oluşmasında önemli bir rol oynayan bir galericidir. Picasso, Mattisse, Modigliani gibi sanatçıların duyulmasında pay sahibidir. Georgette Valané oğlunu kaybettikten sonra Berthe Weill'ın destek olmak amacıyla bir sergi düzenlediğini, zaman içinde iki kadının dostluğunun derinleştiğini anlatır Vasıf.

TORSO SERİSİ, 1909-1914, KÂĞIT ÜZERİNE KARAKALEM

Ressam Vasıf'ın Valané'nin stüdyosunda çalışırken çizdiği genç erkek bedenleri. Yüzleri olmayan bu genç erkeklerin özellikle cinsel organları ayrıntılı bir şekilde tasvir edilmiştir. Vasıf bunlardan çok azını sergileme fırsatı bulmuştur.

Çizerken Sadece Sensin Olduğu Gibi Sen

Bugün hiç konuşmak gelmiyor içimden. Sabahtan beri boş boş oturuyorum. Cenazenin tesirinden kurtulamadım bir türlü. Bir haftada iki cenaze fazla geldi. Geçen salı Burhan Toprak, bu hafta Ali Sami... Düşünüyorum da Burhan Toprak'ın cenazesinden bu kadar müteessir olmadım, herhalde Ali Sami'nin ressam olması dokundu içime.

...

...

Hayır. Yakın değildik. Ahbaplığımız yoktu ama neticede aynı devrin insanlarıydık. Bir romanın farklı bölümlerindeydik belki ama kitap aynı kitap. Hepimiz şu veya bu biçimde bu memleketin resmine sanatına hizmet ettik. Aslında yoktan var ettik de diyebilirim. Türkiye'de en şanssız sanattır bizimkisi. Resim, heykel... Taş çatlasa bir asırlık bir mazisi var. Ne yazık... Tabii bunun kendine göre avantajları da yok değil. Her şey bizimle başladı. Zorlandık. Halen de zorlanıyoruz. Hep bir geride olma hissi. Fakat Ali Sami Bey'in beynelmilel bir şöhreti vardı. Bilhassa Ayasofya müdürlüğü sırasında yaptıkları çok mühimdir.

...

...

Sadece resimleri mi? Ayasofya müze haline getirilirken çok çalıştı. Hatta o tarihe kadar kayıp olan bir kısmını, vaftiz kurnasını falan ortaya çıkardı. Dünyada epeyce ses getirdi bu keşifleri. Ayasofya'yla alakalı olarak çok sevdiği bir hikâyesi vardır. Sık sık anlatırdı. Bunun dedesi Kafkaslardan mı bir yerlerden göçüp gelmiş İstanbul'a, 1800'lerin başı zannedersem, Eyüp'te cami avlusunda bir tezgâh açmış, tespih, koku neviden şeyler satıyormuş, bir gün bir hanım sultan alışveriş yapmış dedesinden ve koca bir kese altın vermiş, o da bunu sermaye yapıp tezgâhını Ayasofya'nın girişine taşımış. İşte şimdi dedemin bahçesinde tespih sattığı Ayasofya'da ben müdürlük yapıyorum, diye talihin devamlı surette kendini tekrar eden ama biz fanilerin idrak edemedikleri sırrına işaret ederdi. Büyük bir insandı. Bilir misiniz aslen bahriyelidir?

...

...

Öyle. Ama asker ressamlar jenerasyonundan sayılmaz, onlar daha evvelkiler. Ali Sami Bey mekteplidir. Öyle fotoğraftan baka baka çizenlerden değil. Akademiden birincilikle mezun oluyor. Paris'e gidiyor. Üstelik benim gibi bohem bir ressamın atölyesinde sürünmüyor, Cormon'un talebesi oluyor. Sonra başka marifetleri de vardır. Bizim ilk paralarımızın üzerindeki resimleri çizen de odur.

...

...

Öyle devletli bir adam. Bizi pek beğenmezdi, modern sanata verip veriştirirdi rahmetli. Şarlatanizm bu başka bir şey değil, derdi. Halbuki onun tarzı da bildiğimiz empresyonist resim, yani modern sanat ama işte her devir kendini asıl ilan etmeye pek meraklı oluyor. Şimdi hepsi geldi geçti işte. Dün Şişli Camii'nin avlusunda kalabalığın içinde tanıdık simaların ne kadar da azalmış olduğunu düşündüm. Sonbahar geldi. Yaprak dökümü başladı işte. Sırayla herkes gidiyor. Daha iki ay olmadı Fikret Mualla'nın haberi geldi. Zavallı yâd ellerde bir başına öldü gitti. O Fransız kadın olmasa daha da evvel giderdi ya. Ne feci bir hayat. Ali Sami Bey öyle değil tabii, arkasında büyük işler bırakmış, aile saadetini tatmış bir adamdı. Yetmiş beş yaşında resim sergisi açmış dosta düşmana eserlerini göstermişti. Onunla kavgalı olanlar bile çabasının, çalışkanlığının önünde şapka çıkarmışlardı. Herkes o kadar şanslı olmuyor maalesef. Misal Çallı. Bugün sokaktan birini çevirseniz, bir Türk ressamı söyleyin deseniz muhakkak Çallı diyecektir. Ama bilir misiniz ki Çallı hayatı boyunca hiç ferdî bir sergi açmamıştır? Açamamıştır. Yalnız o mu? Misal Nazmi Ziya... En çok da onu düşündüm dün cenazede. Öyle oluyor, insan musalla taşının yanında beklerken ölümden başka bir şey düşünmüyor, bir zamanlar birlikte yiyip içtiği şimdi çoktan toprak olmuş eskileri hatırlıyor. Sanki geçmiş zaman ölüleri kalabalığın arkasında gri gölgeler halinde saf tutmuş bizi seyrediyor. Ömrümüzün tragedya korosu gibi az sonra dile gelecek, talihimizi anlatacaklar besbelli.

...

...

Geldim gidiyorum, yaşayacağımı yaşadım, artık tamam, doydum, yeter diyenine ben rastlamadım. Siz? Hayır, değil mi? Fakat cenazede içimde bir şeyler buruldu. Daha birkaç sene evvel Çallı'yı toprağa verdik, orada da çok fena olmuştum ama o vakit hissiyatım farklıydı. Erken gitti diye düşünmüştüm. Kendi ölümümü hiç aklıma getirmemiştim. Çok genç bir adammışım gibi... Epi topu yedi sene evvel. Benden yedi yaş büyüktür Çallı. Belki de o yüzden... Bilmiyorum. Hem zaten o çok farklı bir cenazeydi. Fındıklı Camii'nden tabutunu akademiye taşıdık. Orada saygı duruşunda bulunduk. Benim cenazem hiçbir zaman öyle kalkmayacak, bunu o vakit düşünmemiştim. Şimdi anlatırken idrak ediyorum şu hayatın içinde nerede durduğumu ya da duramadığımı. Kenarında kaldığımı.

Ne akademinin bahçesinden uğurlanacağım ne de Şişli Camii'ndeki gibi büyük bir kalabalık olacak... Ne büyük bir aile, ne devlet, ne kurum... Hiçbiri olmayacak.

Ali Sami'nin ailesini, sevenlerini gördüğüm zaman... nasıl tarif etmeli... şey gibi... bir imtihanda başarısız olmak gibi. Bütün hayatımı yanlış yaşadığımı hissettim.

Nazmi Ziya'nın ölümünü düşündüm en çok. Kendi ölümümü düşünmemek için belki. Öyle ya yakında öleceğim. Sonuçta bir on yıl daha yaşar mıyım, yaşarsam aklım başımda olur mu? Sanmam. Her şey yok olup gitmesin diye bunları kaydetmeye uğraşmıyor muyuz şimdi? Bazen bütün inancımı kaybediyorum. Bu yaptığımız işe... O kadar uğraşıyorsunuz... Sonunda ne olacak? Ben görebilecek miyim? Diyelim ki bir kitap haline geldi, kim okuyacak? Kim sevecek?

...

...

Kim sevecek? Hep bunu istiyoruz değil mi? Sevilmek. Belki de bendeki anne eksikliğinin bir neticesi bu. Asla doyasıya sevilmedim. Sevenim olmuşsa da ben içimden bunu hissedemedim. Arada hep başka şeyler oldu. Bakın o yüzden hep bir şala, bir battaniyeye sarınma arzusu vardır bende. İnsan sevgisizlikten üşür en çok.

Uzviyet insanın aklını karıştırır Halit Beyciğim. Şehvetle yanıp tutuşan vücudumuzun başka vücutlara dolanmasını sevginin yerine koyarız çoğu zaman. Bir anlığına da olsa üşümeyi unuturuz. Belki ben böyleydim. Belki başkaları her şeyi çok farklı tecrübe ediyorlar, ömürlerini çok başka şekillerde yaşıyorlar, bilemiyorum. İnsan bir başkasının zihninin içine giremiyor ki... Edebiyatçı bir dostum, rahmetli Hamdi'ydi zannedersem ya da o muhitten biri söylemişti, kim olduğunu unuttum ama laf aklıma kazınıp kalmış: Roman sanatının bütün sanatlara en üstün olduğu taraf budur, başkalarının içini göstermekteki maharetidir, demişti. Önce itiraz etmiştim. Bana göre resim sanatı bütün sanatların üzerindedir. Onunla yapılamayacak şey yoktur diye düşünmüştüm ama edebiyatçı dostumun söylediğine de aklım takılmıştı. Mamafih ben çok kitap okuyan biri olmadım hiç. Belli başlı klasiklerin ötesine geçemedim. Hele moda olan, gelip geçici, sabun köpüğü hikâyelerden hiç hazzetmem. Ama yine de aklıma takılmış işte. Hatta zaman zaman denemeye kalkarım bu iddiayı resimde. Bir başkasının zihninden neler geçtiğini verebilir miyim? Hayır sürreele sapmadan. O kolay yol. Eminim edebiyatçı dostum onlara dudak bükerdi. Ben biliyorum onun kastettiğini, bir Dostoyevski gibi, insanın iç dünyasını verebilir misin, ona bakarım diyordu.

Mesela o cami avlusundaki halimin, o yaşlı ressamın hissiyatını nasıl anlatabilirim çizerek? Bunu düşünüyorum şimdi. İnce pardösüsüne çok soğuk varmış gibi sarınmış yaşlı adamı hafif yandan görüyoruz. Havanın sıcak olduğu etraftaki insanların halinden belli. Ortamda her an griye dönecek bir hava var fakat. Sıkıntılı, boğucu bir hava. Bütün renklerin istikameti o tarafa, hüznün, ölümün solgunluğuna doğru. Musalla taşındaki tabut silik, çok göze batmıyor. Yaşlı adam tabutun başındaki mevtanın yakınlarına bakıyor. Biri yaşlı iki kadın, iyi giyimli adamlar samimi bir üzüntüyle birbirlerine sarılmışlar. Hepsi birbirine dokunuyor. Elleri görüyoruz, kenetlenmiş, tutan, saran... Genç kadının yanındaki oğlan çocuğu, on iki-on üç yaşlarında, büyük bir sevgiyle ve acıyla bakıyor tabuta, her an annesinin yanından kopup dedesinin tabutuna sarılacak gibi. Omzunda babasının eli. Güçlü, canlı. Bu sahnenin arkasında çelenkler görünüyor, renk renk çiçeklerle derlenmiş, üzerlerinde gönderenlerin adları okunmuyor ama mühim kimselerden geldiği anlaşılıyor. Bizim yaşlı adamın yüzüne baktığımızda üzüntüyü değil de kıskançlığı görüyoruz, dudakları incecik, gözleri kısık... Baştan ayağa zeytuni ve griye boyamışım... Sadece ellerinin üzerinde, parmaklarında boya izleri var renk olarak. Arkasında yükselen ağaçların dalları kuru, düşmanca. İyice yukarıya tünemiş uğursuz bir karga tüm bu manzarayı seyrediyor.

...

...

Bazı hadiseler insanı hiç beklemediği bir anda yakalar. Bu cenaze de öyle oldu. Bir anda bütün ömrümü çar çur etmiş olduğumu idrak ettim. Üstelik sebebi de benden başkası değildi. Hayır kabahati başkalarında arayan cinsten biri değilim. Böyle yaşadım çünkü ben işte buyum. Evet resmi çok sevdim, hayatımdaki en değerli şey bu sanat oldu ama... insanların dünyası çok farklı Halit Beyciğim. O âlemde bazı fikirlere, ideallere inanmanız, bu ideallere göre yaşamanız, gençlere emsal teşkil etmeniz, muteber bir şahsiyet olmanız icap eder. Bense hiçbir zaman, ama hiçbir zaman böyle yaşamadım. O yüzden de ne bir ailem oldu ne çoluğum çocuğum ne de ölürken elimi tutacak bir hayat arkadaşım. İşte bu son cenazede bu meseleyi bütün çıplaklığıyla gördüm. Apaçık bir hakikat.

...

...

Mesele ölmek de değil aslında. Ölmek bir anlık hadise. Şimdi varsın, bir an sonra yoksun. Mumun sönüşü gibi. Hatta ondan da keskin. Mum sönünce hiç değilse bir müddet dumanı tüter, kokusu yayılır. Ölüm daha çok elektriğin kesilmesi gibi. Çat diye gider ışık, zifir karanlıktasın.

...

...

Karanlık... Soyadım bile ne kadar karanlık. Bilir misiniz, bir ressamın en büyük düşmanı nedir?

...

...

Elbette. Ama eksik cevap. Zifir karanlık ve çiğ bir aydınlık. İkisi de eşit derecede düşmanıdır ressamın. Resimler hep iç mekânlarda sergilenir farkındaysanız... Gün ışığında bakılmaz. Bakılsa da anlaşılmaz. Hele o katedrallerin loş duvarlarında sergilenen koyu yağlıboya tablolar... Nasıl da tesir eder insana. Derin, koyu bir hakikate davet eder. Kedere. *Sombre tristesse*. Koyu kıvamlı bir renk gibi boyuyor bütün hakikatimi. Ama güneşin saldırgan ışığı da aynı şekilde mahveder, körleştirir, yakar...

...

...

Her neyse, işte dün en çok Nazmi Ziya takıldı aklıma. Sonum onun gibi olsun ister miydim? İstemezdim galiba. O zamanlar ben daha kırklarımı sürüyordum, gençliğin bittiğini henüz kabullenememiş, nerede akşam orada sabah hayatımı doludizgin yaşıyordum. Nazmi Ziya, eski dost, en nihayet bir sergi açmaya ikna olmuştu. Tüm hayatının bakiyesini orada gözler önüne serecekti. Kaç sene akademiye müdürlük yapmış, emek vermiş bir hoca ama daha ferdî bir sergisi yok. Sonunda yaptıklarını toplu halde ortaya koyacaktı. Yüzlerce tablo... Acayip huyları vardı rahmetlinin. Resim satmaya adeta karşıydı. Para kazanmak için başka iş yapmalı insan, para için çizmemeli derdi. İstese resimlerinden zengin olabilirdi. Hakikaten... Mesela daha Fransa'da talebeyken çizdiği bir peyzaj sergilenmeye karar verilmiş. Tabii hocası Cormon çok beğenirmiş Nazmi Ziya'nın çalışmalarını. Ama gel gör ki çerçeve yaptıracak parası olmadığı için sergiye katılamamış fakat sonra ne olmuş biliyor musunuz? O resim zannedersem Afgan emirine 500 liraya satılmış ki çok büyük paraydı o zamanlar. Öyle bir adam Nazmi Ziya. Neyse işte sonunda büyük bir sergi açmaya karar vermişti. Sene 937. Ben de yardımına gittim, eski dostum heyecan içindeydi. Yüzlerce tabloyu nasıl sergileyeceğini düşünüyordu. Üstat bu kadar çok resim bir arada ziyaretçileri yormaz mı, diye hafiften ihsas ettiğimde hemen bozulmuştu. Bu benim ömrümün özeti, demişti, hem bak bu manzara için ben kaç yıl uğraştım biliyor musun? Sustum tabii. Bir Üsküdar manzarası için üç yıl uğraşmış, on dört tane versiyonu var, akıl alacak şey değil. Mevsim dönüyor, haydi bizimkisi bir sene bekliyor, tekrar aynı ışığı yakalamak için.

Sergi için gece gündüz çalıştık, ağustos ayında açıldı ama pek de istediği alakayı görmedi. Bedri Rahmi de bir kitap hazırlamıştı, onun matbaa işleriyle meşgul oluyordu. Sanırım bir ressamımız hakkındaki ilk kitaptır. Fakat sonra ne oldu biliyor musunuz? Yine bir eylül günü. Ah bu sonbahar... Olacak şey mi? Bedri Rahmi matbaadan kitapla geldiğinde Nazmi'nin vücudu çoktan ölüm katılığını almıştı. O gece göçmüştü. Göremedi... Ne vakit bir sergiye gitsem kimin olursa olsun bunu düşünürüm. Biçare Nazmi Ziya'nın ömrünü sanata verdikten sonra emeklerinin karşılığını göremeden gitmesindeki haksızlığı... Üzerinden otuz sene geçti ama zihnime öyle bir kazınmış ki... insan isyan ediyor. Ölüm tabii bir şey, ondan kaçış yok ama ben yine de kabullenemiyorum. Haksız bir taraf var böylesine bir ölümde. Gerçi haklı ölüm diye bir şey varsa bile nadirattan. Haksızlık kol geziyor. Misal, iki ay önce Adapazarı'nda, Tunceli'de arka arkaya zelzele oldu. Kaç kişi öldü?

...

...

Yüz yetmiş mi, seksen mi öldü şimdi çıkaramıyorum. Onlarca insan! Geçen seneki felakete ne demeli? Varto'da binlercesi bir anda gitti. Çoluk çocuk, kadın erkek bir anda can verdi, kimisi sakat kaldı. Niçin? Mukadderat. Tabiî afet. Önüne geçmek mümkün değil belki. İşte o yüzden daha çok isyan etmek geliyor içimden. Yoksa insanın insanı öldürmesi vakayı adiyeden sayılır. İşte Amerika Vietnam'a giriyor, kim bilir kaç insan telef olacak? Ama insan bu, öldürmeden duramıyor ki. Savaş olmasa bile birbirinin boğazına sarılmak için fırsat kolluyor. Daha geçen hafta, gözümüzün önünde kırk kişi öldü yahu, hem de ne için, futbol için. Kayseri ile Sivas maç yapmıyor da harp ediyor sanki. Yani meydan muharebesi olsa ancak o kadar insan ölürdü bu devirde. İnsan vahşi... Vallahi mayasında bir bozukluk var. Bizimkisi birbirini bıçakla doğrar, çıplak elle boğar, tekâmül etmiş milletler atom bombasıyla yüz binleri buharlaştırır. Zamanla düzeleceğine, canilikte ilerliyor insan dediğin. Daha büyük, daha mahir cani nasıl olurum derdinde.

...

...

Sanat insanı kurtarır mı bilemem ama beni kurtardı. Delirip bileklerimi kesmediysem veyahut kendimi yüksek bir yerden atmadıysam ümit edecek bir şeyim olduğu içindir. En berbat zamanlarımda bile birdenbire Vasıf, der içimden bir ses, bir kâğıt bul veyahut bir bez parçası, çiz, boya. Seni yok etmek isteyen ifritler için en güçlü muskadır senin çizdiklerin. Hani su içerken yılan bile dokunmaz derler ya benim zihin dünyamda bu lafın tercümesi şöyledir: Çizerken hiçbir ifrit yanına yaklaşamaz. Çizerken sana kimse dokunamaz. Çizerken sadece sensin, olduğu gibi sen. Çizerken hiçbir kural, kanun, anane sana mâni olamaz. Çiz yeter ki Vasıf. Çiz.

KAYIT SONU

GALERİ

1 LİRALIK BANKNOT, 1927

Türkiye'nin ilk kâğıt parası olarak kabul edilen 1 liralık banknotun arka yüzündeki çift süren çiftçi ve ön yüzündeki meclis binası resimleri Ali Sami Boyar'a aittir. 5 Aralık 1927 günü piyasaya sürülmüştür, bu tarihten önce Osmanlı banknotları kullanılmaktaydı. İlk 1 liranın üzerinde herhangi bir devlet büyüğünün değil de isimsiz bir çiftçinin yer alması dönemin ruhunu yansıtmaktadır.

ÖLÜMÜ HAYAL EDERKEN SERİSİ, 1920'LER

Ressam Vasıf'ın kâğıt üzerine karakalem çizdiği bu resimlerde pencereden bakan bir adam yer alır, ressamın kendisini temsil eden bu figürün baktığı manzaraysa bir mezarlıktır. Servi ağaçları, mezar taşları, kargalar, baykuşlar, elinde kürekle ağaçların arasında hayalet gibi duran ölü gömücüler resimlerde karşımıza çıkan ortak unsurlardır.

İmzam Bile Sabit Olmadı Fikrim Nasıl Olsun?

Bunları sizin için çıkardım. Bakalım nasıl bulacaksınız.

...

...

Mütareke yıllarından manzaralar. Bakın, Habeşli bir manga asker, Gülhane Parkı'nda devriye gezerken.

Sokak berberleri, onlar her devirde var, şimdi kalmadı tabii.

Seyyar satıcılar. Rus oyuncak bebekler, matruşkalar. Böyle gidiyor... Genellikle karakalem hızla çiziktiriverdiğim şeyler. O aralar İstanbul bin bir çeşit insanın akınına uğramıştı. Bir nevi kıyamet kopmuş da her milletten insan topraktan fışkırıvermişti sanki. Tabii sokakları, binaları da çiziyordum. Bazılarını daha sonra evde yağlıboya çalışıyordum. Mamafih o zamanlar resim alıcıları daha oryantal resimlerden hoşlanıyorlardı. Onlara göre de çiziyordum.

...

...

Burası? Tokatlıyan Oteli'nin kahvesi. Bakın bu adam oturmuş kahvesini içen alelade bir Fransız askerine benziyor değil mi? Hah, değil. Adını not almamışım, ama çok enteresan bir vaka.

...

...

Bu Fransız üniforması içindeki adam bir Türk Halit Beyciğim, seneler önce gidip Fransız tâbiiyetine geçmiş, sonra da Fransız askeri olarak İstanbul'u işgale gelmiş! Düşünebiliyor musunuz? Çok acayip bir devir. Ne zaman ne olacağı belli olmuyor. Pera'da barlardan, kahvelerden kahkahalar, şarkılar gelirken, köprünün öte yanında hüzünlü bir sessizlik. Havada zaman zaman hissedilen yay gibi gerilmiş, insanın sinirlerini harap eden bir huzursuzluk. Tabii harpten mağlup çıkmış Osmanlı'nın payitahtı İşgal Kuvvetleri'nin eline geçince bilhassa Rumlar çok azıttı. Beyoğlu'nda sefaretin olduğu binaya öyle büyük bir Yunan bayrağı açtılar ki bütün kaldırımı kaplıyor. Fesli geçmeye korkuyor Türkler. Tabii... Zaten Pera'da festen çok Avrupai şapka görürdünüz. Bir de hayalet çıkmıştı piyasaya. Adını unuttum şimdi, bir Rum. İntikam yemini etmiş, Türk polisleri öldürüyor, iz bırakmadan yok oluyor, o yüzden adı Hayalet Hristo muydu, öyle bir şey. Otuz-kırk polis öldürdü düşünebiliyor musunuz?

...

...

Evet. İşgal zamanı. Öyle. Rivayet muhtelif, İngilizlerin koruduğunu söylüyorlardı. Mamafih doğru olabilir. Asayiş onlardan soruluyor. Tabii kimsede huzur kalmadı. Çıkıp gitmek istesen vize almak mecburi. Galata'da bürosu vardı vize işlerine bakan komutanın. Yüzlerce insan kapıda kuyruk, işgalci askerler itip kakıyor, bir nevi işkence yani. Fırsatını yakalayan Amerika'ya, bir yerlere kaçıyor. Feci bir devir. İntihar eden subaylar mı istersin, kaçanlar mı...

...

...

Mukavemet? Anadolu'da birtakım teşebbüsler olduğunu duyuyorduk. Matbuatın bir kısmı tabii bu haberleri çok farklı veriyordu. Çeteciler diyorlardı, başıbozuklar, padişaha itaatsizlik, isyancılık diye karalıyorlardı. Anadolu'ya geçip onlara katılanlar da oluyordu ama padişaha isyan etmekle bir tutuluyordu böyle teşebbüsler. Hele yakalasınlar, doğru Şeytan Adası'na, kürek mahkûmu olarak... Tabii zamanla hava değişti. Ruhu şad olsun Mustafa Kemal Paşa herkesi toparladı, bilhassa gençleri kendi tarafına çekmeyi başardı, yılmadı, imkânsız denilen bir işi başardı. Ama işte işgal İstanbul'unda, başlangıçta şartlar farklı görünüyordu. Neticede koskoca Alman ordusunu yenmiş İngilizlere, Fransızlara karşı birkaç baldırı çıplak ne yapabilir ki diye düşünülüyordu. Ekseriyette müthiş bir ümitsizlik hatta boş vermişlik vardı. Son kırk senesi mağlubiyetler içinde geçmiş bir millet. Millet bile olamadan altı asırlık devlet başına yıkılmış. Bir ara, ben çok gençken, çok kısa bir süre 1908'de başka bir hava olmuştu. Rumlar, Ermeniler, Türkler, her milletten insan Osmanlı Anayasası'yla eşit bir hayat yaşayacağını hayal etmişti ama olmadı tabii. Size bir şey diyeyim mi? Eşitlik hiçbir zaman kurulmuyor dünyada. Hep gücü gücü yetene. Güçlü zayıfı eziyor. Başka memleketlerde oluyor mu? Valla bilemiyorum, oralarda da çok kan döküldü. Çok... Ama işte o devirde Osmanlı'nın sonu gelmişti. Avrupa'dan sökülüp atıldıktan sonra payitaht da elden gitmiş, artık ümit edecek ne kalmış diye düşünenler de çoktu. İstanbul ahalisinin zengin kısmı ise yeni şartlara adapte olmaya çalışıyor, İşgal Kuvvetleri'nin komutanlarıyla iyi geçiniyordu. İngiliz Muhipleri Cemiyeti vardı mesela, oraya üye oluyordunuz, bir kart çıkarıyorlardı, sokakta çevirdiklerinde gösterip geçiyordunuz. Ya... Nereden nereye... Ama sokaklar zaman zaman karışıyordu. Bir seferinde bir Türk polisi Senegalli bir askeri vurdu mesela, Gülhane Parkı'da. Mühim bir hadise.

...

...

O polis mi? Ne olacak? Cehennemin bir dibine, Gine'ye sürgün ettiler. Her neyse ben o senelerde farklı bir haletiruhiye içindeydim. Dört yıl tercüme subayı olarak dirsek çürüttükten sonra ipten kazıktan kurtulmuş gibi kendimi serkeş bir hayata bırakmıştım. Georgette'in yanında keşfettiğim şahsiyetimin en renkli taraflarını İstanbul'da, Pera'da tecrübe etmeye çalışıyordum. Savaştan, yıkımdan bitik vaziyetteki memleketin yorgun yüzünü görmek istemiyordum, *carpe diem* diyordum, ânı yaşa, başka hayat yok Vasıf. Tabii bu iftihar edilecek bir meziyet değil, ama sahte kahramanlık hikâyeleri anlatacak yaşı geçtim çok şükür. Savaş ve felaket zamanlarında insanlar çok değişik şeyler yaparlar, ama çoğunlukla anlatılmaz bunlar. Tabii... Aşk patlaması olur mesela. Şaşırmayın, öyledir. Korkudan mı panikten mi bilinmez, şehvet daha kıvamlı bir hale gelir. İnsanlar olmadık zamanlarda sevişirler. Kolayca birbirlerinin kollarında bulurlar kendilerini. Belki de ölmeden önce son bir defa üreme ihtiyacı. Hayvani tarafımızın galebe çalması. İdam edilenlerin paçalarından akan meni gibi... Ölümle aşk birbirine yaklaştıkça şiddeti artar. Ben de netice itibarıyla otuzuma varmıştım, herkes gibi bir aile kuramayacağımı, çoluğa çocuğa karışamayacağımı idrak etmiştim. İnsan çok tuhaf oluyor gençken, tüm hayat budur sanıyor, o günkü Vasıf'ı tutup çevirseniz, "Yaşayacağımı yaşadım, her şeyin sonuna geldim artık," derdi, zavallı çocuk. Fakat tam o esnada amcam Ali Salih Paşa'nın ve ailesinin bilhassa Fatma Belkıs'ın İstanbul'a gelmesi beni biraz olsun frenledi. Mesuliyetini bir şekilde taşımak zorunda olduğum bir ailem vardı artık. Bu sebepten hayatım dediğim şey Pera ile Çamlıca arasında bölünmeye başladı. Uzun hikâye…

…

…

Bir ara gazeteler için de çizdim, haklısınız. O da ayrı macera. Fotoğrafı olmayan vakalarda, ki çoğunda olmazdı, bilhassa adi suçları illüstre etmek için gazeteler resim sipariş ederdi. Vakayı tarif eden haberi okur, hayalimden münasip gördüğüm bir sahneyi çizerdim. Aslında göründüğünden daha zordur bu iş: Bir kere hızlı olmanız icap eder. Ama karikatür gibi de olmayacak, realist bir hava vereceksiniz, kurbanın yüzündeki dehşeti, şaşkınlığı iyi aksettireceksiniz, kötü adamın yüzünden melanet okunacak. Sonraları otuzlarda bu tecrübem çok işe yaradı, kitapların kapaklarına, sinema afişlerine resimler yaparak günü kurtardım.

Neyse, bakın bu resimdeki adamın adı, Sedaçev. Beyaz Ordu'da Wrangler'in subayıymış. İhtilalden sonra kaçıp gelenlerden. İşte bu resimdeki gibi upuzun bir teleskobu vardı, Ayasofya'nın karşısında geceleri birkaç kuruş verdiniz mi ayı yıldızları gösterirdi. Öğrendiği tek tük Türkçe lafla bildiklerini anlatırdı. O zamanlardan meraklıymış Ruslar aya gitme işine, görüyor musunuz? Şimdi nasıl da yarışıyorlar Amerikalılarla. Bakalım önce kim gidecek aya? Ben Rusları tutuyorum laf aramızda, Amerikalılara yüz kere tercih ederim. Tamam biz savaşırız falan ama neticede aynı topraktan besleniriz. Amerika bir muamma, türedi bir ülke. Neyse çok hoş adamdı Sedaçev. Jules Verne romanlarından fırlamış gibiydi. Kıvırcık sarı gür sakalları, genizden gelen etkileyici bir sesi vardı. Tabii o senelerde İstanbul Rus kaynıyordu. Binlerce, yüz binlerce… Elinizi sallasanız generale, prense, prensese çarpıyordu. Birbirinden güzel Rus kadınları barlarda, pastanelerde servis yapıyorlardı, *haraşo*'lar, öyle denirdi... Her köşe başından Rusça şarkılar yükseliyordu. Hepsi de müziğe resme kabiliyetli. Cadde-i Kebir, şimdiki Beyoğlu, bunların açtığı tezgâhlardan geçilmiyordu. Kâğıttan çiçekler, resimler, tahta oyuncaklar, ikonalar, kumaşlar, düğmeler, kürkler aklınıza ne gelirse tezgâhta. İyi ressamlar da geliyordu. Tabii... Kendilerine cemiyet kurup sergiler bile açıyorlardı. Bunlardan bazıları bizim kültüre çok meraklı oluyordu. Hele Gritchenko diye bir ressam vardı. Çok enteresan bir karakter.

...

...

Evet Alexis Gritchenko. 1919'da Kırım üzerinden kaçıp geliyor İstanbul'a, aslında memleketinde kalsa önü açık, Rusya'da çok itibarlı bir sanatçı zaten. Ama kabına sığamayan biri. Onun da yolu Paris'ten geçmiş, aynı zamanlarda oradaymışız ama tanışmak Şişli'de bir meyhanede nasip oldu. Akıllı bir adam olduğu için geleli çok olmamasına rağmen hemen Türkçe öğrenmişti çat pat. Ne geceydi... Hepimiz oradayız. Genelde Fransızca konuşuluyor masada. Çallı bir numaralı hayranı olmuş, bize gizli bir hazine bulmuş gibi göğsü kabara kabara takdim ediyor adamı. Alexis de hakkını veriyordu doğrusu. Bizim ressamlar, bütün ekip orada. Hikmet Onat, Nazmi Ziya, Sami Yetik, hatta Feyhaman. Biz erken gitmiş, şahane mezelerle, duzikolarla yolu yarılamıştık beklerken. Küçücük bir yerdi ama müthiş lezzetliydi her şey. Çünkü meyhane işini Rumlardan iyi kimse yapamaz. Kalmadı tabii şimdi, 6-7 Eylül hadiselerinden sonra Rum kalır mı, gittiler. Hepsi. Kalanları da daha birkaç sene evvel haydi deyip kovalamadık mı? Yahu bu insanlar buralı. Senden benden daha çok buralı. Neymiş Kıbrıs'ta zulüm yapıyorlarmış. Buradakilerin Kıbrıs'la ne alakası var? Burası İstanbul. Çok yanlış, çok. Diyorsun ki haydi çık git buradan yanına da en fazla yirmi kilo eşya alabilirsin bir de yirmi dolar. Nedir bu şimdi? Bu da başka bir zulüm.

...

...

Yalnız gidenler çok ah ettiler. Bu kadar ah almak hiç iyi değil. Önce Ermenilerin, sonra Rumların ahı. O yüzden iki yakamız bir araya gelmiyor bir türlü. Benim öyle dinî itikadım yoktur ama birilerinin ahını almaktan korkarım. *Justice poétique* diye bir şey vardır, sadece tiyatroda değil hayatta da kötülük bir şekilde cezasını bulur. Buna inanırım, evet. Yazık oldu, çok yazık oldu. Hem de bu devirde. Hatta bu kovduklarımızın arasında çok mühim bir ressamımız da vardı. Sadece tabiiyeti Yunan olduğu için *deport* edildi.

...

...

İvi Stangali. Bedri Rahmi'nin talebelerinden. Bunların bir grubu vardı, On'lar diye. Ben de takılırdım bazen onların resim turlarına. Bedri Rahmi bunları peşine takar ördekleri gibi Tophane'de, Suriçi'nde, şurada burada ne kadar İstanbul'un az gidilen yerleri varsa oralara sürükler, sokağın, hayatın resmini yapmaya teşvik ederdi. Birbirlerine de reis diye hitap ederlerdi. İvi Reis. Ne güzel kadındır, zarif, upuzun bir boyun, hüzünlü çekik gözler, güzel bir ses. Çok da kabiliyetli. Birçok sergiye katıldı, hatta Brüksel'de falan Nato için devasa bir mozaik pano yaptılar Bedri Rahmi'yle beraber. Üç kuşaktır İstanbul'da yaşayan bir Rum. Belki siz bunları biliyorsunuz, ama yine de anlatayım, kaydedilsin, ileride unutulmasın... İşte bu Rumları *deport* etme meselesi çıkınca ortaya, hiçbirimiz, başta İvi, inanmadık onun da kovulacağına. Ne de olsa Türkiye'yi temsil eden mühim bir kadın sanatçımız. Ama iş ciddiye bindi. Valiliğe dilekçeler mi vermedik, Ankara'ya mı gidilmedi ama yok,

Nuh deyip peygamber demediler. Yahu daha yaşını doldurmamış bebeği var, yapmayın etmeyin, hayır. Neymiş Yunan tabiiyetindeki Rumlar ülkeye zararlıymış.

...

...

Fakat en çok neye yanıyorum biliyor musunuz? Resimlerinin kaybolmasına. Tabii... Yanında götüremeyeceği için, malum yirmi kilo kuralı var, bunlar da kargoya verdiler. Bak aradan kaç sene geçti, üç mü, dört mü? Halen bekliyor resimleri. Yok oldu tabii. Kayıp. Kim bilir ne yaptılar... Yazık, çok yazık.

...

...

Kim bilir? Yolda mı kayboldu, yoksa hiç mi gönderilmedi, yok mu edildi? Kim bilebilir? Rum bir kadın ressamın hakkını, hukukunu kim korur? Hem Rum hem kadın. Halbuki biriyle evlense Türk tabiiyetine geçseydi belki mesele çözülürdü. Ben seksene merdiven dayamış olmasam vallahi talip olurdum. Ama kabul etmezdi tabii, o, insanların aklına, vicdanına çok güveniyordu. Şimdilerde, haberlerini alıyorum, seyrek de olsa yazıyor bana, kahroluyorum. Hayata küsme raddesine gelmiş. Öyle fena şeyler ki. Vallahi gözümden yaş geldi okurken. Her bir kelime hançer gibi saplandı yüreğime. Bir insanı doğup büyüdüğü memleketinden koparıyor sonra da fırlatıp atıyorsunuz. Garibim evine birazcık benzeyen bir yer, bir şey arıyor Yunanistan'da. İstanbul'u hatırlatsa yeter. Ama Atina'da ne martı sesi var ne güvercin ne kedi diyor... Bir kedi alayım hiç değilse yoldaş olur bana demiş ama kedi bile yok.

...

...

İkinci Cihan Harbi zamanlarında açlıktan, sefillikten yemişler kedileri hep. Evet, en çok da İtalyan askerler yermiş. Hele besili ev kedilerini buldular mı kaçırmıyorlarmış. Sefaleti düşünebiliyor musunuz? Şimdi böyle bir gurbetin en karasında ne yapsın bebekli genç bir kadın, tek başına? Yazık değil mi? Epeydir ses çıkmadı. Galiba şimdilerde hali çok fenaymış, hayata küsmüş. Mutsuzluk, hasret, sefalet... İnsanların ömrünü bu şekilde harcamak... İnsafsızlık. Tamam Kıbrıs'ta başka trajediler oluyor, ama bu kadından ne istiyorsun? Sana zararı değil faydası var.

...

...

Nerden geldik buraya?

...

...

Evet, Alexis Gritchenko. Rum meyhanesinde Çallı bizim ressamlarla buna bir horoz dövüşü ayarlamış. Ben ilk başta biraz kibirli buldum bu Rus'u. Hoş Ruslarla ortak taraflarımız çok. Sadece dinimiz farklı, onun dışında Batı karşısındaki komplekslerimiz, böbürlenmelerimiz hep aynı bana kalırsa. Gritchenko daha o gece hepimizin bam teline basmayı başarmıştı. Bize Batılı üstatların yaptıklarına bakmayın, boş verin Mikelanj'ı, Da Vinci'yi falan, öyle geometriye dayanan, resmi bir nevi matematikle biçimlendiren klasiklerden uzak durun, diyordu. Bizimkiler de isyan ediyorlardı tabii. Anatomi bilmeden, perspektifi öğrenmeden resim yapmak mümkün mü? Ben de anlattıklarını hep Georgette'in öğrettikleriyle kıyaslıyordum, bu adam acaba nerede duruyor diye düşünüyordum. Çünkü Georgette benim mihenk taşımdır. Ne diyordu bu yakışıklı Rus biliyor musunuz, kendi hayatınıza bakın, diyordu, Suriçi'ne, eski sokaklara, hamallara, balıkçılara, pazarcılara bakın, gemilere, camilere bakın, onları anlatın ama Batılı usullerle değil kendi metotlarınızla... Aslında buna benzer fikirleri daha sonra da hep duyacaktık. O aralar Çallı da bunun peşinde, Mevlevileri çiziyor falan ama bence bizim aramızda bu manada en enteresan işleri yine Bedri Rahmi yaptı. Yani kilimden, halıdan, folklordan sanat yapmak, yeni bir üslup çıkarmak... Şimdi pek aramız yok ama hakkını yemeyeyim.

...

...

Nasıl mı olmalı? Bu suale ben çok büyük laflarla cevap veremem. Sanat hakkında o kadar kati fikirlere sahip değilim. Bence resim uçsuz bucaksız bir sanat, tabii herkese yer var içinde. Bir fikre saplanıp kalmaktan korkarım. Doğrusu ille de budur diyemem. O âna kadar neler öğrenmişsem onları şahsi tecrübemle birleştirmeye çalışırım. Bazen yeni bir şeyler bulduğumu zannederim ama sonra bir dergide veyahut bir kitapta dünyanın başka bir yerinde birilerinin çoktan bunları keşfetmiş olduğunu görür önce üzülürüm. Sonra üzüntüm hafifler. Aklın yolu birmiş deyip geçerim.

...

...

Benim için resim yapmak şöhrete giden bir yol olmadı hiç. Hayatta kalmak için sarıldığım bir can simidi oldu, kendimi yabancısı hissettiğim bu hayatta bir oyalanma, mutlu olma vesilesi oldu. Ben bir şey ya da biri olmaya çabalamadım hiç. O yüzden bazen resimlerime Vasıf diye imza attım bazen Vasıf Ekrem Yelda, bazen de sırf Yelda. İmzam bile sabit olmadı, fikrim nasıl olsun?

...

...

İşte Gritchenko'yla tanıştığımız gece de kulaklarımı dört açmış konuşulanlardan kendime dersler çıkarmaya çalışıyordum. Hep öyle olur... Böyle içkili toplantıların başında hevesli bir talebe gibi pürdikkat konuşulanlara veririm kendimi sonra içtikçe muhakemem gevşer, düşüncem insanların söylediklerinden çok uzviyetine kayar, seslerine, mimiklerine, hareketlerine dalarım. Doğrusu o akşam çok şeyler tartışıldı, bir miktar tesirinde de kalmıştım bu yakışıklı, ihtiraslı genç Rus'un. Daha sonra onunla o çok sevdiği İstanbul'un uzak mahallelerini gezdik. Defalarca Ayasofya'ya gittik. Hatta birlikte namaza durduk. Tuhaf değil mi? Müslüman olmamasına rağmen... Gerçi ben de inançlı biri sayılmam ama... enteresan bir adamdı vesselam. Herkesin artık miadı dolmuş bir kültür gözüyle baktığı ne varsa onun için kıymetliydi. Resimlerinde onları çok farklı bir şekilde gösteriyordu. Sarıklı hocalar, kalabalığın içinde dalgalanan kırmızı fesler, feraceli kadınlar. Böyle bunları birer leke gibi öne çıkardığı suluboya resimler çiziyordu. Çin resmi gibi biraz. Parlak yüzeyler. Sarı, mavi, toz rengi. Suluboyanın şeffaf ışığıyla aydınlanmış bir İstanbul, sürekli bir göz kamaşması hali. Kendine has. Sonra bunu bizim Çamlıca'ya davet ettim. Pera'dan tiksiniyor çünkü. Bu kadar Batı düşmanı bizim aramızda zor bulunur. O yüzden Gümüşsuyu'ndaki atölyeme götürsem hiç hoşlanmayacağını anlamıştım. Bizim *authentique* hayatımıza meraklı.

Çamlıca hakikaten hoşuna gitti, birkaç gün de kaldı. Bizim kır evleri gibi dedi, sevdi köşkü, bahçesini, kameriyeyi. Uzun yürüyüşler yaptık. Ona Boğaz'ı, İstanbul'u farklı zaviyelerden gösterdim. Enteresandır o da hayatımda tesiri olan birisinin farklı bir yüzünü görmemi sağladı.

...

...

Fatma Belkıs'tan bahsediyorum. Gritchenko'nun köşke gelişi büyük heyecan yaratmıştı, evde bir sanatçı misafir var. Ali Salih Paşa pek kendinde değildi, sağlığı yerinde olsa muhtemelen hoşlanmayabilirdi bir Rus'u eve almamızdan. Ne de olsa felaketlerin başlangıcı sayılabilecek 93 Harbi'nde Ruslarla savaşmıştı. Gerçi belki de tam tersine, Rusları böyle sefil görmek hoşuna giderdi paşanın. Tabii. Sene 1919 ve İstanbul yine Rus istilası altında ama bu sefer muhacir olarak, sersefil olarak buradalar. Eh savaşla alamadığınız İstanbul'a bu şekilde gelmek nasipmiş demek! Bizimkiler öyle derlerdi bazen. Tabii geçmişin kuyruk acısı var, kim bilir kaç kez savaşmışız Ruslarla, hep yenilmişiz. Şimdi... bitik vaziyetteler. Öyle çok Rus generali, prensi, subayı vardı ki İstanbul'da... Bir ülkenin çöküşü kadar hazin bir şey olamaz. Bütün o madalyalar, nişanlar, banknotlar sanki bir büyücü çubuğunu değdirmiş gibi kıymetten düşüyor, birer teneke ya da kâğıt parçasına dönüyor. Sokaklarda tezgâhlarda on paraya satılıyor da alan çıkmıyor. Kadınları kaldırımlara düşüyor, erkekleri utançtan intihar ediyor. Her neyse Gritchenko gelecek diye o kıtlıkta Mehmet Çavuş bir kuzu kesti, Dürdane Kadın bütün marifetlerini ortaya koydu, pilavlar, börekler, sarmalar yaptı, bir kuş sütü eksik sofrada. Tabii en iyisinden şaraplar. Fazıl Mehmet bile o gün epeyce iyi sayılırdı, Fransızca şiirler okudu mesela.

La chair est triste, hélas ! et j'ai lu tous les livres.
Fuir! là-bas fuir! Je sens que des oiseaux sont ivres,
D'être parmi l'écume inconnue et les cieux!

Tabii haletiruhiyesini aksettiren mısralar. Mallarmé'den... Hafızam nasıl ama...

...

...

Valla tercüme zor iş. Ama işte kabaca, "Üzgünüm, kitapları okudum bitti, şimdi uçmak lazım, uç, git buralardan, gökyüzünde bir yerlerde sarhoş kuşlar var, hissediyorum." Bunun gibi bir şeyler. Kuşlar var yine görüyor musunuz? Fazıl'ın obsesyonu tabii. Yazık. Fakat o gece

Fatma Belkıs bir başkaydı. Parlıyordu. İlk kez cemiyet içerisinde Fransızca konuştuğuna şahit oluyordum. Romanlardan fırlamış gibiydi. Herkes, hepimiz Alexis'in mevcudiyetiyle değişmiş başka insanlar olmuştuk. Hatta Orhan Necmi'nin Fransızca herkese iyi geceler deyip odasına kendi başına gidişi vardı ki ne huysuzluk ne nobranlık, zannedersiniz ki harika bir ailenin ferdi. Yemekte de Fatma Belkıs yavaş ama temiz bir dille memleketin halinden, istikbalin meçhul oluşunun verdiği karanlık düşüncelerden bahsettikçe Rus ressamın gözlerinden karışık hislerin geçtiğini okuyabiliyordum. Tabii bunu benim kadar Fatma Belkıs da hissediyor olmalıydı ki ertesi gün bir portresini yaptırmayı kabul etti. O an içimde zehirli bir kıskançlık yılanının başını kaldırdığını hissettim ama bir şey demedim. Bana henüz poz vermeye yanaşmamışken bu ne demek oluyordu? Gecenin devamında bizim ressamları çekiştirip durduk, ben taklitlerini yaptım, işi şaklabanlığa vurdum iyice. Şimdi anlatırken hicap duyuyorum. Nazmi Ziya gibi ağır ağır, "Efenim perspektif olmadan olmaz, anatomi hele şarttır, bunlar sanatımızın grameridir," diyor, "sanatta mühim olan neticede ortaya çıkan efekttir, efekt," diye tiratlar atıyordum. Sonra da sözüm ona Fatma Belkıs'a Şişli'deki buluşmamızda ressamlarla Gritchenko'nun nasıl kapıştıklarını anlatmak için bu sefer de onun gibi Rus aksanıyla, "Halk tasvirlerinize bakın, primitif deyip geçmeyin, oradaki sanatı ne Paris'te ne Berlin'de ne Bologna'da bulabilirsiniz," diyordum. Gülüyorlardı, Alexis epeyce gevşemişti, Fatma Belkıs'la aralarında kurulan manyetizma elle tutulur bir kıvama gelmişti. Georgette'in atölyesinde yaşadığımıza benzeyen bir *aura* vardı havada. Alexis'ten yayılan koku, nasıl diyeyim, böyle vahşi bir hayvan türünün kızışmış erkeğinden geliyordu sanki. Fatma Belkıs üzerinde benim böyle bir tesirim hiç olmamıştı. Evet aramızda bir yakınlaşma oluyordu ama hep muayyen bir eşiğin gerisinde kalıyordu. O, ne yaparsam yapayım beni oğlunu sever gibi okşuyordu hep ya da... bilmiyorum, ifade etmesi çok zor. Oysa şimdi kızarmış yanaklarına, alev alev yanan gözlerine baktıkça şehvetin onu nasıl değiştirdiğini, kadınlaştırdığını görebiliyordum. Bu onun daha önce hiç görmediğim, muhtemelen bir daha da göremeyeceğim bir yüzüydü.

...

...

Ertesi sabah... kameriyede poz vermesi kararlaştırıldı. Üzerinde, işte bu yeşil ipek elbise vardı. Henüz sonbahar kışa dönmemişti ama yine de sabah serin olduğu için omuzlarına bir de şal almıştı. Oturduğu yere de Kars işi bir battaniye serilmişti. Bu sefer onları uzaktan seyretmekten öteye geçmedim. O ânı bozmak istemedim.

...

...

Bu resim mi? Bu Gritchenko'nun yaptığı resmin resmi. Evet. Bu resmi ben çok sonra yaptım. Gritchenko'nunki yanıp kül olduktan sonra. Yani tam manasıyla bir reprodüksiyon da değil.

...

...

Evet orijinali ne yazık ki yandı, köşkle birlikte kül oldu. Tabii çok sonra. Ama yanana kadar da köşkün yemek odasında asılıydı. O resmi canlandırayım dedim ama modelim yoktu o sırada, bir fotoğrafından faydalandım, biraz da hayalimden tamamladım. Hafıza denilen yer de öyle değil mi? Karmakarışık bir oda gibi, her şey her yerde, üst üste alt alta, birbirlerini ezip deforme ettikleri için artık hakikatte nasıldı bir müddet sonra karar verebilmek imkânsız hale geliyor. Bu resim de bende kalan Fatma Belkıs'tır.

KAYIT SONU

GALERİ

İNGİLİZ MUHİPLERİ CEMİYETİ ÜYELİK KARTI, 1920

1918'de imzalanan Mondros Mütarekesi'nden sonra, 1919'da kurulan İngiliz Muhipler Cemiyeti kartı. Osmanlı devletinin içine düştüğü müşkül durumdan ancak İngiliz himayesinde kurtulacağına inananların üyesi oldukları bir teşekküldü. Üyeleri bu kartı kullanarak gündelik hayatta çeşitli imtiyazlar elde ediyorlardı.

KİTAP KAPAĞI, *GÜNAHLARIMIN KEFARETİ*, SAMİM TAŞKIN, 1942, AYDOĞAN MATBAASI

Ressam Vasıf özellikle 1940'larda çok sayıda kitaba kapak resmi çizer. Dönemin ünlü yazarları kimi zaman mahlas kullanarak ucuz romanlar yazmaktadırlar, bu da onlardan biridir.

FİLM, 12 DAKİKA, 1920

1917 İhtilali'nden sonra ülkelerini terk eden Beyaz Ruslar İstanbul'un sosyal hayatında çığır açmışlardır. Bu film Rus dansçılarını, garsonlarını, sokak satıcılarını göstermektedir.

İVİ STANGALİ VE ON'LAR GRUBU, 1946, FOTOĞRAF

Bedri Rahmi Eyüboğlu'nun öğrencilerinden oluşan On'lar grubu İstanbul'un Tophane başta olmak üzere çeşitli semtlerini gezerek resim çizerler. Bu gezilerden birinde Ressam Vasıf'ı, İvi Stangali, Nedim Günsür ve diğerleriyle görmekteyiz.

AYASOFYA, 1920, SULUBOYA, 22 X 32 CM

Ukrayna asılı ressam Alexis Gritchenko'nun İstanbul'da yaşadığı 1919-1921 yılları arasında Çallı ve Ressam Vasıf'la yolları kesişir. Vasıf'la İstanbul'un tarihî bölgelerini gezerler. Ayasofya da bunlardan biridir.

ESKİZ DEFTERLERİNDEN

Kadıköy İttihad-ı Spor Kulübü'nde yapılan müsamerelerden çizimler. Ruslardan bir grubun at üzerinde yaptıkları cambazlıklar, Ressam Vasıf'ın deyişiyle *haraşo*'ların dansları.

"Affet Oğlum Beni"

Bilin bakalım dün kim geldi? Orhan Necmi. Ya... Nereden çıktı, neden geldi hiç anlamadım. Sanki sizinle yaptığımız bu işin kokusunu aldı mendebur.

...

...

Yok yok durdurmayın, bilhassa kaydedelim. Ne olur ne olmaz. Siz artık benim en yakın şahidimsiniz. Dünya hali bu, hiç belli olmaz. Neyse...

Benim hiç haberim yok, öyle kendi halimde evde oturuyorum çat kapı geldiler. Yahu telefon hattını boşuna mı çektirdik, numaramı biliyorsun, önceden bir arasana. İkindiye yakın bir saat, şekerleme yapıyorum, birden kapı çalındı. Allah Allah bu saatte kim gelir ki? Havva Hanım'ın anahtarı var zaten. Delikten baktım üç kişi, önce tanımadım. Biri bu Orhan Necmi, iyice yaşlanmış tabii, ondan tanımadım, ne saç kalmış ne baş. Altmışına merdiven dayadı o da, ne olacaktı ki... Ben yine iyiyim onun yanında. Saçım da duruyor başımda, öyle kendimden önce mekâna teşrif buyuran bir göbeğim de yok, sandalyelere sığmayan affedersiniz mabadım da... Zaten erkekte arka taraf büyüdü mü çok çirkin olur. Benim vücudum hep mütenasip olmuştur. İnce kemikli olduğum için herhalde. Gençken artist gibi adamdım. Neyse, bu oğlunu kızını almış gelmiş. Bayram değil seyran değil nereden çıktınız diyemedim, içeri aldım. Bunlar geçtiler, yayıldılar salona. Orhan Necmi sizin oturduğunuz yere ilişti. Gözü duvardaki tablolarda. Oğlan pencereden dışarıyı seyrediyor. Kız ise her resmi, her objeyi ayrı ayrı tetkik ediyor, sanırsın haciz memuru. Fatma Belkıs'ın resminin önünde uzun uzun durdu, "Vasıf Amca bu babaannemin resmi değil mi? Hani Rus ressamın yaptığı..." diye ağzımı aradı. Yok efendim o resim köşkle birlikte yandı dedim Orhan Necmi'ye kötü kötü bakarak. Bizimki gözlerini kaçırdı. Kız uzattıkça uzattı: "Peki bu kimin?" Ben yaptım dedim. Reprodüksiyon muymuş orijinal sayılır mıymış, ne zaman yapmışım, aklımdan mı çizmişim, fotoğrafları var mıymış? Ahret sualleri bitmek bilmiyor. Ben bugün biraz rahatsızım diyeceğim, dilimin ucuna geldi ama bu sefer yanlış anlarlar daha fena şeylere tevessül edebilirler diye sustum. Ne olur ne olmaz. Bunların niyeti belki de beni hacir altına aldırıp ölmeden malımı mülkümü paylaşmaktır, başka ne diye gelip kapımı çalsınlar? Yokluyorlar zahir, aklım başımda mı değil mi diye... Ben de onlara bizim akademideki arkadaşlardan bahsettim, nasıl sık sık görüştüğümüzü, konferanslar verdiğimi bire bin katarak anlattım, gerçi en sonuncusu üzerinden çok zaman geçti ama olsun, maksat hayatın içinde olduğumu ispat. Yaşlılığın en fena tarafı. İnsanlara bir kez daha rüştünüzü ispat etmek mecburiyetinde hissediyorsunuz. Gözlerinizin içine bakıp aklınızın halen başınızda olup olmadığını yokluyorlar. Rahat bırakın ben ölünce nasıl olsa hepsi sizin olacak diye bağırasım var ama sakin ol Vasıf diyorum kendime. Neyse sonunda sadede geldi Orhan Necmi. Efendim ziyaretlerinin esbabımucibesi hanım kızımız sanat tahsil etmek istiyormuş Evropa'da... Eh ressam bir akrabamız var muhakkak tanışmanız lazım diye getiresiymiş. Kız da sevimli aslında, meraklı, her şeyi soruyor, öğrenmeye çalışıyor, baştaki menfi fikrim değişti konuştukça... Sanat deyince tabii akan sular duruyor. Acaba Fatma Belkıs'tan bir hava var mı diye çok baktım ama nafile, başka bir şahsiyet, başka bir zamanın kadını olacak, kaşı gözü benzese ne gam. Oğlan ise pek alakasız. Ne Orhan Necmi'ye benziyor ne Ali Salih Paşa'ya, silik donuk bir tip. Gerçi durgunluğunda, sakinliğinde Fazıl Mehmet'in havası yok değildi, Allah sonunu benzetmesin.

...

...

Anlatmadım değil mi? Ya... Zavallı.

...

...

Şimdi düşünüyorum da aslında her şey Ali Salih Paşa'nın ölümüyle başladı. Başladı demeyeyim de başka bir merhaleye geçti. Fazıl başından beri yarım akıllı bir adamdı, anlatmıştım. Kuşların peşinde, kendi dünyasında bir âdem. Ali Salih Paşa heybetli bir adamdı, kemerli kocaman bir burun, yukarı doğru kıvrık Wilhelm bıyıklar, gerisinde dehşetli fikirlerin kaynadığı muhteris bir alın, başka bir mevcudiyetin derinliklerinden bakan lacivert kartal gözler... Yaşlandıkça, elden ayaktan düştükçe bu vasıflarında ciddi bir azalma olduysa da tamamen yok olmadı. Bir fotoğrafın renginin solması gibi. Eski gücünde değil ama halen orada! Fazıl ise tam tersine zayıf, çolpa, elinden herhangi bir iş gelmeyen, ama bir taraftan da hisli bir yaradılışa sahip bir çocuk-adamdı. Böyleleri hiç yaşlanmaz bilir misiniz? Fazıl da o yaşsızlardandı. Yüzümüzde biriken çizgiler, bakışlarımıza sinen keder yaşadıklarımızın tortusudur, öyledir. Eh, hiçbir şeyin mesuliyetini almadan yaşamış bir adamın yüzünde çizgiler birikmez tabii... Ne diye yaşlansın ki.

Böylelerinin zamanla münasebeti tamamen farklı oluyor. Hadımlar gibi. Eskiden, bilirsiniz, harem ağaları vardı, çocuk yaşta iğdiş edildikleri için erkeklik guddelerinden mahrum kalarak büyürler, bu yüzden kendilerine has bir vücuda sahip olurlardı. Onlar gibi... Bana kalırsa Fazıl da zihinsel olarak iğdiş edilmişti. Böyle kudretli bir babaya sahip olmak kolay iş değildir. Ailede herkes çekinirdi ondan, Ali Salih Paşa'dan. Babam dahil herkes. Ben de hep uzak dururdum. Mamafih Çamlıca'ya geldiğinde ahı gitmiş vahı kalmıştı. Nadiren konuşacak kadar iyi oluyordu. Birkaç sefer İzmir'deki vaziyete dair konuşmuştuk, ben her şeyin iyiye gittiğini, galibiyetin eli kulağında olduğunu söylerdim hep. Ne yapayım hasta adamı üzmenin bir manası yok, gerçi sonradan hakikaten de vaziyet iyiye gitti. Mamafih paşa göremedi İzmir'in kurtulduğunu.

Yaz sıcağının nemle beraber nefesimizi kestiği günlerden biriydi. Ben o gün Pera taraflarındaydım. Bir İngiliz binbaşı vardı, Jackson, bana portresini yaptırıyordu. İki gün boyunca benim atölyeye kapanmış dünyayla alakamızı kesmiştik. Meyhanelerden birine de talimat vermiştik, günde üç öğün bizi besleyeceksiniz, rakımız, mezemiz bitmeyecek diye. Alev alev yanan bir başı vardı Jackson'ın, sapsarı. Teni beyaz, uçuk turuncu çillerle kaplı. Bana İngiltere'deki çocukluğunu, yeşil çayırlarda nasıl tavşan avladığını, kocaman ineklerinin süt dolu memelerini, akıllı köpeklerini, annesinin elmalı keklerini falan anlatıyordu ama konu dönüp dolaşıp bir uçuruma düşüp ölen ağabeyine geliyordu. Bu özellikle aklımda yer etmişti. Hiçbir muayyen mantık silsilesine uymayan bir akış içinde kötü bir Fransızcayla anlattıklarının vardığı yer hep aynı uğursuz kaza oluyordu. Hatıralar ummanının ortasında açılmış muazzam bir anafordu ağabeyinin ölümü. Nereden başlarsa başlasın hep aynı noktanın cezbesine kapılıp o uğursuz kuyunun içine düşüyordu. Güzel sarı başını omzuma yaslayıp ağlarken onu usul usul okşayarak teskin ediyor, dışarıdaki hayatı unutup sadece bu genç İngiliz'in acısını hafifletmeye uğraşıyordum. İşte haber geldiğinde benim atölyedeki vaziyetim buydu, dünyayla alakayı kesmiştim. Sadece Jackson ve ben vardık. Bir yerlerden karakola telefon ettirmiş Fatma Belkıs. Bir anda kapımda beliren bir polis memuru uğursuz haberi büyük bir ciddiyetle veriyordu: Ali Salih Paşa ağırlaşmıştı, bir an evvel köşke dönmem icap ediyordu. İyi de o saatte karşıya nasıl geçecektim? Neyse ki Jackson vardı yanımda, İngiliz üniformasının açamayacağı kapı yoktu. Öyle alelade bir subay da değildi Jackson, askerî mahkemede vazifeliydi, tabii, şimdi Atlas Sineması'nın olduğu yerdeydi İngiliz askerî mahkemesi, orada çalışıyordu. Hemen benim atölyeden çıktık, mahkemeye geçip nöbetçi subaydan müsaade kâğıdı aldık. Başkası olsa mümkün değil. Gecenin bir vakti karşıya geçtik sandalla. Ne olur ne olmaz diye Jackson bana nezaret etti. Karaya çıkarken son bir defa bakıştık, o anda içime doğmuştu, bu bizim son karşılaşmamızdı. Çünkü bazen öyle olur, biriyle çok yakın olursunuz, aranızdaki beşeri ve içtimai bütün duvarlar yıkılır, o insanı olduğu gibi görürsünüz, çıplak, kabuğunu kaybetmiş bir salyangoz gibi. Bu çıplak yüzleşme ânı kadar ulvi bir şey yoktur insan için, ama işte bir o kadar da korkutucudur. Çünkü o yıkılan duvarlar sadece bize mâni olmazlar aynı zamanda bizi dışarıdan korurlar. Bu manada evimiz hem kalemiz hem hapishanemizdir. Duvarda bir gedik açıldığında önce dışarının manzarası aklımızı başımızdan alır, hürriyet sarhoşluğuna kapılırız, artık esaretten kurtulma ihtimali tam karşımızdadır, bir adım atmamıza bakar. Ancak sonra hızla aklımız başımıza gelir. Ah o bizi zapturapt altına almaya meraklı aklımız! Hemen kalemizin duvarlarını öreriz korkuyla. O açılan gedikten bizi olduğumuz gibi görmüş olanlara karşı da bir husumet beslemeye başlarız. O yüzden anlamıştım Jackson'ın en mahrem yaralarını gösterdikten sonra bir daha kapımı çalmayacağını. Ben ona bundan böyle unutmak istediklerini hatırlatacaktım. O buraya, hayalinde yaşattığı Şark'a, onu yiyip bitiren yeisten kaçmak için gelmişti; hamamlarımızda gevşemeye, şarabın, afyonun sarhoşluğuyla kendinden geçmeye ve şehvetin insanı cayır cayır yakan aleviyle kavrulmaya gelmişti. Bu sayede ağabeyinin hayaletinden kurtulacağını sanıyordu ama işte en hedonist tecrübelerden birinin şahikasında kendini yine o karanlık anaforun yutucu dalgalarıyla boğuşurken bulmuştu. Bunun canlı şahidi de bendenizdim, bu yüzden de artık beni her gördüğünde ağabeyinin feci ölümünü hatırlayacaktı. Yani demem o ki sandaldan inerken Ali Salih Paşa'dan çok Jackson'ı, onu kaybetmekte olduğumu düşünüyordum. Ama benim talihim buydu. Hep imkânsızlıklar peşinde savrulup duracaktım. Elimde hep yarım kalmış portreler olacaktı.

...

...

Sonunda köşke vardım. Daha içeri girerken havada o fevkalade hallere mahsus tarifi zor sıkıntı vardı. Dürdane Kadın kapıda bekliyordu, çabuk çabuk anlattı, paşa iyice ağırlaşmıştı, mütemadiyen sayıklıyordu, helalleşmek için oğlunu istiyordu yanına ama Fazıl sırra kadem basmıştı, Mehmet Çavuş da onu aramaya çıkmıştı. Hemen paşanın odasına gittim. İçeri girdiğimde Fatma Belkıs Fazıl'ı görme umuduyla döndü ama benim geldiğimi fark edince bir müddet birbirine zıt hisler arasında bocaladı, sonra gelip boynuma sarıldı, başını göğsüme koydu, hıçkıra hıçkıra ağlamaya başladı. Az önce Jackson'ın gözyaşlarıyla ıslanmış olan göğsüm şimdi Fatma Belkıs'la doluyordu. İşte bundan daha iyi kaderimi anlatacak bir hadise yoktur. Ne tuhaf, hayata teskin etmek için gelmişim gibi ellerim Fatma Belkıs'ın saçlarını okşarken onu bir güvercin gibi ihtimamla koruyacağıma dair kendime sözler veriyordum. O esnada Ali Salih Paşa gözlerini araladı, hırıltılı bir sesle, "Nihayet," dedi, "nihayet." Bir iskelete aitmiş gibi ruhsuzca boşluğa uzanan elini tuttum, yanına oturdum. Bir şeyler söylemeye çalışıyordu. Ne dediğini anlamak için azami dikkat sarf ediyordum ama nafile... Birbirinden kopuk cümleler. En çok hatırladığım "karıncaların yuvasını bozma" lafıydı, "bu toprak onların evi." Ne demek istiyordu? Kim bilir... "Affet oğlum beni," diyordu bir de durup durup. Sonra ağlıyordu, kelimeişahadet getirmeye çalışıyor, yarısına gelmeden ince bir sesle ağlıyor, ardından yine karıncalardan bahsediyordu. Elimi hiç bırakmıyordu. Beni Fazıl mı sanıyordu, yoksa Vasıf olduğumu bilerek mi konuşuyordu, bunu anlayamıyordum. Arada sırada tüm bunları oğluna söylediğini düşünürüm, bazen de hayır, bu laflar benim içindi diye karar kılarım.

...

...

Keşke o zaman da böyle kayıt yapacak cihazlar olsaydı. Paşanın sesini kaydedebilseydik ne muazzam olurdu. Eski insanlar hiçbir kayıt bırakmadan çekip gittiler şu dünyadan. Hiç yaşamamış gibi... Sadece birer mezar taşı kaldı arkalarında, o da şanslılarsa... Hatıralarını yazmak da bizde âdetten değil. Nedeni kim bilir nedir ama bizim insanımız kayıt tutmayı sevmez hiç. Babam gibi, çoğu insan, adam sen de neme lazım der geçer. Biraz Doğu'nun, Müslümanlığın kalender tarafından kaynaklanır bu kanaatimce, bilirsiniz bizde insanın kendine, yaşadıklarına özel bir mana atfetmesi pek makbul sayılmaz. Mühim olan çelebiliktir, alçakgönüllülüktür.

Hep nefsini, kendini silmek üzerine inşa edilmiştir bizde insan psikolojisi. Şimdilerde Amerikan, Avrupa filmlerini seyreden halkımızın bir zümresi az da olsa onlara özeniyor, onlar gibi kendi hikâyelerinin kahramanı olmak istiyor belki ama bu o kadar iğreti bir arzu ki. Tabiri caizse üzerlerinden dökülüyor. Bizim itikadımız işimizi kolaylaştırır. Ekseriyetle adam sende deriz sıkıştığımızda, hayat gelip geçici, Sultan Süleyman'a kalmadı sana mı kalacak bana mı? Doğru söze nedir? Ama bakın ben bu cihetten biraz daha Avrupa'ya yakınımdır. İşte görüyorsunuz, her şeyi kaydetme telaşı içindeyim. Yazıyla aram yok ama bu makara bantlar sağ olsun, aklımdan geçeni şuraya hapsediveriyoruz. Ne mucizevi bir icat.

Ali Salih Paşa aslında münevver adamdı, disiplinli bir asker. Hayatının son senelerinde bir kitap yazıyordu. Hatırat mı olsun yoksa Osmanlı tarihi mi olsun bir türlü karar veremediği için yarım kaldı sonradan.

...

...

Yok canım, o da diğer her şey gibi köşkle birlikte yandı. O geceye dönecek olursak... Paşa elimi sıkı sıkı tutarak bir müddet daha anlattı, tövbe istiğfarda bulundu, dualar okudu. Üzülüyordum ama bir yandan da bunun paşa için bir kurtuluş olacağını düşünüyordum, o kadar yaşlı ve hastaydı ki... Evet amcamdı, baba yarısı demektir, ama en nihayetinde sıralı ölümdü. Ben yaklaşmakta olan sonu çoktan kabullenmiştim, bu esnada Fatma Belkıs'ın perişanlığı takdire şayandı. Kayınpederi değil de hakiki babası ölüm döşeğindeymiş gibi davranıyordu. Belki de onca zaman baktığı için bir nevi annelik insiyakı onun hislerini ele geçirmişti, o esnada öyle düşünüyordum. Bir ara, paşanın hırıltıları tatsız sonun yaklaştığını haber verdiğinde odadan çıktı, bir müddet sonra gözleri uykudan kapanan Orhan Necmi'yi getirdi, ne olduğunun idrakinde olmayan çocuğu omuzlarından tutarak yavaş yavaş paşanın yanına yürüttü, kulağına bir şeyler fısıldadı, Orhan Necmi bir rüyanın içinden elini uzatıp artık paşanın kendi başına bir şahsiyet kazanmış iri damarlı elini tuttu öpüp alnına götürdü. Paşa bir an çocuğu fark eder gibi oldu, bir şey söylemek için ağzını açtı ama sadece acı bir nefes boşaldı. Gözlerini açtı, Orhan'a bakarak ama onu görmeden mırıl mırıl dualar okumaya başladı. Fatma Belkıs içli içli ağlıyordu. Bense henüz ayılamamıştım, her şeyi olduğundan daha mübalağalı, gereksiz ve sıkıcı buluyordum. İtikadım zayıftır ama yine de caminin imamını çağırtmayı akıl ettim. Koskoca paşa köşküne çağrıldığı için kısmetinin açıldığını düşünerek koşa koşa gelen hoca benden yayılan kesif rakı kokusunu alınca önce bir tövbe estağfurullah çekti, kötü kötü baktı ama sonra mecburen hastanın başında Kuran okumaya başladı. Orhan Necmi'yi odasına götürüp yatırmış olan Fatma Belkıs da biraz daha yatışmış, mesuliyeti artık ben devraldığım için mütevekkil bir sükût içinde bir noktaya bakarak kaderin tecelli etmesini bekler olmuştu. En nihayetinde paşanın ruhunu dualarla, hamdüsenalarla en münasip şekilde ahirete naklettik.

...

...

Hiç canın vücudu terk etme ânına şahit oldunuz mu? Kollarınızda biri öldü mü? Pek fena bir tecrübedir. Asla unutamazsınız. Kısacık bir an ama feci tesirli. Hani bir laf vardır, saatin tıkırtılarını tarif etmek için söylenir: Hepsi yaralar, sonuncusu öldürür. İşte o nihai son. Sanki konaktaki saat de durdu o anda. Paşanın elimi sımsıkı kavramış olan parmaklarının bir anda boşaldığını hissettim. Öyle tuhaf bir histi ki... Aradan bin sene geçse de unutulmayacak bir tecrübe. Çünkü beynim unutsa elim hatırlıyor. Az evvel buradaydı, elimi mengene gibi sıkıştıran kemikli parmaklar bir bütünün uzuvlarıydı ama şimdi yok! Sanki içindeki elektrik cereyanı kesilmişti. Aniden. Onun gibi bir boşalma hissi. Gözümün önüne fen derslerinde kestiğimiz kurbağalar geldi. Elektrik vererek kolunu bacağını hareket ettirdiğimiz ölü hayvanlar. Frankenstein gibi. Sinirler elektrik kabloları gibidir bilirsiniz, cereyan kesildi mi hareket biter. İlk defa ölüme bu derece yakından şahit olmuştum ve gecenin başındaki sarhoşluğum o an itibarıyla bitti. Dünya üstünde kan bağım olan biri daha yok olmuştu. Babam gibi. Ressam amcam gibi. Şimdi, yani o anda, müteveffanın başında, Orhan Necmi dışında kimsemin kalmadığını idrak ettim. Bir de Fazıl Mehmet tabii. İki kişi. Koskoca bir aileden geriye kalanlar.

...

...

Evet, onu anlatacaktım aslında değil mi? Kusura bakmayın, bir türlü derli toplu anlatmayı beceremiyorum. Çünkü her şey o kadar birbiriyle alakalı ki... Anlatırken mecburen eli yüzü düzgün bir hikâyeye benzetmeye çalışıyoruz ama ne mümkün? Hakikat son derece karışık bir yün yumağı gibi, hatta birbirinden farklı yüzlerce yün yumağının karışımından oluşan bir keşmekeş. O yüzden anlatırken mecburen sadeleştiriyoruz. Tabii hata ediyoruz. Rüyaları anlatırken yaptığımız gibi. Evet, en güzel bu şekilde izah edilebilir. Rüya aklınızın içinde henüz tazedir ama tuhaflığını anlatacak bir dile sahip olmadığınız için hikâyeye en yakın kelimeleri seçerek, orijinaline ihanet ettiğinizi bile bile çaresiz bir şekilde anlatırsınız. Aslında hayatımızın da rüyalarımızdan hiçbir farkı yok. Dikkatle üzerine eğildiğinizde yaşanan her ânın çok sayıda, tahmin edilmesi mümkün olmayacak ölçüde çok sayıda olayla, hatırayla, hisle bağlı olduğunu fark edersiniz. Ali Salih Paşa'nın ölüm gecesi de bu nevi anların şahikası sayılır. Tabii. İnsanın hayatında büyük dramatik sahneler aslında çok sayıda değildir. İyi ki...

...

...

Fazıl Mehmet o gece eve dönmedi. Bu ilk defa oluyordu. En azından Fatma Belkıs'ın söylediğine göre ilk kez gece eve gelmemişti. Takdir edersiniz ki Fazıl Mehmet gibi birinin hovardalık yaptığı için eve gelmediğini düşünmek pek mümkün değildi. Gecenin ileri bir saatiydi ve Fazıl'dan ses yoktu. Hoca dualarını bitirdi. Paşanın çenesini bağlayıp, karnına bir bıçak koyduktan sonra odasının kapısını yavaşça çekip çıktık. Fatma Belkıs ağır bir hastalıktan kalkmış gibi bitkin görünüyordu, ben yorgunluktan ölmek üzereydim. Bir an önce yatıp uyumak istiyordum ama Fazıl meselesi hallolmadan uyumak kabil olmayacaktı. Dürdane Kadın ıhlamur kaynatıp getirdi. Her zaman şarap içerek manzarayı seyrettiğimiz balkonda bu sefer bambaşka bir haletiruhiye içinde oturuyorduk. Birdenbire Fatma Belkıs konuşmaya başladı. O güne kadar hiç duymadığım bir ses tonuyla konuşuyordu. Belki bir benzerini Gritchenko geldiğinde, Fransızca konuşurken duyduğum bir sesti bu. Güçlü, meydan okuyan ve suçlu. "Vasıf," dedi, "ben korkunç bir şey yaptım. Hem de senelerce. Herkesi kandırdım. Başka bir kadın gibi yaşadım. Ama artık takatim kalmadı. İnsanın en yakın dostu kocası olmalıdır. Ama Fazıl'ı biliyorsun..." Bu noktada yutkundu, cümlesini tamamlamakta tereddüt etti. Ben bir şeyler söyledim, ağır hava dağılsın diye, ama Fatma hiç etkilenmedi. "Sen benim en yakın dostumsun, sırdaşım da olmalısın. Bunu bir tek sana söylüyorum ve bu sırrımı ölünceye dek saklamanı istiyorum." Evet böyle dedi.

...

...

Sonra anlattı. Ama şimdi bunları anlatmam doğru olur mu bilmiyorum. Bir yandan da anlatmazsam çok büyük bir yanlışın sürmesine izin verecekmişim gibi geliyor. Sonuçta her yalan dünya üzerinde birçok şeyi menfi yönde etkiler, bu da onlardan biri.

...

...

Evet haklısınız. Bunları anlatıyorum, çünkü sanatımın arkasında neler olduğunun anlaşılabilmesi için bu detayların bilinmesi şart. Yoksa maksadım aile sırlarını faş etmek değil. Evet, o gece Fatma Belkıs bana dudağımı uçuklatan bir sır verdi. Ben kötü ve saçma bir rüyanın içindeymişim gibi gülerek geçiştirmeye çalışıyordum bu vaziyeti. Saatlerce anlattı. Onu dinledikçe insan denilen mahluku anladığını iddia eden psikologların ne kadar naif olduklarını düşünüyordum. Ay iyice yükselmişti, İstanbul bizden ve her şeyden azade kendi rüyasını yaşarken karanlığın içinden iki adamın çıkıp köşke doğru geldiğini fark ettik. Heyecanla ayağa fırladık. Onlardı. Mehmet Çavuş ve Fazıl. Hemen aşağı koştuk. Fatma Belkıs sarılacak gibi hamle etti ama birkaç adım kala durdu. Fazıl'ın bakışlarında hiçbir anormallik yoktu, sanki işten evine dönen yorgun bir adamdı. Bir süre birbirlerine baktılar. Akıllarının içinden ne geçiyordu acaba? Birbirlerine baktıklarında ne görüyorlardı? Ben az evvel öğrendiğim korkunç sırrın etkisiyle şaşkın bir vaziyette bu sahneyi seyrederken bir an Fazıl'ın bu sırrı çoktan bildiğini hissetmiştim. Öte yandan yine de sanki Fatma bir an kendine hâkim olamayarak diz çökecek, ona da her şeyi itiraf edecek ya da tam tersi yanından koşup gidecek, karanlığın içine dalarak herkesten her şeyden kurtulacakmış gibi geliyordu. Belki Fatma hakikaten bu çapraşık hislerin pençesindeydi. Fazıl'ın aklından geçenleri tahmin etmekse imkânsızdı. Bir delinin neler düşündüğünü kim bilebilir ki? Gerçi bazen, seyrek de olsa aklı başında konuşmalar yapardı ama bu an o anlardan biri değildi. Fatma güçlükle, pürüzlü bir sesle, "Başımız sağ olsun," dedi. Fazıl'ın gözlerindeki parlaklık yavaş yavaş soldu, matlaşıp anlamsızlaştı, az önce kendine has bir sevgiyle baktığı karısı artık herhangi biriydi ya da bir şeydi.

Fatma koluna girdi, onu babasının yanına, ölünün yattığı odaya doğru götürüyordu. Önce neden bilmem, mâni olmak istedim, sanki babasının ölüsüyle karşılaşınca daha beter aklını kaçıracağını, daha kötü şeyler yapacağını zannetmiş olmalıyım ama sonra vazgeçtim. Ne yaparsam yapayım onların kaderini değiştiremezdim. Hele Fatma'nın anlattıklarından sonra en iyisi onlardan uzak durmaktı. Tabii beceremeyecektim.

Onlar odaya girince Mehmet Çavuş anlattı: Fazıl ne akla hizmet bilinmez, onca yolu yürüyüp Zühtüpaşa Konağı'na gitmiş meğer. Kapıyı açan hizmetkârlar Fazıl'ı tanımamış, yardıma muhtaç biri zannedip yiyecek vermiş, odalardan birinde yatırmışlar. Fakat Fazıl uyumayıp etrafta dolaşmaya başlayınca konağın kalfasının dikkatini çekmiş. Kalfa üstü başı düzgün bu adamın muhtaç ya da serseri taifesinden olmadığını hemen anlamış, biraz kurcalayınca bizim konağın adını ağzından alabilmiş. Mehmet Çavuş çok şükür bir şey olmamış, Allah korudu diye diye yanımdan uzaklaşınca merakıma yenildim, kapının aralığından ölünün odasına baktım.

Gördüğüm manzara daha çok bir Vermeer tablosuna benziyordu. Cılız ışığın altında oda olduğundan daha büyük görünüyordu. Karanlık köşelerden sonsuza doğru genişleyen bir kasvet, ölüm. Ali Salih Paşa'nın henüz katılaşmamış vücudu ağrılardan, sızılardan kurtulmuş olduğu için huzurlu bir sessizlik içinde mevcudiyetinin son demlerini sürüyordu. Bir müddet sonra yerin altına indirilecek eti kemiğinden ayrılacak, bin bir çeşit haşeratın minik ağızlarının marifetiyle *decomposé* olacak, tabiatın içine karışıp gidecekti. Onun bizimle, dünyayla işi bitmişti. Fazıl görsün diye paşanın yüzü açılmıştı, çene bağının üzerine sarkan bıyıkları olmasa başka biri, başka bir şey, bir vitrin mankeni sanılabilecek bu surat ona aitti. Bir an yüzünün kalıbını almak geçti içimden ama yanında duran Fazıl'ın bakışlarındaki şaşkınlıkla karışık acıma ifadesini görünce vazgeçtim. Babasının ölümüne çok şaşırmış gibiydi. Bir yandan da bir yerini çarpıp kanatmış bir çocuğun yüzündeki acı çekme ifadesi vardı. Fazıl her an düşecekmiş ya da diz çökecekmiş gibi sallandığı için Fatma hemen yanında durmuş, hafifçe kolundan tutuyordu. Üzerindeki haki elbise loş ortamın renklerinde eriyor, buna mukabil beyaz yüzü karanlık odanın içinde korku ve endişeyle parlıyordu. Kafasının içinden geçenleri tahmin edebiliyordum, çünkü Fazıl gelmeden bir dua gibi terennüm edip durmuştu: "Bundan sonra ne olacak Vasıf? Ne olacak? Ne yapacağız?" Bilmiyordum. Aynı şekilde hayatımıza devam edemeyeceğimizi ben de hissediyordum ama sebebini bulamıyordum. Bu sebebi bize Fazıl verecekti.

Bu hadiseden sonra sık sık evden çıkıp gitmeye bazen bütün geceyi dışarıda geçirmeye başladı. Fatma önceleri telaş ediyordu ama bir müddet sonra o da alıştı Fazıl'ın gece kaçışlarına. Civarda oturanlar da onu tanıyor, bulup getiriyorlardı. Nereye gidiyorsun Fazıl diye sorardım, neden kaçıp kaçıp gidiyorsun? Çoğu zaman cevap vermezdi benim bu suallerime. Fakat bir keresinde beni şaşırtan bir şey söylemişti. "Olmadığım bir yere gitmek istiyorum ama nereye gidersem gideyim ben oradayım." Böyle bir laf. Şimdi bu adama deli mi diyeceğiz? Eskiden olsa ermiş derlerdi. Aslında tedaviye ihtiyacı vardı ama işte o zamanlar her şey çok zordu. Zavallı... Önceleri kızardım, nefret ederdim, korkardım ama sonraları... bilmiyorum... hem acıyor hem de aramızda kopmayacak bir bağ olduğuna inanıyordum.

Fakat... bir gün dönmedi.

...

...

Şimdi seneler sonra Orhan Necmi niye geldi ki? Kızı tanıştırmak bahane tabii. Belki son yaşında bir ölüm iyiliği gelmiştir, biraz hastayım falan da dedi. İster misin benden önce ölsün! Acı patlıcana kırağı çalmazmış. Öyle bir şey olsa ne gülerim ama. Oğlan da Fazıl'a benziyordu sanki. Hiç iyi tesir etmedi bana onların bu ziyareti. Belki de elimden imza almak istiyor, kim bilir... Ben de sizden bahsettim onlara bilhassa, hatıralarımı yazıyoruz, her şeyi kaydediyoruz, nesiller boyunca aile hikâyelerimiz okunacak dedim. Orhan küplere bindi. Çocuklar anlamadı tabii neden bu kadar büyük reaksiyon gösterdiğini. "Ben yaşadığım müddetçe böyle bir şeye asla müsaade etmem!" diye bağırıyordu. Ben de duramıyorum ki... İlle o suratının ifadesini göreceğim. Halbuki ölen ölmüş, giden gitmiş, bambaşka bir hayat kurulmuş, değil mi? Yok ille de canını yakacağım. Bu sinirlendikçe beti benzi attı. Ben de hiç oralı olmuyorum, bilhassa çocuklara iyi davranıyorum. Likör falan ikram ediyorum. Gençleri severim bilirsiniz. Çok iyi oldu, onlar da babalarının hakiki yüzünü görmüş oldular. Bir ara korktum fakat ya şimdi şurada yüreğine inerse diye. Neyse, aman benden uzak olsunlar da... Sözde akraba. Akrabanın yaptığını akrep yapmaz diye boşuna dememişler. Sonunda baktı ki aklım başımda basıp gitti Orhan. Çocuklar üzüldü biraz. Hele kız... Aramızda sözsüz bir rabıta kuruldu sanki.

...

...

Tabii insan belli bir yaşa gelince paranoyak oluyor, kimseye güvenmiyor. Neler neler gördük biz bu yaşa gelene kadar. Tabii... Anasını-babasını dolandıran, tahta üzerinde bırakan, sokağa atan evlatlar mı görmedik... Üstelik öz evlatlar bunlar. Orhan Necmi hem evladım değil hem de bana kin besler. Haklı olarak... Neyse bütün havamızı bozdu görüyor musunuz? Bugün hiç resimden bahsedemedik. Neredeyse akşam oluyor...

KAYIT SONU

GALERİ

ALİ SALİH PAŞA PORTRESİ, 1885?, YAĞLIBOYA, 42 X 64 CM

Tevfik Rüstem Bey'in az sayıdaki portre çalışmalarından biri ağabeyi Ali Salih Paşa portresidir. Paşa burada ellili yaşlarında resmedildiği için resmin 1880-1890 arasında yapıldığı tahmin edilmektedir. Paşanın üzerinde askerî üniforma ve nişanları ayrıntılı bir şekilde tasvir edilirken arkasındaki fon düz gri renge boyanmıştır. Paşanın bakışlarında çok vurgulu olmasa da bir hayret ifadesi hissedilmektedir.

ZÜHTÜ PAŞA KONAĞI, 1920?, YAĞLIBOYA, 32 X 52 CM

Ressam Vasıf Fatma Belkıslar Çamlıca'ya taşındıktan sonraki dönemde civarda çok sayıda manzara resmi yapmıştır. Altunizade Mahallesi'nin kurucusu Zühtü Paşa'nın yaptırdığı konağı Fazıl Mehmet'in kaçışlarında sığındığı bir yer olması hasebiyle özellikle çizdiği söylenebilir.

ESKİZ DEFTERLERİNDEN

Ressam Vasıf'ın özellikle Ali Salih Paşa'nın ölümünün ardından yaptığı bu karakalem çizimlerde yatakta yalnız başına yatan paşa resmedilmiştir. Gözleri kapalı yaşlı adamın yüzünde acı çeken bir insanın gergin ifadesi vardır. Ancak sonuncusunda huzur içinde uyuyormuş gibi görünmektedir.

SEVİN SALİHOĞLU VE RESSAM VASIF, FOTOĞRAF, 16 KASIM 1967

Günümüzün ünlü seramik sanatçısı Sevin Salihoğlu (Orhan Necmi'nin kızı) ilk nahoş karşılaşmadan sonra birkaç kez Ressam Vasıf'ı ziyaret eder. Bunlardan birinde çekilmiş bu fotoğrafta Vasıf'ın önündeki eskiz defterinde Sevin'in karakalem portresine çalıştığı görülmektedir.

Sen Sanki Paris'in Karanlık Sokaklarından Bakıyorsun İstanbul'a

Dün gece rüyamda Atatürk'ü gördüm. Şişli Camii'nin oradayım. Gece vakti, ortalıkta kimse yok. Nereden bir vasıta bulacağım diye düşünürken kocaman bir Cadillac yanaşıyor yanıma, önce dolmuş zannediyorum ama bu kadar güzel dolmuş olmaz diye düşünüyorum. Uzun, büyük bir araba, gri renkli, adeta gümüşten yapılmış. Arka kapı açılıyor. İçinde Atatürk var, o da gümüşten, pırıl pırıl parlıyor, gel gideceğin yere bırakalım, diyor. Ben de biniyorum. Gidiyoruz. Çok gencim, daha önümde uzun seneler olduğunu, güzel şeyler yapacağımı hissediyorum.

...

...

Evet. Ne acayiptir rüyalar âlemi. İnsana ne sürprizler hazırlar. Ama ben bu rüyayı neden gördüğümü biliyorum. Dün bu fotoğrafları buldum eski çekmecelerde, çıkarayım da üzerine konuşuruz diye düşündüm. Bakın...

...

...

Tabii. Demiştim ya bir ara fotoğrafa da merak sardım diye. Otuzların sonu, kırklar, elliler hep fotoğraf makinem yanımdaydı. Bakın bunlar bizim ressam taifesinin olduğu fotoğraflar. Bir sürü meyhane fotoğrafı diyeceksiniz. Doğrudur, o zamanlar öyleydi, her akşam bir yerdeydik. Eğer meyhane değilse muhakkak birilerinin evinde, uzun bir sofranın başında... Yok perşembe toplantıları yok salı münakaşaları... Biraz durumu iyi olan ekâbir böyle salonunu açardı yazarlara, sanatçılara. Yüz sene öncenin Paris'i olmaya çalışıyorduk ama o kadar dar bir muhittik ki. Küçük bir köy. Çallı'nın ada cumhuriyeti gibi. Çok derin sohbetler de olurdu, bildiğiniz alelade dedikodu da. İnsan her yerde her zaman insan. İtiyatları esasen aynıdır sadece manifestasyonu değişir. Sanat en haşin, en vahşi hisleri estetize etmemize hizmet eder aslında.

...

...

Sadece bu toplantılar yok, bakın bunlar da benim o dönem yaptığım yağlıboya tabloların fotoğrafları. Siyah beyaz olduğu için tam anlaşılmıyor tabii. Bu İstanbul'un semtleri diye bir seri. Tarabya, Küçüksu, Moda, tabii Çamlıca, bir sürü Çamlıca'dan birkaçı, Rumelihisarı, Süleymaniye, Karaköy, Salacak, Tophane, sonra Karacaahmet, Taksim Meydanı. *Cumhuriyet Anıtı* açıldıktan hemen sonra. Maksadım hem eski İstanbul'u resmetmek, kaybolmadan son ışıklarını alıp tuvale nakşetmek hem de yeni İstanbul'u anlatmaktı. Modern kıyafetler içinde kadınlar, erkekler pastanelerde, meydanlarda, limanda, tren peronunda... Onları da çizmeye gayret ettim. Hepsi bir tarafa dağıldı gitti, elimde sadece bu soluk fotoğrafları kaldı.

Bu dönem yaptığım resimlerde çoğunlukla iki renk paleti kullanırdım. Şehrin bir yüzü karanlıktır; taş, beton, demir, çelik, küf, ziftten oluşur. Bütün o Karaköy limanı, o şilepler, yük gemileri, tahtası kararmış mavnalar, paslı zincirler, boyaları dökülmüş variller, sonra tren garları, vagonlar, raylar, Pera'nın loş köşelerinde kendi başlarına bir hayatları ve ölümleri olan taş binalar... Bunlar için kobalt mavisi, çelik grisi, haki ve bilumum soğuk, koyu renkler kullanırdım... Tabii demirin pası, çeliğin kıvılcımı için ani sarı, kızıl parlamalar muhakkak tuvalin bir yerinde belirirdi. Bu şehir manzaralarında gökyüzü gri ile Prusya mavisi karışımı olurdu umumiyetle... Kapalı, soğuk, çisentili bir kış İstanbul'u. Bunları Çallı pek tutmazdı, çok Avrupai bulurdu, bizim renklerimiz sıcaktır Vasıf, derdi, sen sanki Paris'in karanlık sokaklarından bakıyorsun İstanbul'a. Bu tenkit hoşuma giderdi doğrusu. Bir yanım hep Paris'te kalmıştı çünkü. Ben de ona daha çok pastoral diyebileceğim İstanbul semt resimlerimi gösterirdim, onları beğenirdi. İşte böyle olmalı, ışıklı, renkli... Hep sıcak renkler, sarılar, turuncular, kırmızılar, açık yeşiller, Boğaz'ın denizi, göğü için her nevi mavi, lacivert, yeşil... İyi ki fotoğraflarını çekmişim, siyah-beyaz ama olsun. Bazen bunları tekrar çizmek geçer içimden. Birkaç sefer de denedim ama asla o ilk halleri gibi olmadı ben de vazgeçtim. Gerçi onları da elden çıkardım. Böyle dediğime bakmayın, şimdiki gibi bir sergide, galeride falan satmış değilim. Gideriz meyhanede içeriz, hesaba yazdırırız, borç çok birikip de ödeyemeyince hop bir resim verir hesabı kapatırız. Beyoğlu'nun meyhanelerini gezin birçoğunun duvarlarında, sahiplerinin evlerinde benim resimleri bulursunuz. Sadece benim mi, o dönem Çallı'nın da Mualla'nın da böyle böyle hesap kapattığı çoktur.

...

...

Bakın bunlar da hep atölye fotoğrafları. Bir aralık heves etmiştim, ressam dostları çalışırken fotoğraflarını alıp koleksiyon yapayım diye. Arkası gelmedi tabii ama şurada beş-on tane var.

…

…

Bu Çallı'nın odası. Akademinin orta katında denize karşı kocaman bir salondu. Bu Çallı, yanındakiler de Yesari, Ömer Rıza ve adını şimdi çıkaramadığım bir arkadaş daha. Arkadaki resimlerin çoğu Çallı'nın. Birkaçı da öğrencilerin olmalı. Duvarın üst tarafına bakın. Ne yazıyor?

…

…

Evet sizin jenerasyon eski yazıyı bilmez, doğru. Bakın bu talik ile yazılmış. Diyor ki: "Gülerdi taht-ı zerrin içre Cem gülşende güllerle / Sebû-endam sâkiler elinden bâde geldikçe." Yahya Kemal'in Lale Devri güzellemesi. Sahiden de çok içerdik ama bizim öyle endamı güzel sakilerimiz pek olmazdı. Yani her zaman olmazdı. Otuzlar, kırklar pek fakirdi bu cihetten. Rusların çoğu gitmişti. Yirmilerde biraz nefes alır gibi olmuştuk, sonra küt otuzların sonu, yine harp, yeniden. Üstelik eskisini aratır cinsten. İlkinde koskoca Osmanlı silinmişti tarihten… Bu ikincinin nelere yol açacağını bilemiyorduk. Dünya kaynayan bir kazan. İkinci Cihan Harbi seneleri çok kıtlık oldu, savaşa girmedik ama perişan olduk. Ekmek karneyle, bildiğiniz hadiseler. Neyse… O dönem hayatımda Çallı'nın büyük yeri vardır. Daha ilk zamanlardan bana hep yakın bir alaka göstermiştir. Ta 1917'ye, Şişli Atölyesi zamanlarına dayanır dostluğumuz. O ara, savaş seneleri, askerî tercüman olarak vazifem vardı. İzin çıkardılar bana orada çalışayım diye bir müddet ama ben bu atölyede pek bir şey çizmedim. Biraz dolandım çevrelerinde, savaşın o berbat günlerinde biraz nefes aldım. Bu atölye fikri aslında Enver Paşa'nın başının altından çıkmıştı. Yani ben öyle biliyorum. Ressamları toplamış kahramanlık resimleri yapmalarını istemiş. Yaptı da arkadaşlar epeyce. Sonra Avni mesela bu konuları çok ileri götürdü. Ama bana pek hitap etmiyordu bu tarz çalışmak. Resim bana göre bir fikrin propagandasını yapmaya soyundu mu sanattan uzaklaşır. Ressam o fikre hizmet eden memur haline gelir. Memuriyeti sevsem devlette yükselirdim. Asla tamamen kadrolu bir işim olmadı. Hem Mekteb-i Sultani'de hem akademide ders verdim. Ama işte kendime ait bir odam, bir postum olmadı. Hep kenardaydım. Çok da iyi talebelerim oldu. Tabii... Mesela Eşref Ünen, Sultani'de talebemdi. O zamandan belliydi ne kadar istidatlı olduğu, ama çok yaralı bir çocuktu. Sonra ne kadar ileri gitti...

...

...

Bilir misiniz sanatçılar çok kıskanç olur. Hiçbiri bir diğerini sevmez. Bende hiç yoktur bu kötü huy. Tam tersine onlar iyi olsun, daha çok ressam yetişsin, sanatımız büyüyüp serpilsin, ulu bir çınar olsun isterim. Çünkü bizde hep zayıf olmuştur bu sanatlar. Bir münekkidin D Grubu için dediği gibi, dalları olmayan ama kök salan bir ağaç olmasın sanat, dalları da olsun yani. Maalesef asla gönlümüzden geçtiği gibi olmuyor. Mamafih Paris'e, Londra'ya, New York'a gitsen muhakkak orada da sanatçılar şikâyet eder, mevcudu beğenmez. Nasıl beğensin? Halkın ekseriyeti, dünyanın her yerinde sanatın cahilidir. Bizler cemiyetin *déviant*'larıyız, herkes bizi anlayamaz. Ne yapalım bizim naturamız böyle. *Unique* olmak ister sanatçı, o yüzden kıskanç olur. Ama ben kıskanmam hiç. Hele ki bir talebem muvaffak olmuşsa en az onun kadar sevinirim. Rahat uyurum. Çünkü talebe de sanatçının eseridir bir yerde. Hem de en komplikesi, canlısı, kendi kendine üreteni. Misal Eşref, daha bakın sene 1925 olmalı, bir kar resmi yapmıştı, karlı bir manzara, peyzaj, onunla Donanma Cemiyeti'nin açtığı sergiye katıldı. Jüride de kimler yok ki. Hatta çok meşhur ressam Alphonse Mucha vardır, bilir misiniz, bizim Sami Boyar gibi Çekoslovakya'nın paralarını, pullarını falan çizmiştir, o vardı, Eşref'in resmini çok beğendi. Eşref de üzerindeki sıkılganlığı attı, sanata daha bir sıkı sarıldı. Bundan büyük bir saadet olur mu?

...

...

Burada ne günlerimiz geçti... Tam Boğaz'ın üzerindeyiz, kocaman bir oda, Çallı'nın kaptan köşkü. Başka da fotoğrafı yok, bulamadım. Halbuki bir ara oradan çıkmazdık. Çok âlem adamdı. Hem iyi bir ressam, iyi bir hoca hem de iyi bir insandı. Bu salonda hiç unutmuyorum bir seferinde öyle çok içtik ki zamanı unuttuk. Tabii... Bu Yesari falan geldi, o tarihte *Cumhuriyet*'te çalışıyor, işten çıkmışlar, iki tek atarız karşıya geçeriz diye düşünüyorlar. Ben de oradayım, Çallı'da kalıyorum o aralar. O da ayrı bir hikâye. Neyse, bunlar birer şişe getirmiş, açtık içmeye başladık. Sohbet gitgide koyulaştı, sanattan edebiyata, siyasetten dünya meselelerine daldan dala geziyoruz, bir yandan da içiyoruz. Arada içki bitiyor Çallı birkaç şişe daha aldırıyor. Bu esnada dışarıda bir fırtına kıyamet kopuyor. Yesariler sonraki vapura yetişiriz diye diye yeni şişeler açıyor. Hava kapkaranlık oluyor, ardından tekrar aydınlanıyor, fırtına azıyor sonra bulutlar çekiliyor, ardından yine kararıyor... Ben arada oturduğum yerde dalıyorum, kendime geliyorum bakıyorum başka mevzulara geçilmiş. İnanır mısınız biz böyle iki gece geçirmişiz. Yesari'yi falan herkes arıyormuş, gazeteden, evden bakıyorlar yok, en son buraya bakmak akıllarına gelmiş. Beni arayan soran yok tabii. Köşk yandıktan sonra hayatım başka bir safhaya geçmişti. İşte orada Çallı olmasa ayakta kalamazdım, bir köşede itin kopuğun yemi olurdum.

...

...

Geçenlerde, haziran sonunda akademide bir anma yaptılar. Dört büyük ressamımız hakkında talebeleri, yeni kuşaktan ressamlar konuşmalar yaptılar. Beni davet eden olmadı, heyhat isterdim ki bir konuşma da bana teklif etsinler. Ama etmezler... Belki hatırlarına gelmiyorum ya da hatırladıkları Vasıf'tan hoşlanmıyorlar. Havayı bozacağımı, hafifleteceğimi zannetmiş olabilirler. Haklılar tabii, o sıkıcı dünyalarından çok uzak oldum hep. Biliyorum gerçi başıma gelecekleri ama yine de gittim, kapıdan kovacak değiller ya. Tam tahmin ettiğim gibi o kadar ciddi konuşmalar oldu ki... Şeker Ahmet Paşa'yı, Avni Lifij'i, Şevket Dağ'ı, Çallı'yı anlatıyorlardı ama bunların çoğunu yakından tanımış olmama rağmen ben bile acaba onlardan mı bahsediliyor diye şüpheye kapıldım. O insanları değil mumyalarını anlatıyorlardı. Öyle olur zaten. Mühim bir insan öldükten sonra onun hatırasını herkes kendine göre mumyalar sonra da onu anlatır! Hafakanlar bastı, törenin sonuna doğru ben de söz istedim, kırmadılar, bir-iki kelam etmeme müsaade ettiler, eh artık yaşım gelmiş seksene, saygıda kusur etmek istemediler. Tabii hazırlığım olmadığı için irticalen biraz da aklıma geldiği gibi konuştum. Keşke bir kenara yazsaydım. Çallı'dan bahsettim en çok. Bilir misiniz Çallı sağlığında hiç ferdî sergi açmamıştır. Tabii... Bunları anlattım. Bir de komik hadiseleri. İstedim ki bizi yeniler olduğumuz gibi anlasınlar ama her şeyi anlatmak mümkün olmadı tabii. Şimdi biliyorsunuz o devirde Çallı ve arkadaşları, öğrencileri diğerlerine karşı bir grup oldular. D Grubu. Bu bizim ilk ekolümüzdür. Daha çok Alman hoca André Lhôte'nin etkisindedirler. Cumhuriyet'in ilk resim ekolü.

...

...

Daha öncesi de var tabii. Müstakil ressamlar var, Osmanlı Ressamlar Cemiyeti var, Sanayi Nefise Cemiyeti var, bu hesapla dördüncü, D harfi de oradan gelir... Ama daha önceye giderseniz Rum ressamlar var, Ermeni ressamlar var. Tabii. Bizde dinî taassup olduğu için geç gelişmiştir resim. Mesela Çallı'nın ilk hocası Roben Usta Ermeni'dir, benim ilk hocam Viçen Arslanyan da öyle. Aslında 1915'e kadar İstanbul o kadar kozmopolit bir yerdi ki... her milletten insan vardı. Ancak yarısı Türk'tü. Öyle düşünün. Tabii ilk Cihan Harbi'nden sonra her şey çok değişti. Tarihi baştan başlattık sanki. İçinde sadece Türklerin olduğu bir tarih. Neyse işte D Grubu Cumhuriyet'in çocuğudur. O devirde onları eleştirmek Atatürk'ü eleştirmek gibi abes bir işle iştigal etmek manasına gelirdi. Gerçi çok enteresandır, bu D Grubu ressamlarından hiçbirinin doğru düzgün Atatürk portresi yoktur. Bir tek Çallı'nın vardır. O da çok hoştur. Paşa Çallı'yı çok severdi. "Hem Çallı hem İbrahim" diye seslenirdi. Bizimki resmini yapmaya gittiğinde, "Söyle bakalım Çallı sen benim suretimi mi çizeceksin yoksa sendeki Atatürk'ü mü?" diye sormuş, Çallı da, bendeki Atatürk'ü, deyince, "İyi o zaman bana ihtiyacın yok," deyip poz vermekten kaytarmış. Yaverine dönmüş, pazarlık yapmayın, ne söylerse yarısını ödeyin demiş. Ne güzel laf, ne ince bir muamele. Ne söylerse yarısını verin. Böyle hoş bir münasebetleri vardı.

Atatürk çok akıllı adamdı. Kıvrak. Dünyayı bilen, kültürlü. Resme, sanata önem verirdi tabii. Ama realistti. Yani sanatın hayatı olduğu gibi yansıtmasını isterdi. Bunu nereden biliyorum? Çallı'nın *Zeybekler* tablosuna verdiği reaksiyondan. Güzel resimdir *Zeybekler*. O dönemin ruhunu iyi aksettirir aslında. Arkadaki karanlık sıradağların üzerinde yavaş yavaş aydınlanan gün, endişeli ama kararlı zeybekler, ciddi ifadeli köylü kadınlar... Hazırlık yapıyorlar. Bir atı yüklüyorlar. Atatürk resme bakar, "Biz o zaman yiyecek ekmek bulamıyorduk, bu at nasıl semirmiş böyle?" der mesela. Çallı da hemen birkaç fırça darbesiyle atı bir deri bir kemik hale getirir. Rahmetli amcam gibi. Fırça sihirbazı. Bu çok enteresan bir müdahale aslında. Çallı bir nevi kahramanlık hikâyesi anlatmak istemiş ama Atatürk meselenin o andaki temsilinin insanların zihninde nasıl farklı yer edeceğini çok iyi görmüş. Biz bir deri bir kemik kalmış atlarla, aç karnına, çıplak ayakla bu mücadeleyi verdik, bu unutulmasın istemiş. Haklı tabii. Sonradan yapılan heykellerde, rölyeflerde hep böyle güçlü kuvvetli adamlar kadınlar gösteriliyor ya Atatürk görse onlardan da hoşlanmazdı zannederim. Realist bir tabiatı vardı. Enteresandır, devletler hep mükemmel temsillerin peşindedirler. Nazi Almanya'sına ya da Sovyetler'e bakın, hep güçlü kuvvetli sağlıklı erkekler kadınlar temsil eder halkı. Bizde o zamanlar nerede öyle Adonis gibi adamlar... Kavruk, kısa boylu, eğri büğrü çocuklardı asker dediğin. Tabii... Bu asrın ilk yarısı açlık devresidir. Şimdi unutuldu tabii. Yokluk görmeyen bilmez.

...

...

Sonra sonra araları bozuldu biraz. Paşayı kızdırmış. Dilinin kemiği yoktu rahmetlinin. Halen ölmüş gibi gelmiyor, yedi koca sene geçti... Gerçi bizim yaşa geldiğinde insan, seneler aylar gibi geçiyor belki o yüzden.

...

...

Neden mi kızdırmış? Anlatayım da o da kaydolsun. Çallı ile Atatürk Pera'da bir yerde karşılaşıyorlar. Yemekler yeniyor, içkiler içiliyor, gecenin sonuna geliniyor. Paşa bakıyor Çallı epeyce yükünü almış, diyor ki,

"Çallı çok geç oldu, nerede oturuyorsun söyle seni evine götürsünler." Çallı da, "Sarayda oturuyorum paşam diyor. Fındıklı'daki sarayda." Akademiyi kastediyor ama Atatürk bu laflarda bir ima olduğunu sanıp sinirleniyor. "Kısa kes Çallı, nerede oturuyorsun söyle de götürsünler evine," deyince Çallı dilini tutamıyor. "Vallahi sarayda oturuyorum paşam, ama hiç memnun değilim, sana bir şey diyeyim mi paşam, sen de sarayda oturmasan bu halk seni daha fazla severdi," demesin mi! Ah Çallı ah. Atatürk kızıyor tabii, bunu bir arabaya koyup gönderiyor. Sonra bu vakayı hatırladıkça gözleri dolardı Çallı'nın. "O gün bugün yüzünü görmek nasip olmadı," diye. Şimdi bu hatıraları orada da anlatmak istedim ama boğazım düğümlendi, hepsini hatırlayamadım, dilime indiremedim, kem küm ettim. Belki daha iyi oldu. Orada sadece hayalini anlattım.

Hep parasızdı Çallı. Biz ressam taifesinin maalesef kaderi budur. Zamanında da hep beylerin, senyörlerin, kralların korumasında yaşamışlar. Şimdi Cumhuriyet devrindeyiz. Ama cumhurun sanatla alakası yok. Neyse, Çallı bir devlet büyüğünün resmini yapıyor bir tarihte, karşılığında da sana Kaşık Adası'nı verelim hediye olarak diyorlar. Artık şaka mı ediyorlar, ciddi mi söylüyorlar bilmiyorum ama Çallı bu meseleyi uzun müddet ağzından düşürmedi. Orayı yılanlardan temizleyeceğim, ressam adası yapacağım, bir de bayrak çekeceğim, istiklalini ilan edeceğim deyip dururdu. Aslında ne güzel fikir değil mi? Bir nevi *utopia*. Sadece ressamlardan, heykeltıraşlardan oluşan bir ada. Herkes sadece sanatla uğraşıyor.

...

...

Aslında ben o ekollerin içinde görmem kendimi. 14 kuşağı ya da D Grubu falan. Bunun en mühim sebebi... nasıl diyeyim ben biraz geldiği gibi yaşadım hayatı. Nasıl yaşadıysam öyle de çizdim. Tabii en geriye gidersek Georgette'in tesiri çoktur, onda da hocası Pissarro'nun tesiri vardır. Ama bunların birbiriyle alakası Rusların matruşka bebekleri gibi birbirinin içinden çıkan aynı tipin kopyaları olmak gibi değildir. Her biri diğerinden bir şeyler alır kendi şartları içinde yoğurur, kendi şahsiyetini katar. Bunlar epeyce Alman etkisindeydiler. Bir de akademide Leopold Levy vardı. Ben onu da çok severdim. Onun bazı talebeleri bu D Grubu'yla epeyce uğraştılar. Hatta bir Teşhir Sergisi hazırladılar. Her birinin kimleri taklit ettiğini teşhir ettiler. Genç arkadaşlar... Ben onları kendime daha yakın bulurdum. Abidin Dino, Nuri İyem... Ama Çallı'yla dostluğum onların yanına gitmeme müsaade etmedi. Dostluk çok mühim. Hayatta en mühim şey. Benim hayatımı kurtarmıştır Çallı. Kaç kez hem de. Benim de maalesef böyle nasıl diyeyim *diabolique* bir tarafım vardır. Karanlığın cazibesine kapılıveririm. Şimdi bakmayın böyle oturduğuma. Yaş ilerledi mecburen dizimi kırdım oturuyorum. Siz beni o zamanlar görecektiniz. Kırmadığım ceviz kalmadı.

Leopold Levy belki büyük bir deha değildi ama çalışmanın, azmin, emeğin kıymetini bilirdi, onu öğretirdi. Çallı gibiler ise hep doğuştan gelen neredeyse peygambervari bir özellik olduğuna inanırlardı ressamlığın. Bana sorarsanız en doğrusunu Fikret Mualla söylemiştir: Sanat dindir, kabiliyet yetmez, inanarak çalışmak lazımdır yani müminin ibadeti, sanatçının çalışması... Haklı. Bence de gerisi boş laftır.

Şimdi tabii böyle sadece resimden sanattan bahsedince aslında ne yaşadık anlaması kabil olmuyor. Sanat hayattan azade değil ki... İnsan ne yaşarsa ona göre çiziyor ya da çizemiyor. Misal Paris'te yaptığım o güzel erkek torsolarını bir daha yapabildim mi? Hayır. Ya ne yaptım? Bir sürü ıvır zıvır. Ha bazen güzel manzaralar da çizdim. İstanbul'un semtleri mesela. Portreler var sonra... Jackson var. Andreas var. Bir kısmı yarım tabii. Aslında size bir şey diyeceğim ama bir türlü sırası gelmedi. Epeydir portre çalışmadım, kendi suratım dışında kimseyi çizmedim. Sizin portrenizi yapmama müsaade eder misiniz?

...

...

Ne zahmeti? Resim yapmaktan daha haz veren bir şey yok ki bana. Hem daha rahat konuşurum. Bitince de size hediye ederim tabii eğer isterseniz. O zaman söz alayım. Gelecek sefer ona göre hazırlık yapayım.

KAYIT SONU

Galeri

RESSAMLARIMIZ, 1940, FOTOĞRAF

Sami Yetik'in Ressamlarımız adlı kitabının çıkışını kutlamak üzere bir araya gelmiş olan ressamlar ve talebeleri. Kireçburnu'nda bir balık lokantası. Ressam Vasıf'ın çektiği fotoğrafta soldan sağa İbrahim Çallı, Feyhaman Duran, Sami Yetik, Hikmet Onat görülüyor. Masanın diğer ucunda oturanlar da öğrenciler.

CUMHURİYET ANITI, 8 AĞUSTOS 1928, FOTOĞRAF

Ressam Vasıf'ın çok sayıda tab edilmemiş fotoğraf rulolarından biri Taksim *Cumhuriyet Anıtı*'nın açılış gününe ait. On binlerce insanın doldurduğu meydanın çeşitli açılardan fotoğraflarını çeker. Yanı sıra eskiz defterlerinde de anıtı ve çevresini gösteren bolca çizim vardır.

GAZETE KUPÜRÜ, *AÇIKSÖZ* GAZETESİ,
2 TEMMUZ 1936

"İstanbul'da 40 Gün 40 Gece, Ayasofya'da Birçok Sergiler Açılacak" başlıklı haberde, "Karikatür, halı ve resim sergileri için Ayasofya'daki Mimar Sinan'ın eserlerinden olan hamam münasip görülmüştür," denilmektedir. Ressam Vasıf da bu sergiye iki resmiyle katılmıştır.

İKİ GENÇ KÖYLÜ KADIN, 1891-1892, YAĞLIBOYA, 89,5 X 116,5 CM

Ressam Vasıf'ın ustam dediği Georgette Valané'nin en çok etkisinde kaldığını söylediği ressam olan Pissarro izlenimcilik akımının önde gelen isimlerindendir. Bu tablosundaki genç köylü kadınların huzurlu ifadeleri insanda saygı uyandırmaktadır. Sanat kritiklerine göre bu Pissarro'nun tarım kültürünün değerlerine gösterdiği bağlılığın bir ifadesidir.

D GRUBU SERGİ İLANI, 1939

Türkiye'de dördüncü sanat akımı olma iddiasıyla alfabenin dördüncü harfini kendilerine isim olarak seçen bir grup ressamın sergi ilanı. Abidin Dino'dan Bedri Rahmi'ye, Eşref Üren'den Zeki Faik İzer'e on iki ressamın adı okunmaktadır.

GAZETE KUPÜRÜ, *CUMHURİYET*, 20 AĞUSTOS 1925

Ressam Vasıf'ın sözünü ettiği öğrencisi Eşref Üren'in adının geçtiği haber. *Frankfurter Zeitung* gazetesinden felsefe doktoru Herr Buch Galatasaray Lisesi'nde gezdiği sergide sadece Eşref'in resmini beğendiğini şöyle ifade eder: "İsminin Eşref olduğunu açıklayacağım bir talebeden başka, resimlerini gördüğüm Avrupa'da yetişmiş Türk ressamlarının hiçbirini beğenmedim. Bunlar ya Avrupa'da yetişmiş veya isteyip istemeden bu ekolde çalışmışlardır. Bu ressamlar maatteessüf Avrupa'da yalnız resim tahsil etmemişler, Türk motiflerini Avrupalı gözü ile görmeyi de öğrenmişlerdir."

Acı Huzur

Bu duruşunuz gayet iyi. Siz rahat olun. Öyle fotoğrafçıya poz verir gibi hareketsiz durmanıza lüzum yok. Farklı zaviyelerden gördüklerimi zihnim birleştiriyor merak etmeyin. Resimlerimde hareketi çok iyi verdiğimi söylerler. Bu da bir hususiyet işte. Zaten hareket etmeseniz bile üzerinize düşen ışık mütemadiyen değişiyor, bu da hareket demektir. Ben ışığı takip ederim, onun peşinden giderim. Aslında arka odada çalışırdım, kuzey ışığını alır orası, doğrusu odur, gün boyu fazla değişmez. Ama işte orada adım atacak yer kalmadı. Burada da başka bir tecrübe oluyor bana... Bu arada konuşmamıza devam edelim. En son ne diyorduk?

...

...

Evet Çallı'dan bahsediyordum ama önce o devirde yaşadıklarımı anlatacaktım. Çünkü Çallı'yla yollarımız birbirine bağlandığında benim hangi şartlar altında nasıl bir haletiruhiyede olduğum mühim. Çamlıca'daki köşke dönmemiz lazım önce. Ali Salih Paşa'nın ölümünden sonra savaşın ucu göründü. Anadolu'dan gelen zafer haberleri önce kulaktan kulağa fısıldanıyordu ama neyse ki kısa bir zaman zarfında mutlu bir hakikate döndü. Mustafa Kemal orduyu toplayıp imkânsız denilen hürriyet mücadelesinde muvaffak olmuştu. Bu esnada Fazıl'ın evden kaçışları iyice *pathétique* bir hal almıştı. Fatma Belkıs çok üzülüyordu. "Ya bir yerde düşüp kalırsa ya birileri bir fenalık yaparsa, neden böyle yapıyor bu adam Vasıf," diye omzumda ağlıyordu. Fazıl'ın söylediği lafları anlattım, kendisinin olmadığı bir yere gitmek istiyormuş Fatma, dedim ama yüzüme öyle kötü baktı ki. Halbuki benim ne suçum var, hasta olan Fazıl'dı. Bu arada Orhan Necmi buluğ çağına giriyor, içine kapanık aksi bir delikanlı olma yolunda ilerliyordu. Ali Salih Paşa'nın yokluğu her geçen gün hayatımıza daha çok tesir ediyordu. O hasta da olsa, ölüm döşeğinde biçare bir ihtiyar da olsa, yaşarken, o odada yatarken her şey başkaydı. Köşkü, aileyi bir arada tutan payanda direğiydi. O devrilip gidince her şey çatırdamaya başladı. Orhan Necmi zaten mütemadiyen annesiyle kavga halindeydi. Fazıl ise tam bir kayıp ruh. Gidiyor günlerce dönmüyor sonra birden köşkün bir yerinde hiçbir şey olmamış gibi ortaya çıkıyor kir pas içinde. Bir de fena kokuyor. Ben de tabii bu manzara karşısında Çamlıca'dan gitgide daha çok soğuyordum. En nihayetinde Fazıl tamamen ortadan kayboldu. Çıkıp gitti ve bir daha da dönmedi. Önce her zaman olduğu gibi geri gelir sandık. Ben zaten köşkte değildim o günlerde. Fakat sonra Fatma Belkıs haber yolladı, bu ilk kez oluyordu, şaşırdım, hemen köşke gittim. Evde matem havası vardı. Döner gelir falan dedim ama dinletemedim. İlk defa bu kadar gün oldu Vasıf, dedi Fatma, polise, inzibata bir yerlere haber verelim. Tamam, dedim, Mehmet Çavuş'u bir kenara çektim, vaziyeti bir de ondan dinledim, hakikaten civar köşkleri de dolaşmış her yere haber salmış hiçbir yerde gören eden olmamış. On gün oluyordu ortadan kaybolalı.

...

...!

Netice itibarıyla, elimizden geleni yaptık ama bulamadık. Tabii ben çok da dönsün istiyor muydum emin değilim. Kötülükten değil hayır, ama bana göre bu adam Fatma'nın hayatını mahvetmişti. Buna mukabil Fatma günlerce uyumadı, iki gözü iki çeşme Fazıl'ı bekledi. O zaman ilk defa içimde bir şey yer değiştirdi, Fatma onu hakikaten seviyordu! Hepimizin nazarında meczup olan bu zavallı adamı seviyordu. Peki ama bu nasıl bir sevgiydi? Bir kadın bir erkeği niçin sever? Hatta kadının erkeği sevmesinin ötesinde... bir insan bir başka insanı nasıl sever, neden âşık olur? Onda çok müstesna bir şey görmüş olması lazım gelir, çok nadide bir şey, değil mi? Tabii ya: Aşk bir istisnadır. Hatta bir iltimastır. İnsan birçok insanı sevebilir, hatta kediyi, köpeği, kuşu sevebilir ama aşk? Fatma'nın döktüğü gözyaşında çok hususi, onlara ait bir şey vardı. Peki ama Fatma gibi zeki, güzel, cerbezeli bir kadın nasıl olup da hayal âleminde yaşayan, bir çocuktan bile daha fazla muhtaç bir adamı bir koca olarak sevebilirdi. O bir deliydi. İnsan bir deliyi nasıl sevebilir? Ancak çocuğu ise... O da belki bir dereceye kadar. Bilmiyorum, belki de bir parça nobranım bu konuda. Ama Fatma'nın o zavallı delinin gömleklerini koklaya koklaya gözyaşları içinde uykuya dalması garibime gidiyordu. Böyle gecelerden birinde, eskiden birlikte şarap içerek uzak karanlık Boğaz'ı seyrettiğimiz sedirde oturmuş konuşuyorduk. Fazıl'ın ortadan kaybolması onu başka bir kadına döndürmüştü. Eskiden dirayetli, tuttuğunu koparan, disiplinli, kültürlü, asri bir kadındı, hatta ben Ali Salih Paşa ailesini Fatma'nın ayakta tuttuğunu zannederdim, oysa şimdi kuşkular, vehimler, korkular içinde, yaprak gibi titreyen, zayıf bir mahluka dönmüştü. "Ne yapacağım ben Vasıf, o olmadan ben bir hiçim, o benim ruhumdu, ruhumu kaybettim ben," dediğinde ne diyeceğimi bilememiştim. Çünkü o güne kadar ben kimseye karşı böyle bir şey hissetmemiştim. Georgette? Sophie? Jean, Jackson? Marcel? Ve hatta, işte şimdi kollarımda teselli arayan Fatma? Hepsini birer birer tartıyordum, hangisi kalbimi tam manasıyla ele geçirmişti diye kendimi yokluyordum ama yok, hiçbiri beni yerden yere vurmamıştı. Fatma, meczup kocasının kendi ruhu olduğunu söylüyordu. Onu dinlerken bu söylediklerinin basit bir teşbih olmadığını, tam da söylediğini işaret ettiğini anlıyordum. Bir insan bir başka insanın ruhu olabilir mi? Kim bilir? Ben böyle bir tecrübe yaşamadım ama şunu biliyorum, insanların yaşadıkları bizim mahdut tecrübelerimizin çok ötesinde olabilir. İki insan arasında kurulabilecek münasebetlerin nevi sonsuzdur. Fatma ile Fazıl'ın arasındaki bu tuhaf münasebeti bir türlü bildiğim hayatın kaidelerine oturtamıyordum. Belki de Fatma onu çocuğu gibi seviyordu diye bir düşünce geldi aklıma o zaman. Ama Fatma'nın halinde tavrında hiç de çocuğunu kaybetmiş bir anne acısı yoktu, bir yarısını kaybetmiş bir kadının çırpınışları vardı. Bu haline çok acıyordum. Kollarımı açıyor, onun bana sarılarak ağlamasına izin veriyordum. Böyle zamanlarda belki Fazıl olmadan biz güzel bir hayat kurabiliriz gibi geliyordu. Ama bu hiçbir zaman çok kuvvetli bir his halini alamıyordu. Bir gece böyle hayaller içinde güzel ve hüzünlü Fatma'yı teskin etmek arzusu duyuyorsam ertesi gece kendimi yine Pera'ya atıyordum. Karanlığın içinde mücevherler gibi yanıp sönen o gece hayatının günahkâr mekânları beni çağırıyordu. Giyinip kuşanıp yeni gençlerle tanışmak, onların hiç tükenmeyen neşelerine, heyecanlarına ortak olmak, biraz alakadar olanların resimlerini yapmak aklımı başımdan alıyordu. Vişne çürüğü kadife örtülerin içinde çıplak bir torso, haki bir üniforma içinden uzanan taze bir boyun, akşam güneşinde parıldayan kızıl kahverengi kâküller... Nasıl olsa dönüp gideceğim bir Çamlıca vardı, Fatma vardı, iyi kötü bir ev vardı. Ama bu tatlı hayat çok uzun sürmedi. Önce Fatmalar gitti. Evet, birdenbire... Artık Fazıl'ın kaybolmasının üzerinden çok zaman geçmişti, hepimiz ümidi kesmiştik. Fatma oğlanın okuluna yakın bir yere, şehre taşınmalarının daha iyi olacağını söyledi bir gün. Maçka Palas'ta bir daire kiraladık. Ali Salih Paşa'dan kalan hatırı sayılır bir geliri vardı. Kendi hayatını kurmak istiyordu. Aslında kendisi için en doğru işi yapıyordu.

...

...

Kaç senesi derseniz... Cumhuriyet'in ilanından kısa bir süre sonra. Yani... 924 ya da 25. Çok acayip bir devir. Bu topraklarda olup olabilecek en büyük inkılap yaşanırken, bizim hayatımızda olup olabilecek en büyük yıkımlar vuku buluyordu. Yeni bir Türkiye kurulurken biz eski, hatta adsız bir tarihin karanlık çamurlu bataklığına doğru çekiliyorduk.

...

...

Sonradan fark ettim, Fazıl'ın kayboluşu bana da çok tesir etmişti. Önceleri ciddiye almadığım bir hadiseydi. Hatta Fatma bana kalacağı için bu kaybı talihin tatlı bir cilvesi olarak görmeye meyilliyken zaman geçtikçe bunun hiç de öyle kolay olmayacağını, tam tersine bu meselenin tüm hayatımıza yayılacak bir zehir olduğunu anlayacaktım.

...

...

Anlamak bir işe yarasaydı her şey çok farklı olabilirdi. Misal ben anlıyordum ama hiçbir şeyi değiştiremiyordum. Sadece acı çekiyordum. Eğer değiştirme gücünüz yoksa anlamak o kadar da iyi bir şey değil. Velhasıl kafam çok karışıktı. Hayat geçiyor, yaş ilerliyor, çevremdeki her şey değişiyordu. Fatmalar artık Maçka'daydılar. Ben Çamlıca'ya daha az gider olmuştum, köşkün havası eskiye dönmüştü. Odalar teker teker kapanmış, yarı metruk bir hale gelmişti. Yıkılmakta olan bir ailenin tezahürü. O kadar sıkılırdım ki bu nevi düşüncelerden. Kendimi hemen Pera'ya atardım. Hem zaten o aralar akademide hocalığa başlamıştım. Kompozisyon, renk, armoni derslerine giriyordum. Bir atölyem yoktu tabii, ama ders verdiriyorlardı. Aslında ben iyi bir hoca değildim, hiçbir zaman da olmadım. Nasıl olunur, onu da bilmem. İki çeşit hoca gördüm. Biri benim Georgette gibi resmin üzerine konuşan, çok derin kritikler yapan, söyledikleriyle insanın zihnini açan cinsten hoca. Bir de fırçayı eline alıp öğrencinin resmini tashih eden hoca. Misal, Çallı bu ikinci gruba mensuptu. Çünkü bu resim sanatı, lafla anlatılmaz ki derdi... Rahmetlinin Leopold Levy'le en büyük zıtlaşmalarından biri bu meseleden patlak vermişti.

...

...

Yok tam öyle değil. 36'da üniversite reformuyla birlikte akademide de çok şey değişti. Namık İsmail pat diye ölünce yerine Burhan Toprak müdür oldu. Rahmetli... Resim bölümünün başına da Leopold Levy'yi getirdi. Tabii bu olaylar Çallı'yı müthiş rahatsız etti. Çallı'nın Ankara'da ağırlığı vardı elbet ama Burhan Toprak'a diş geçiremezdi. Burhan Toprak kimin damadı? ... Mareşal Fevzi Çakmak'ın, tabii, arkası kuvvetli. Kendisi de Paris'te okumuş, değerli bir zattı üstelik. Ama Çallı bu, dinler mi? Her yerde hakkında ileri geri konuşurdu. "İstikbalden bir ümidimiz vardı o da toprak oldu." Böyle laflar ederdi. Daha neler derdi... Mamafih Burhan Toprak da toprak oldu en nihayetinde. Bir ayda iki çınar devrildi. Sıra bize geliyor sanki.

...

...

O devirde Çallı, Hikmet Onat ve Feyhaman'ın atölyeleri var, hepsinin başına bu Levy geldi. Aslında Levy iyi adamdı, iyi hocaydı ama işte Çallı'nın onu kabullenmesi kabil değildi, hatta onu ressamdan bile saymazdı. Ne de olsa akademiyi akademi yapan onlardı, Çallı'nın jenerasyonu, bizatihi kendisi. Şimdi onun üstüne birinin gelmesi olacak şey değildi. Rahmetlinin dilinin kemiği de yoktu hani. Her yerde Levy hakkında galiz fıkralar anlatıyor, tabiri caizse adamı yerin dibine geçiriyordu. Onu deve kervanının önüne konmuş eşeğe benzetiyordu. Teşbihin böylesi! Bazı insanların dostlukları çok iyidir de düşmanlıkları pek fenadır. Dilleri zehirlidir.

Bu hocalığın nasıl icra edileceği meselesi üzerinden çok sıkı tartışmalar çıktı. Levy benim Georgette gibi talebenin resmine el sürmeyen cinstendi, Çallı ise hemen müdahale ederdi. Bir seferinde acayip kapıştılar. Levy, Çallı'nın atölyesini teftişe gelmiş, ben yoktum ama sonradan Bedri'den dinledim, onlara Fransızca tercümanlık yapıyormuş. Malum Çallı'nın lisanı biraz zayıftı. O kadar Paris'te kalmış olmasına rağmen bir türlü dili iyi konuşamazdı. Her neyse, Levy atölyeye girdiğinde Çallı bir talebenin resmi üzerinde çalışıyormuş. Levy'ye de bir tane resim göstermiş, haydi bakalım tashih etsin de görelim hocalığını demiş. Levy de bir dolu laf söylemiş, kritikte bulunmuş, nasihat etmiş, Çallı, "Olmaz efendim, lafla peynir gemisi yürümez, alsın fırçayı eline," diye tutturmuş. Hadise büyümüş tabii. Rahmetli iyi adamdı, çok iyi de hocaydı. Tabii resmi alıp talebenin elinden üzerinde tashih yapmak en doğru metot mudur bilmem... zaten Levy'yle her şeyleri ayrıydı. Çallı gençliğinde yeniliklere çok açıktı, ama o devirde artık kendi bildiği dışında bir şeye tahammül edemiyordu. Levy'nin getirdiği modern sanat ekolünü beğenmiyordu mesela... Tabii Levy'nin milliyetinin de bu çekişmede bir tesiri olabilir. Neticede Levy Fransa'dan bir otorite olarak gelmişti ama Fransa'nın işgali sonrasında ağırlığını kaybetmeye başladı. Eh Yahudi olduğu için gidecek yeri de yoktu. Yani böyle söyleyenleri duyarsınız. Çoğu zaman fikirlerimiz hislerimizin tesiriyle şekilleniyor. Ben en nihayetinde Çallı'nın dostuydum. Artık gençleri kendine çeken Levy'den uzak duruyordum. Aslında onunla çok iyi anlaşabilirdik. O da geçen sene hakkın rahmetine kavuştu, aralık ayında. Talihsiz adam. Kızı da oğlu da akıl hastasıydı. Neyse nereden geldik buraya?

...

...

Evet, evet, Maçka Palas seneleri ve faciaların başlangıcı... Bunlar taşındıktan bir müddet sonra Çamlıca'daki köşk de tamamen kapandı. Mehmet Çavuş hakkın rahmetine kavuştu. Zatürre dediler. Ben de pek alakadar olamadım. Dürdane Kadın da koskoca köşkte yalnız oturmak istemedi. Onun da kimsesi yok. Fatma Belkıs'ı çok severdi, onun yanına gitmek istedi. Ne diyeyim? Git, dedim tabii. Zaten artık o kasvetli köşkte yaşamak içimden gelmiyordu. Gümüşsuyu'nda kalmak işime geliyordu. Bir masraf kapısı kapandı diye düşündüm. Köşkün kapısına kilidi vurduk. Bir müddet iyi gitti hayatım. Sefahat âlemlerinden fırsat buldukça Fatma'ya gidiyordum.

Rica etsem şu perdeyi biraz daha açar mısınız? Epeyce karardı burası.

...

...

Tamamen açın. Işık iyice eğildi. Evet, böyle. Çok iyi. Şu anda ışık muhteşem. Ne yazık ki çok az kalıyor bu şekilde. Akşam güneşi eşyanın, insanın, tabiatın üzerine öyle bir vuruyor, onları öyle acayip renklere boyuyor ki... Mesela siz. İki saat önce şu kapıdan girmiş kişi değilsiniz artık. Bambaşka bir hal, bir duyuş... Her saat her an değişiyoruz, ama bunu kimse görmüyor. Belki siz, kendiniz bile farkında olmuyorsunuz. Işığın açısı, nevi çok mühim. Şeylerin sırlarını ortaya çıkarıyor. Ne o? Sırlarınız ortaya çıkar diye korktunuz sanki... Merak etmeyin kimseye söylemem...

...

...

Bu yaşlılığın en fena tarafı şu katarakt belası. Sağ gözümde epeyce ilerledi. Sol taraf idare ediyor hâlâ. Göz denilen cihaz bozuldu mu bir ressam ne yapabilir ki? İşte şimdi sizi de dünyayı da puslu görüyorum, bilhassa akşamları daha fena oluyor. Neyse...

...

...

Maçka Palas. Bilirsiniz değil mi? Güzel binadır. Aslında İtalyan elçilik memurları için yapılmıştı ama Cumhuriyet ilan olunduktan sonra elçilik Ankara'ya taşınınca daireler kiralığa çıktı. Kimler kimler oturmadı ki... Ne acayiptir böyle eski apartmanların, köşklerin kaderi. Yatak odasında gözlerinizi tavana diker uykunun gelmesini beklerken, oranın, o odanın size ait en mahrem yer olduğunu sanırsınız, hiç aklınıza getirir misiniz, bir gün gelecek sizin yerinizde bir başkası yatıyor olacak? Yirmi, otuz, kırk sene sonra o odada kimler yaşayacak? Tavan aynı tavan ama bakan gözler kim bilir kimin? Aslında sadece evler mi? Şu İstanbul'a baksanıza. Kimler gelip geçmiş, hepsi de bu şehre sahip oldum zannetmiş. Oysa insanın ömrü şehrin hayatında ne kadar yer kaplar? Hiç. İnsan yaşadığı yerin kendine ait olduğunu zannediyor. Belki insan bunu hep düşünmeli. Mal mülk hepsi burada kalacak, başkaları kullanacak. Komünist memleketlerde olduğu gibi. Hiçbir şey kimseye ait değil. Aslında ben bu komünizmde bizim Doğu'nun hikmetine yakın şeyler bulurum hep. Eşyaya, dünyevi zenginliklere değil, insana kıymet veriyorlar. Çallı anlata anlata bitiremezdi Moskova'yı, o ne müthiş bir kültür sanat aşkı derdi. Tabii o devirlerde Sovyetler'le aramız çok iyiydi, bakmayın sonradan Almanya'nın Amerika'nın tesirine kapıldığımıza. Bizim Cumhuriyet başlangıçta bir manada Sovyet rejimine benzerdi, o yüzden de kültür sahasında çok alışverişimiz oldu. Misal Ertuğrul Muhsin, Nâzım Hikmet. Gidip orada yetiştiler. Bizim sinemamız, tiyatromuz, şiirimiz hep Sovyet tesirinde şekillendi. Tabii sonradan işler tersine döndü. Ama işte o zamanlar, daha Sovyetler'le cicim aylarını yaşarken Çallı Moskova'ya sergilere katılmaya giderdi. Hatta oradan aldığı bir kürklü paltosu vardı, vestiyere bile vermez, yanından ayırmazdı. Atatürk bir gece epeyce takılmış Çallı'nın bu palto sevdasına. Nereden nereye... Aklım bazen hatıraların arasında dolanırken ilk kalktığı yeri unutuyor, başka başka meselelere gidiyor. Tabii tatsız konulardan kaçmak istiyor. Neyse anlatacağız artık...

Fatma Belkıs oğluyla birlikte Maçka Palas'a yerleşmişti, ben de haftada en az bir kez uğruyordum. Bir ihtiyaçları olup olmadığını soruyordum... sanki halledebilecekmişim gibi. Fatma elbette benden çok daha dirayetliydi. Gelirini akıllıca kullanıyor hem oğlunu okutuyor hem de çalışıyordu. Evet, bizim Fatma Belkıs Çamlıca'daki yuvasından uçunca hürriyetin tadını almış, Fazıl'ı unutmuş, başka bir hayat kurmuştu. *Resimli Ay* diye bir dergi vardı Sertellerin neşrettiği, orada tercümeler yapıyor bazen de müstear isimle yazılar yazıyordu. Tabii. Şimdi artık başka bir Fatma'yı tanıyordum. Bu hem eskiden beri bildiğim entelektüel, zeki, kültürlü Fatma idi hem de daha kıvrak, daha genç, daha hayat dolu bir başka Fatma. Mesela artık hiç Fazıl'dan bahsetmiyordu. Sanki öyle biri hiç olmamıştı. Ali Salih Paşa? O da öyle, sanki tarih kitabında okuduğu bir şahsiyet. Bir tek oğlu Orhan Necmi. O da büyüdüğü için artık Çamlıca'daki hayatımızı hatırlatan hiçbir şey bulunmuyordu. Ben de zaten Orhan Necmi'nin olmadığı zamanları kolluyordum. Sultani'de leyli okuyor, hafta sonları geliyordu. Oğlanın benden hoşlanmadığını biliyordum. Annesine çok düşkündü. Onu kimseyle paylaşmak istemezdi. Hem ben kimdim ki mütemadiyen annesinin yanında dolanıyordum? Orhan'ın zaviyesinden baktığımda onu anlıyordum, tuhaf bir adam, bir ressam, bohem, kiminle düşüp kalktığı belli değil, belki de babasının kaybolmasında parmağı olan biri, annesinin dibinden ayrılmıyor... Tabii, ben olsam böyle görürdüm Vasıf'ı. Aptal değildi, artık büyümüştü. Her neyse... Ben o gece... evet hep bir "o gece" vardır böyle facia hikâyelerinde. O gece Tamburi Mahmut Efendi'yi de yanıma katmış, Maçka Palas altı numaranın kapısını çalmıştım. Mahmut Efendi ayrı bir hikâye... Beni en çok üzenlerden. Çok kıymetli bir sanatkâr ama bir o kadar da hayatın sillesini yemiş bir adamdı. Sanatçılar bu hayatın içinde en çok hırpalanan insanlar oluyor hep. Her yerde böyle ama bizde sanki biraz daha şedit. Her neyse... Mahmut Efendi mühim bir adamın oğlu, zamanında bankada yüksek mevkilerde çalışmış, ama işte devirler değişince perişan olmuş kayıp bir şahsiyet. Sarı bıyıklı, hafif tombul bir adam. Hassas, mahcup, biraz *introvert*. Ben de biraz öyleyimdir ama o benden fersah fersah kapalı biriydi. Babasından öğrenmiş tambur çalmayı, tabii onu geçmiş. Çok güzel çok içli çalardı. Her şeb göreyim gül yüzünü diye bir başladı mı insanın ruhunu garip bir his sarardı. Hüzün ile haz arasında gidip gelen bir pervane... İstedim ki Fatma Belkıs da dinlesin. Onları tanıştırdım.

Fatma da çok sevdi bu garip adamı. Böylelikle tuhaf bir ekip olduk. Ben? Ben çok acayip bir haletiruhiye içine giriyordum onları bir araya getirdiğim zaman. Annemin odasına saklanıp şalının altına girdiğim anlarda hissettiklerime benzer bir acı huzur. Acı huzur. Evet böyle ifade edebilirim ancak. Mahmut tamburunu çalarken Fatma gelip bana sarılsın, ben Mahmut'a sarılayım, hepimizin üzerine annemin şalı örtülsün, birbirimize kapanarak bir nokta olalım isterdim. Tabii bir yandan da çilingir sofraları kuruyoruz, ağır ağır demleniyoruz. İşte bu, bizim kaderden mi demeli felekten mi birkaç saati çaldığımız gecelerden biriydi. Fatma da sevmişti Tamburi'yi. Eski zamanların musikisini terennüm ediyor, yoruldukça rakıları tazeliyor, koyu kıvamlı bir sohbetin içinde kendimizi kaybediyorduk. Bir ara Fatma'nın gözlerinin dolduğunu fark ettim. Ne oluyor diye yüzüne baktım. "Neden bazı insanların bahtı kapkaradır Vasıf?" diye sordu. Kendinden pek bahsetmezdi. Başkalarının acılarına merhem olmayı tercih edenlerden olmuştu hep. "Ne demek istiyorsun Fatma? Her karanlığın bir aydınlığı muhakkaktır," gibi aklıma gelen sathi cümlelerle teskin etmeye çalıştım ama o başını salladı. "Hayır Vasıf, bazı insanlar ne yapsa yanlış olur, o talihsizlerden bahsediyorum. Neye ellerini atsalar kurur. Sanki parmaklarında görünmeyen bir zehir vardır. Lady Macbeth gibi. Kendi hatalarının zehri. Bir türlü çıkmayan..." Mahmut Efendi de mahzun olmuş dinliyordu Fatma'yı. Ben dayanamadım, haydi biraz havamız değişsin, neşeli bir şeyler söyleyelim diye aldım sazı elime. Mecazi olarak tabii. Başladım soytarılığa. Bildiğim Rumca şarkıları Türkçe sulandırıp söylüyorum, onu bırakıp çarlistona vuruyorum, Fatma'yı da kaldırdım, oh be ölü toprağı mı serpilmiş üzerimize, *carpe diem* diye gülerek oynuyorum. Mahcup Tamburi bile gülüyor, gözlerinden yaş geliyor. İşte biz kapkara hüzün kuyularından az evvel kurtulmuş olmanın heyecanıyla *euphoria* tepelerinde gezinirken Orhan geldi. Hasta olmuş, okuldan eve yollamışlar. Çok uzun zamandır görmemiştim. Daha doğrusu karşılaşmadığımız birkaç sene içinde çocukluktan erkekliğe geçmiş, kapı gibi bir delikanlı olmuştu. Sokakta görsem tanımazdım doğrusu. Kapıdan girdiğinde yüzü kıpkırmızıydı. Hem ateşten hem de bizi orada âlem yaparken görmüş olmaktan duyduğu hiddet yüzünden. Fatma kalkıp oğlunun ateşine bakmak için elini alnına götürdü, artık Orhan iyice büyümüş anasına tepeden bakıyordu, sert bir hareketle elini itti. Fatma ne oluyorsun demeye kalkınca oğlan gürledi, sesi de kalınlaşmıştı görmeyeli, asıl siz ne yapıyorsunuz burada, sesleriniz sokağa kadar taşıyor, bu ne rezillik, bu ne pespayelik diye bağırmaya başladı. Ben araya girmeye çalıştım. Ne de olsa ailesinden bir büyüğü idim. "Orhancım kocaman adam olmuşsun, vallahi sokakta görsem tanımazdım, gel otur. Seni çok kıymetli bir sanatkârla, Tamburi Mahmut Efendi'yle tanıştırayım," dememe kalmadı... Of, of... Tekrar etmekten hicap duyacağım laflar söyledi. Bana da Mahmut Efendi'ye de... Ne ahlaksızlığımız kaldı ne ibneliğimiz.

...

...

Meğer çocukluğundan beri biriktirdiği kinini kusacak yer arıyormuş. Dünkü çocuk kalkmış neler söylüyor! Bu esnada Mahmut Efendi kendinden beklenmeyecek bir çeviklikle kalktı, teessüf ederim, teessüf ederim, diyerek toparlanmaya başladı. Gözlerinden yaş geliyordu koca adamın. Tamburunu eski kılıfının içine yerleştirip küçük valizini aldı, çekip gitti. Belli ki işittiği laflar ona çok ağır gelmişti. Nereye gidecekti gecenin o vakti? Bir evi yoktu, bilir misiniz, vardı böyle insanlar, halen de vardır, ellerinde ağır bir valiz oradan oraya sürüklenirler.

Kazazedeler gibi. Mütemadiyen seferi. Ezelî muhacir. Mahmut Efendi'nin uzun zamandır yanında yaşadığı arkadaşı Ankara'ya tayin olmuştu, gidecek yeri yoktu, gecenin devamında büyük ihtimal Fatma'da kalacaktık ya da benim Gümüşsuyu'ndaki sefil bekâr odama gidecektik yayan. Ama işte o çekip gitmişti. Paramparça olmuştu, nasıl bir rezilliğin içine düştüm diye düşünmüş olmalıydı. Çok fena! Ona bu kötülüğü yapmaya kimsenin hakkı yoktu. Orhan'a bu sebeple çok öfkelendim. Aslında hep dediğim gibi mahcup bir yaratılışım var, *introvert* tarafım ağır basar. Ama üzerime gelindiğinde, işte o zaman içimden zehirli bir yılan çıkar. Yok hemen sokmaz, önce kurbanını kıskıvrak sarar, sonra dişlerini zarifçe boynuna geçirip zehrini azar azar zerk eder. Benim de o saat kanım beynime sıçradı. Fatma önce oğlunu teskin etmeye uğraşıyordu ama öfkelendiğimi fark ettiği an bana döndü. Çünkü ben sırıtmaya başlamıştım. Evet, apaçık sırıtıyordum, az sonra yaşanacak vahşi sahnenin şehvetiyle gözlerim parlıyordu. Fatma ipleri koparacağımı anlamış olmalıydı. Yüzündeki yalvaran ifadeye rağmen, yapmamam gereken o hamleyi yapacaktım, çok derinimden bir yerden geliyordu şiddet. Bu kibirli delikanlının hayatını başına yıkacak o son hamleyi yapacak kadar gözüm dönmüştü. Fatma önce beni durdurmak için elini havaya kaldırdı, Orhan ne olduğunu anlamaya çalışıyordu. Fakat ben ağzımı açmadan bir saniye önce Fatma'nın kolları iki yana düştü, yüzü bembeyaz olmuştu, her şeyi bir anda kaybeden bir insanın yorgunluğuyla sandalyeye çöktü.

Sinideki rakı kadehini bir dikişte bitirdim. "Hakikaten babasına çekmiş bu oğlan Fatma," diye başladım zehrimi saçmaya. Fatma lütfen diye mırıldandı mı yoksa ben mi hayal ettim bilmiyorum. Orhan şimdi bambaşka bir ifadeyle bakıyordu, birkaç sene evvel Jules Verne hikâyelerini merakla dinleyen çocuğu hatırlatan bir naiflik vardı gözlerinde. "Aynı uzun boy, o şedit ses tonu, nerede duysam tanırım, bak bak kelimeleri bile aynı şekilde eziyor ağzında, aynı şekilde azarlıyor insanı, hele o haşmetli burun, tam hanedan burnu...". Orhan bir yandan söylediklerime mana vermeye çalışıyor ama daha çok annesinin çökmüş haline dikkat kesiliyordu. Fatma Belkıs yere bakıyordu. Ben en iğneleyici, en acımasız, en alay dolu ifadelerle Orhan'a gerçekte kim olduğunu anlatıyordum. "Sanıyor musun ki zavallı Fazıl senin babandır Orhan? Sen paşa oğlusun paşa! Ali Salih Paşa'nın oğlusun! Fazıl senin ağabeyin olur. Talihsiz adam! Hatırlarsın canım, kuşlarla konuşan babanı, pardon, ağız alışkanlığı işte, ağabeyini. Onun babalıkla, erkeklikle bir alakası olabilir miydi Orhan, bir düşünsene... Neyse artık olan olmuş. Olanla ölene çare bulunmaz. Yüzün sarardı, gel bir lokma ye, bir kadeh iç, kendine gelirsin. Hem bak artık bir gömlek daha yakın akraba olduk, bugüne bugün amcamın oğlusun sen! Gel bir kucaklayayım seni."

Orhan bir süre donup kaldı. Duyduklarını idrak etmek için zamana ihtiyacı vardı. Sonra annesine baktı. Artık Fatma Belkıs yere bakmıyordu, ortada utanılacak bir şey olmadığını göstermek istercesine ayağa kalkmış, yüzünü dönmüş bana bakıyordu. Bir anda yirmi sene yaşlanmıştı sanki.

"Bu evden gidin Vasıf ve bir daha da gelmeyin! Ne ölüne ne ölüme!"

Bana söylediği son sözler bunlardı. Sukutuhayalden nefrete o kadar kolay geçmişti ki kalbim paramparça oldu. Oysa haksızdım, bunu bilmeme rağmen, yine de...

...

...

O gece Orhan Necmi Çamlıca'daki konağı yaktı.

...

...

Evet yaktı. Kundakladı.

...

...

Neyse ki tamamı yanmadı. Belki de toptan yanıp kül olsa daha iyi olurdu. Bir kısmı, büyük bir kısmı yandıktan sonra içinde oturulur olmaktan çıktı. Metruk, korkunç bir hal aldı. İşte o evde bulunan resimlerimin çoğu gitti. Gritchenko'nun yaptığı tablo da yanıp kül oldu çünkü yangın resmin asılı olduğu yerde başlamıştı. Ama benim suçum. Fatma Belkıs'a ben mâni olmuştum o resmi götürmesin diye. Madem Çamlıca'yı, bu köşkü terk ediyorsun, senin bir suretin kalsın demiştim. O bize göz kulak olur... Nerde? Yangın sırasında çatır çatır yanıp kül olmuştu. İşte sonradan aklımda kaldığı kadarıyla, bir-iki fotoğrafından da faydalanarak bu resmi yaptım. Seneler sonra. Kopya desen değil, orijinal hiç değil. Hayatım gibi...

...

...

O gece Orhan'ı paramparça etmiştim ama asıl ben bitmiştim.

...

...

Bunları niye anlattım? Çallı'nın beni bulduğunda ne vaziyette olduğumu anlamanız için. Ama oraya gelemedik. Bir kere geçmiş günahların defteri açılınca öyle kolay olmuyor kapatmak. En çok neye üzüldüm biliyor musunuz? Fatma Belkıs'ın beni bir daha görmek istememesi diyeceksiniz ama değil. Onu görmesem de o beni defterden silse de ben onu sevmeye devam ettim. İşte bakın duvarda asılı. Bu dünyadan göçeli çok oldu ama işte burada. Beni hayatından çıkarması gerekiyordu zaten, bunu kabullenmeye hazırdım. Bir müddet onlardan tamamen koptum, semtlerinden geçmedim karşılaşırız diye, hatta onun kadınların haklarını alma mücadelesinde iyi işler yaptığını, yazıp çizdiğini, bir yardım cemiyetine önayak olduğunu falan hep takip ettim uzaktan. O iyiydi. Uzunca bir müddet de iyi gitti. Beni asıl kahreden Tamburi Mahmut Efendi'nin bir daha benimle konuşmamasıydı. Sokakta ya da bir meyhanede tesadüf etsek yüzü o geceki gibi bembeyaz oluyor, şeytan görmüş gibi kaçıyordu. Benim ne suçum vardı ki? Ama gel de anlat... Sonra bir gün ölüm haberini aldım. Bir köşede kimsesiz göçüp gitmiş zavallı. Belediye kaldırmış cenazesini. Düşünün bu adam belki son asrın yetiştirdiği en mühim tamburiydi ama bir sokak köpeği gibi yapayalnız, soğuk taşlar üzerinde ölüp gitti. İşte onun bu hazin sonu benim muvazenemi feci bozdu. Ya ifrat ya tefrit! Ben de böyle sersefil ölüp gideceğim, cesedim kokacak bir yerlerde diye vehimler içinde kıvranıyor, içine yuvarlandığım melankoliden kurtulmak için olmadık işlere girişiyor, en karanlık batakhanelerde en fena insanlarla düşüp kalkıyordum. Bir seferinde resmini yapmak için Gümüşsuyu'ndaki odama çağırdığım yakışıklı Rum garsonun ağbileri bastılar bizi. Sıcak, yapış yapış bir ağustos ikindisi... Ben tuvalin başında deseni çiziyorum, çıplağım, belime bir peştamal sarmışım. Andreas ise tamamen çıplak, sedire uzanmış, pencereden bakıyor, hayal kuruyor, arada keyiflenip şarkılar söylüyor. Kumaşlara sarmak istedim ama sıcaktan bunaldı. Sere serpe yatıyor, bembeyaz dişlerini ışıldatarak gülüyor, cilve yapıyor hınzır. İşte öyle bir anda bunun iriyarı ağbileri küfürlerle içeri daldılar. Ortalığı yıktılar, resimlerimi sustalı çakılarıyla paraladılar. Beni fena benzettiler. Bakın, burnumdaki eğriliği görüyor musunuz?

O günün hatırası. Hastaneye zor yetiştim. Kaburgalarım da kırılmış. Zaten hastanenin daha girişinde kan kaybından bayıldım. Günlerce şuursuzca yattım. Neden sonra kendime geldiğimde kimsesizlerle bir arada bir koğuşta yattığımı fark ettim. Hayatımın bu şekilde nihayetleneceğini sandım. Yatağımın içinde gözyaşım bitene kadar ağladım. Koskoca adam. Bir hastabakıcı vardı. Sağ olsun bana acıdı, hem baktı hem nesin kimsin diye sorgu sual etti. Beyin sarsıntısı geçirmişim. Hiçbir şey hatırlamıyorum. Daha doğrusu aklıma gelenler beni o derece müteessir ediyor ki gözyaşlarına boğuluyorum. Yavaş yavaş toparlandıkça benim ressam taifesinden biri olduğumu idrak edince akademiye haber yollamışlar, yahu sizden bir hoca, bir ressam bizde yatıyor, durumu pek fena, kimi kimsesi yok mu demişler. İşte Çallı bu şekilde devreye girdi, bana sahip çıktı. O olmasa belki de kurtulamayacaktım, sakat kalacaktım. Neyse, geçmiş zaman, büyük insandı Çallı... Burada biraz duralım mı?

...

...

Hem çizip hem konuşmak yordu galiba.

KAYIT SONU

GALERİ

RESİMLİ AY, AĞUSTOS 1926

Sabiha ve Zekeriya Sertel çiftinin 1924-1931 yılları arasında yayımladıkları popüler dergide bir müddet Fatma Belkıs'ın tercümeleri basılmıştır. Kapağında Salacak sahilinde mayolu genç bir kadının saçlarını rüzgâra bırakmış çapkın bir şekilde gülümsemekte olduğu bu sayıda Fatma Belkıs'ın "İçtimai Hayatta Kadınlar" başlıklı bir tercümesi vardır.

BALIKÇILAR, 1942, YAĞLIBOYA, 35 X 45 CM

Henüz 18 yaşındayken yaptığı Kapı adlı tablosu Matisse tarafından çok beğenilerek Bağımsızlar Salonu'nda sergilenen Leopold Levy 1936'da Güzel Sanatlar Akade-misi'ne hoca olarak davet edilir. Bu pozisyon için Atatürk'e aslında iki farklı ismin, Matisse ve Franz Marc'ın sunulduğu, Atatürk'ün Matisse'i tercih ettiği söylenmektedir. Matisse teklif için teşekkür eder ve bu görevi daha iyi yapacağına inandığı Leopold Levy'yi tavsiye eder. Levy akademiye ve Türk resmine çok mühim katkılarda bulunur. Ancak Çallı'yla yıldızı asla barışmaz. Balıkçılar Levy'nin İstanbul'dayken yaptığı resimlerden biridir.

ESKİZ DEFTERLERİNDEN

Ressam Vasıf hayatının bu devresinde dostluğunda "acı bir huzur" bulduğu Tamburi Mahmut Efendi'nin çok sayıda çizimini yapmıştır. Fatma Belkıs'ın Maçka Palas'taki evinde ve Vasıf'ın Gümüşsuyu'ndaki atölyesinde Mahmut Efendi tamburuna eğilmiş vecd içinde çalarken tasvir edilmiştir.

Ölümün Bekleme Odasındaydım

...

...

Sormayın. Nasıl oldu anlamadım. Ama geçen hafta üzerimde bir kırıklık vardı zaten. Yoksa o kadar çabuk yorulacak biri değilim. Değildim mi demeliyim artık? İnsan zamanın üzerinde yaptığı tahribatı bir türlü kabullenemiyor. Basit bir nezle zannettim önce, fakat sonra ateşim çıkınca... Siz gittikten sonra epeyce fenalaştım. Konuştuklarımızın tesiri altında olduğumu düşündüm evvela. Öyle ya pandoranın kutusu açıldı bir kere. Kimler çıkmadı ki içinden? Kendimi yatağa zor attım, öyle bir titriyorum ki çenelerim birbirine vuruyor, iki aspirin aldım geçer şimdi diyorum ama olmuyor. Dostoyevski romanlarının kahramanları gibi kâbuslar içinde çırpınıyorum, bir yandan da size anlattıklarımı düşünüyorum. Kâh Çamlıca'dayım, köşk cayır cayır yanarken resimleri kurtarmak için içeri dalıyorum, kâh Gümüşsuyu'ndaki odamdayım, birileriyle dövüşüyorum, Orhan Necmi, Andreas'ın ağabeyleri birlik olmuş boğmaya çalışıyorlar beni... Neyse böyle böyle sabahı ettim. İşte ertesi gün hastanede soluğu aldım. Cerrahpaşa'da hemen yatırdılar beni. Zatürreye çevirecekmiş neredeyse. Gidiyordum öteki tarafa.

...

...

Ama hakikat bu işte. Yaş seksen, artık pamuk ipliğiyle bağlıyız hayata. Öyle tabii. Bugün varım yarın ne olacağım meçhul.

...

...

Orası öyle hiçbirimizin elinde şu tarihe kadar yaşayacaksın diye bir garanti yok ama yaş ilerledikçe o ihtimal de büyüyor. Şimdi siz bunu anlayamazsınız, yani anlarsınız da tüm kalbinizle idrak edemezsiniz. Niye? Çünkü içinizdeki bir taraf, hani bütün mühim işleri yapan, ne zaman nefes alacağınızı, nasıl adım atacağınızı, bir manzaraya bakınca neye dikkat edeceğinizi idare eden o şuuraltı dediğimiz taraf gençliğinin farkındadır, önünüzde daha çok zamanınız olduğuna inanır, sizi de inandırır. İşte içimdeki o gizli idareci çok iyi biliyor ki az zamanım kaldı. Ölüm kapıyı yokluyor Halit Beyciğim.

...

...

Hastanede ne düşündüm biliyor musunuz? Bu yaptığımız konuşmalar, benim itiraflarım diyebileceğim şeyler, bu makara bantlar bu haliyle kalsaydı, yani iyileşemeseydim, geçen hafta yaptığımız kayıt sonuncusu olsaydı nasıl bir Vasıf portresi çıkardı? Kuşkusuz çok eksik olurdu. İnsanlar hep bana acırlardı. Oysa sonradan talihim döndü. Çok şükür birçok yapmak istediğimi yapabildim. Tabii yarım kalan işler de oldu. Misal sizin portreniz. İşte orada duruyor. Yüzünüzün yarısı henüz taslak halinde, birtakım yardımcı çizgiler dışında muammalı bir boşluk. O resim de bu şekilde sizi ne kadar veriyor acaba?

...

...

Ama merak etmeyin, tamamlayacağım resminizi. Bu şekilde kalmasın değil mi?

...

...

Beni teskin etmek için öyle diyorsunuz. Henüz natamam. Bu haliyle ancak sizin satıhtaki güzelliğinizi verebildim, ilk bakışta hemen insanı kendine çeken bakışlarınızı... Ama o kadar değilsiniz, hayır, çok daha derin, karanlık bir tarafınız var. Belki kendiniz bile farkında olmayabilirsiniz. Freud'u bilirsiniz, çok büyük dehadır, bence gelmiş geçmiş en mühim adamlardan. Neden bilir misiniz? Çünkü insanın içine o korkunç şüphe tohumunu ekmiştir bir kere. İçimizde bizim farkında olmadığımız ama bizi idare eden başka biri var. Hatta birileri var. Bunlar hem uzviyetimizin usaresinden hem de hafızamızın karanlıklarında dolaşan tanıdıklarımızın, bilhassa büyüklerimizin gölgelerinden neşet etmiştir. Misal benim içimde babam olduğu kadar, ressam Rüstem Amcam, Ali Salih Paşa, Georgette, Fatma Belkıs, hatta Mösyö Viçen, hatta hatta Fazıl bile vardır. Bu gizli idareci tüm bu hayaletlerden mürekkeptir. Bunları ne kadar kovmaya çalışsanız da gitmezler, yok olamazlar, onlar bizi biz yapan harçtır, tuğladır, çimentodur, bünyeden atılamazlar. Mevcudiyetimiz bunlardan oluşur. Bu da insanı kimi zaman bedbaht eder. Sizin resminiz de isterim ki bütün o hayaletleri hissettirsin.

...

...

O vakit şövalenin başına geçelim.

...

...

Başka seferin garantisi yok ki...

...

...

Yağlıboyanın en sevdiğim tarafı da bu. Aradan ne kadar zaman geçerse geçsin resme devam edebiliyorsunuz. Tabii malzemeniz iyiyse. Eskiden kaliteli malzeme bulunmazdı pek. Bizler de bilmezdik doğrusu. Ne bulursak onun üzerine çizerdik, boyardık. Halbuki asırlardır resimle uğraşan memleketlerin ressamları, iyileri tabii, neredeyse bir kimyager kadar bilgili olurlar. Georgette de öyleydi. O kadar iyi bilirdi ki... Böyle boyaları tüple satın almak yerine hammaddesinden kendisi imal edebilirdi. Kökler, taşlar, topraklar, bazı bitkiler... Her şeyden boya yapabilirdi. Her zaman değil tabii ama yapardı. O başka bir zamanın bilgisi. Şimdi herkes kısa yoldan şöhreti yakalamanın peşinde. İşte birkaç konkur kazanayım, sergilerde yüksek fiyattan satış yapayım, ondan sonrası Allah kerim. Aslında haksız da değiller. Bu sanat öyle acayip bir şey ki bir tarafıyla da tamamen o resme kıymet verenlere bağlı. Yani o kadar resim içinde *Mona Lisa* neden öne çıkar? Leonardo tamam iyi sayılır ama en iyisi midir? Başka ustalar yok mu? Var. Ama işte talih kuşu bir kez onun başına kondu. Birileri müzeye girip de çalmasaydı belki de bu kadar meşhur olmayacaktı. Hatta Nâzım Hikmet bile bir kitap yazmıştır onun hakkında. Enteresan şeyler söyler aslında orada. İlk okuduğumda da aklıma takılmıştı. Müzede canı sıkılıyordu *Mona Lisa*'nın. Böyle ölü gibi sergilenmek iyi gelmiyordu ruhuna. Müze fikrine meydan okuyordu Nâzım, oysa biz burada bir modern sanat müzemiz olsun diye çıldırıyorduk o tarihlerde. Nâzım zamanının ilerisinde olan adamlardandı. Ressamlığı da vardır bilirsiniz.

...

...

Biz çok geriydik ama. Çok. Sergi açmak bile bir meseleydi. Şimdi tabii çok sular aktı köprülerin altından. Ama o zamanlar.... herkesin sanata kavuşması, hayatının içine sanatın girmesi lazım geldiğini hepimiz düşünüyorduk ama pek de kolay olmuyordu.

...

...

Neyse... Bugün ne konuşalım? Nerede kaldık?

...

...

Yok yok... Hazır aklım başımdayken anlatayım. En son hastanede Çallı'nın beni bulup arka çıkmasını anlatıyordum. Bu benim hayatımdaki en mühim hadisedir. Ölüme çok yaklaştığım, oradan döndüğüm, tabiri caizse ikinci bir hayata geçtiğim andır. Tabii... Ama talihe bakın ki bunları size anlatmamın ertesi günü yine hastaneye düştüm. Bu sefer kefeni zor yırttım, doktorlar belli etmiyorlar ama bir değil iki ayağım da çukurda. Yaşlanmanın en enteresan yanı nedir bilir misiniz? Hayatın çok basitleşmesi. Evet. Nefes alabiliyor musun, yemeğini yiyebiliyor musun, çişe gidebiliyor musun, tamam işte şahane durumdasın, yaşıyorsun. İşte bu kadar. Hayat bundan ibaret. İşin komik yanı oturduğunuz yerden diğer insanların o büyük endişelerini bıyık altından gülerek seyrediyorsunuz. Yahu neyi paylaşamıyorsunuz? Kendinize gelin! Böyle demek geliyor içimden ama...

Nefes alırken halen zorlanıyorum. Ama neyse ki doktorlar imdada yetişti. Cennet diye bir yer varsa... hani onun da katları varsa, işte onun en tepesinde doktorlar olmalı. İnsanın acısını dindiren, ona taze bir nefes hediye eden doktorlar, hemşireler, hastabakıcılar... Dehşetli zor bir iş. Gecesi gündüzü yok. Her an hastaya gitmek gerekebilir. Onların hakkı ödenmez...

...

...

Hastaneyi diyordum, Çallı'nın beni çıkarması. Evet. İşte o Andreas'ın ağabeyleri beni haşat ettikten sonra üç hafta hastanede yattım, biraz ayaklanınca Çallı beni evine götürdü. Gerçi çok sıkışık bir yerdi. Onun da durumu pek parlak değildi, akademinin yanındaki binalardan birinde bir yer vermişlerdi, orada yaşıyordu. İki göz odası olan bir yer. Bir müddet Pera'dan, Beyoğlu'ndan uzak duracaksın diye söz aldı. Ben de çok korkmuştum zaten, gidecek halim yoktu. Ama hiç değilse atölye niyetine kullandığım odama gidelim, üç-beş parça bir şeyim kaldıysa onları getirelim dedim. Tamam ama beraber gideceğiz dedi. Böyle de çelebi bir insandı. İşte bu dolaplardaki defterlerin çoğu oradan kurtardıklarımdır. Neyse ki Andreas'in ağabeyleri sadece tuvalleri parçalayıp gitmişler, defterleri kurcalamaya tenezzül etmemişlerdi. Zaten ev sahibi madam sesleri duyup avazı çıktığı kadar bağırıp yardım isteyince bunlar hızla kaçmışlardı. Yoksa beni de Andreas'ı da öldüreceklerdi. Zavallı çocuk.

...

...

Sonradan bir kez Andreas'ı uzaktan gördüm. Asık bir suratla yürüyordu. Acaba o da beni görmüş müydü? Kim bilir ne düşünüyordu? Kafamı çevirip geçip gittim, artık başıma bela almak istemiyordum. Çok sonra tekrar karşılaştık ama çok farklı bir şekilde... Neyse ne, geçmiş zaman...

...

...

Evet. Sergilerden bahsediyordum... Bizde ilk sergiler bizim mektepte başlamıştır, boşuna Batı'ya açılan pencere dememişler, hakikaten de öyleydi. Bizler için büyük şanstı. Biz Türkler çok geriydik mektep meselesinde. Maalesef, taassup mu demeli, zihniyet mi, bilemeyeceğim. Onu da tarihçiler söylesin. Benim aklım o kadarına ermiyor, ama yoktu yani. Çallı'yla da bunu konuşurduk hep. Osmanlı zamanında Mekteb-i Sultani dışında doğru düzgün mektep yok, bilim, sanat öğreten yer yok, ya da yeni yeni kuruluyor, tek tük, oysa diğer memleketlerde, hatta bizim burada bile her milletin kendi okulu var, Rumların, Ermenilerin, tabii, hatta Amerikan, Fransız mektepleri var her yerde, belki buradaki Ortodoksları kendi tarafımıza çekeriz diye... Neyse ne, ama bizde yoktu yani. Eksiktik bu konuda. Mekteb-i Sultani bir vahaydı bu çölde. İşte resim tedrisatı da bizim mektepte başladı, sonra ilk sergiler. Çallı da resmi bir Ermeni ustadan öğrenmişti mesela, anlatmıştım galiba, Roben Usta. Tabii Ermeniler, Rumlar bizden çok daha önce resim yapmaya başlamışlar. Çok mühim de ressamları vardı. Zaten mimarlık da onlardaydı. Biz Türkler maalesef sadece harp etmeye ehemmiyet vermişiz. Biz biz dediğime de bakmayın, kendimi hiç de o nevi kan dökücülüğe yakın hissetmemişimdir. Sanatla kültürle hemhal olan insan savaşı sever mi hiç? Evet ne diyordum, Roben Efendi diye bir ustadan ders almış Çallı, eh, biz de Mekteb-i Sultani'de Viçen Hoca'nın tedrisinden geçtik. O da çok kıymetli bir ressamdı. Şimdi tabii Cumhuriyet'ten sonra azınlıklar silindi tarihten, unutuldu. O da ayrı bir ayıp. Çallı bu Roben Usta'nın hikâyelerini, zihniyetini çok anlatırdı, insan ilk hocalarını asla unutmaz. En mühimi de Çallı'ya verdiği yenilik fikriydi. Hep şöyle söylermiş usta: "1901 senesindeyiz, Mimar Sinan gibi cami çizen, Dede Efendi gibi beste yapan, Nedim gibi şiir söyleyen hırsızdır! Her devrin kendi estetiği vardır. Sınırları aş, kimseyi beğenme..." Roben Usta olmasaydı ben hâlâ Yeni Camii'nin önünde arzuhalcilik yapıyordum, derdi.

...

...

Tabii resim sanatı bilhassa şanssız. Bizde bakın resim heykel değil ama şiir, musiki çok mühimdi, bilhassa musiki. Bütün bir ruh terbiyesini musikiyle alırdı eski zaman insanları. Hele İstanbul'da... Çocukluğumun en güzel hatıralarında hep musiki vardır. Babam pek meraklıydı. Haftada bir gece muhakkak evde bir meşk olurdu. Birkaç defa da mehtap sefasına çıkmıştık, çok küçüktüm ama aklımdan hiç silinmedi o güzel geceler. Hatta her hatırladığımda daha da parladı.

Saz heyetinin kayığının etrafında dolanan sandallardan birindesinizdir. Uykuyla uyanıklık arasında gidip gelirsiniz kayığın sallantısında. Söylenen şarkıları dinlemek, küreklerin şıpırtılarını, büyüklerin iç çekişlerini işiterek yeniden uykunun koynuna girmek... Hayatımın en büyülü hatıralarıdır. Şimdi o kadar uzak ki bu söylediklerim. Artık hatıra olmaktan bile çıktı diyebilirim. Sadece anlatırken vücuda geliyor. Ne tuhaf hiç çizmeye kalkmadım o gecelerden birini. Çizemeyeceğimi bildiğimden midir acaba hiç teşebbüs etmedim. Yok. Geceyi çizmek zordur zaten. Işığın olmadığı yerde bizim sanatımız maalesef duruyor. Gece resimlerini tetkik edin, en karanlık olanlarında bile muhakkak bir ay ışığı, bir sokak lambası, bir fener veyahut bir mum alevi bulursunuz. İlla ki ışık gerekli. Oysa insan zifir karanlıkta bile bir şeyler görür değil mi? Ben karanlıktan çok korkardım. Küçükken tabii. Halen de hazzetmem, uyurken odada cılız da olsa bir lambayı açık bırakırım. Böylece gecenin koyu bir yerinde uyanıverirsem odamın aşina sıcaklığı beni karşılar, rahatlarım. Karanlık kötüdür. İçinde nelerin saklı olduğunu bilemezsiniz. Ama öte yandan heyecan da verir insana. Yani ben tuhaf bir haz duyarım o korkulu meraktan. Karanlığın içinde kim var? İnsanlarla ilk tanışma anları o yüzden çok güzeldir. Onun kim olduğunu bilmezsiniz. Sadece dışarıdan, boyuna bosuna, kıyafetine tavırlarına bakarak hızlı bir hüküm verirsiniz. Tanıdıkça samimi oldukça bütün o esrar dağılır, gündelik hayatın detaylarının içinde eriyip gider. Belki de o yüzden kimseye tam manasıyla âşık olamadım. Bakın bunu itiraf etmek çok zor. Ama hastanede bu meseleyi düşündüm en çok. Çok tuhaf değil mi? Azrail kapının önüne gelince insan daha bir ciddi yapıyor hayat muhasebesini. Ben de geçen hafta epeyce düşünme fırsatı buldum. Neler neler geldi aklıma... Keşke yazabilseydim veyahut şu kayıt teybi olsaydı yanımda...

...

...

Ah eksik olmayın. Ne kadar ince ne kadar zarif bir hareket. Sonradan söylediler geldiğinizi. Tarık bırakmamıştır. Benim sınıf arkadaşımın oğlu. Profesör. Kalp mütehassısı. Sağ olsun çok ihtimam gösterdi. Ziyaretçi istemediler. Ben de işte bol bol muhasebe yapma imkânı buldum. Bu aşk meselesi de orada aklıma geldi. Kimleri düşünmedim ki? Fatma Belkıs'ı, Georgette'i, Sophie'yi, Jean'ı, Jackson'ı, Andreas'ı, daha size anlatmadığım, ismini bilmediğiniz âşıklarımı... Hayır onlar âşığım değildi. Ben onlara âşıktım. Yani dönem dönem onların tesirinde yaşadım diyelim. Bu aşk sayılmaz. Hayır. Bakın nasıl anladım aslında kimseye âşık olmadığımı: Hastanedeyken gecenin bir yarısı uyandım. Dışarıdan gelen bölük pörçük ışıklar duvarda dans ediyor. Bazen bir arabanın farı yalayıp geçiyor, bazen ambulansın mavi ışığı... Havada hiç azalmayan bir antiseptik kokusu. Ölümün bekleme odasındaydım. Böyle karanlık düşünceler içinde boğulmak üzereyken şu soru geldi aklıma birden: Şimdi burada kimin olmasını isterdin? Burada olsun diye çok büyük bir fedakârlık yapardın? Maalesef hiç kimse bu imtihanı geçemedi. Sınıfta kaldı. Bu çok acı Halit Beyciğim. Herkes hayatının bir yerinde mutlak bir şekilde yalnız olduğunun farkına varır. Diyeceksiniz ki hep öyledir. Doğru öyledir ama çoğu insan bunu idrak edemez. Bu çok korkunç bir şeydir çünkü. İnsanın ölümüne sebep olabilir. İnsan sırf bu yüzden bir tanrıya inanır bence. Yalnız kalmamak için. Tabii. Siz de şahit olmuşsunuzdur, insanlar yaşlandıkça dostları azaldıkça, çevrelerinde onları anlayan akranları tükendikçe tanrılarıyla daha fazla konuşmaya başlarlar. Bu sayede yalnızlık denilen o tahammülfersa durumla başa çıkabilirler. İşte ben de hastanedeki üçüncü ya da dördüncü gece böyle bir hal yaşadım. Hakikaten yalnız olduğumun farkına vardığım ender anlardan biriydi. Neyse ki bir delilik haliydi geçti. Evet geçti. Nasıl kurtuldum biliyor musunuz?

...

...

Sizi düşündüm. Evet, sizi...

...

...

Daha anlatacakların var Vasıf, Halit Bey gelecek, teybini kuracak, makara dönmeye başlayacak, sen bir yandan anlatacaksın bir yandan Halit Bey'in portresi üzerinde çalışacaksın dedim. Sonra tuvali gözümün önüne getirdim. Resminizi hayalimden tamamlamaya çalıştım. Akşam güneşinin vurduğu kestane rengi saçlarınızda oluşan kızıl, sarı, turuncu pırıltıları nasıl ince ince çizeceğimi düşündüm. Başınızı sola çevirdiğinizde ortaya çıkan fildişi rengindeki sağ şahdamarınızı, iki günlük sakalınızın lacivert uçlarını, dudaklarınızın üzerini örten gür kumral bıyıklarınızı, uçuk sarıların, mavilerin, yeşillerin, pembelerin birbirinde eridiği parlak yüksek alnınızı ve tabii gözlerinizi... Şaşırdığınızda çocuklaşan, gerildiğinizde koyulaşan, çoğunlukla düşünceli gözlerinizi... Kahverenginin en güzel yeşil ve sarı tonlarla şenlendiği gözlerinizi... Sonra etrafınızdaki eşyayı hayal ettim. Bakın tuvale henüz çevrenizdekileri çizmedim. Ama hastane yatağında bazı kararlar aldım.

Mesela Fatma Belkıs'ın resmi de olacaktı sizin portrenizin arkasında. Evet, aslında karşınızda asılı onun resmi ama olsun. Bu benim kompozisyonum. Arkada, uzakta onun resmi asılı olacak. Elbette sizinki gibi detaylı olmayacak... Bir hayalet gibi oradan bizi seyredecek ya da resme bakanlara bakacak. Sizin bakışlarınızı resmin dışında bir yere çevirdim çünkü. Sanki bir süreliğine ara vermişiz ve siz benim en son söylediklerimi düşünerek pencereden dışarıya, uzaktan seçilen eski İstanbul'a dalıp gitmişsiniz. Evet, pencerenin dışındaki manzarayı da resmin içine yerleştireceğim.

...

...

Bakalım ömrüm vefa edecek mi bu resmi bitirmeye?

KAYIT SONU

GALERİ

GALATASARAY SERGİ KATALOĞU, 1920

Exposition des Artistes Turcs, Salon 1920, *Catalogue, Péra, Lycée de Galata-Sérai*, Constantinople. Katalogda yer verilen ilk eser şu şekilde takdim ediliyor: *Altesse Impérial le Prince Héritiér Abdul-Mejid Efendi, 1 Le Portrait de S. A. Impérial Eumer-ul Farouk Eff.* Son Halife Abdülmecid Efendi oğlu Şehzade Ömer Faruk Efendi'nin portresiyle bu sergiye katılmaktadır. Sergide Ressam Vasıf'ın Galatasaray Lisesi'ndeki resim hocası Viçen Arslanyan Efendi'nin on adet eseri bulunmaktadır.

GALATASARAY SERGİSİ, 1926, FOTOĞRAF

Galatasaray sergisinden. Soldan sağa üst sıra: Hikmet Onat, Ressam Vasıf, Feyhaman Duran, Sami Yetik, Ali Sami Boyar, Vecihi Bereketoğlu, Nazmi Ziya, idare memuresi Nimet Remide Hanım, İhsan Hanım. Soldan sağa alt sıra: İbrahim Çallı, Bahriye Hanım, Güzin Duran, Ömer Adil, Halil Paşa.

Aklımızın İçindeki Ölüler

En son 1929 senesinde kalmıştık galiba. Orhan Necmi'nin üzerime hücum etmesi, Tamburi Mahmut Efendi'yle kopuşumuz. Çok acı olaylar. Fatmalar köşkten gittikten sonra, yani yirmilerin ortasında, büsbütün farklı bir ruh haline girmiştim. Gümüşsuyu'nda kalıyor Pera'da yaşıyordum ama eskisi gibi hovardalık yapmıyordum. Melankolik bir ruh hali içindeydim umumiyetle. Yoksa yirmiler ayrı bir âlemdi. Çarliston devriydi. "Valencia" diye bir şarkı vardı. Herkes onu söylüyordu. Tabii Türkçe olarak. *Ulan Ziyaa, kes karpuzu, kan gibi de çıkmazsa, para yoook*... Güzelim "Valencia" olmuş "Ulan Ziya"... Bu da bizim vulgerliğimizin bir nişanesidir ya... Önünde sonunda her şeyi bir sokak ağzına, it kopuk dalaşına çeviririz. Tabii bir yandan asri zamanlara ayak uydurmaya çalışanlarımız var, son modayı takip ediyorlar, geniş paça pantolonlar, böyle dans ettikçe insanın bacaklarına dolanacak kadar neredeyse, bir tarafta da her şeyi sarakaya alan, dalgasına bakan takım... Aslında her yerde öyle değil midir? Kırkıma merdiven dayamıştım, dedim ya biraz uslanmışım, Ali Salih Paşa'nın ölümü sarsmıştı beni. Diyebilirim ki babamın ölümünü o zaman idrak ettim. Şimdi söylerken bile tuhaf geliyor ama öyle. Babamın ölümünden hep kaçmıştım, üzerine düşünmemek için onun ölmüş olduğu hakikatini asla idrak etmeden, bir nevi inkârla oyalanmıştım. Ama ne zaman ki evin, ailenin büyüğü, asıl büyüğü, en büyüğü göçüp gitti o vakit aklım başıma geldi. Neden biliyor musunuz? Çünkü o vakit ailenin en büyüğü ben kaldım. Böyle cascavlak kaldım işte. Evet. Tabii. Halen otuzlu yaşlardayım ama birden ihtiyarladım sanki. Artık ailenin en büyüğü ben idim... Aile dediğim de kan bağı ile Orhan Necmi var, bir de Fazıl Mehmet, öldü mü kaldı mı belli değil, hısım olarak da Fatma Belkıs. O kadar. Koskoca aileden geriye bunlar kalmış. Eskiden çok olurmuş bilir misiniz? Böyle büyük ailelerin birkaç asır sonra nesilleri tükenir, koskoca yalılar, konaklar yanaşmalarına, yanlarında çalışanlara ya da onların çocuklarına kalırmış. Ne acayip iş.

...

...

Hayır bir daha hiç haber alınamadı. Sır oldu. Sanki öyle biri hiç yaşamadı. Bir müddet Fatma yasını tuttu, sonra o da Fazıl defterini kapattı. O sayede hayatına devam edebildi. Bense, tuhaf gelecek size belki ama, hiçbir zaman öldüğüne inanamadım. Yani mantıken, büyük ihtimal ölmüştü ama kalbim onun halen yaşadığını söylüyor. Şimdi bile. Benden üç-dört yaş büyüktür. Pekâlâ uzak bir Anadolu kasabasında bir caminin avlusunda güvercinleri besleyen ak sakallı bir ermiş dede olarak hayatını sürdürüyor olabilir. Kuşlardan başka kimseyle konuşmayan bu mübarek adama kasabalı sahip çıkmıştır. Hatta gariban bir kadınla evlendirmişlerdir. Her gün avlusunu buz gibi kuyu suyuyla ovan, ekmeğini kendi pişiren ağzı var dili yok bir kadınla yaşlanmıştır belki. Mazisini tamamen unutup başka biri olarak bir hayat sürmek mümkün müdür acaba? Aslında ben de zaman zaman buralardan çekip gitmek isterim. Sonra fark ederim ki mesele buradan gidebilmek değildir, gittiğin yere kendini sürükledikten sonra mekân değiştirmenin ne manası olabilir? Kendini geride bırakarak gidebilse insan... Belki de Fazıl en nihayetinde kendisinin olmadığı bir yere gidebilmiştir.

Trajik Mustafa Çelebi'nin dediği gibi, "Aynaya bakmayınca insan unutuyor." Belki de o yüzden aynadan korkuyoruz, ters çevirerek asıyoruz evlerimize... Yani eski hayatımızda. Eski insanlar öyle yapardı...

...

...

Ama işte artık beni iyice tanımışsınızdır. Bir yanım kaçıp gitmekten bahseder, *introvert* olduğundan dem vurur ama başka bir yanım sonsuz bir eğlence ve sarhoşluğu özler. Kırkıma yaklaşırken pesimist hissiyat ağır bastığından mıdır nedir Tamburi Mahmut Efendi'nin ruh dünyasına kapılmıştım. Çarlistonlar, fokstrotlar falan bana biraz uzak geliyordu o aralar. Hem sağa sola savrulan etekler de nazarı dikkatimi zerre kadar çekmiyordu. Biraz eski İstanbul evlerini, camilerini, çeşmelerini resmettim o aralık. Aklımın içinde Tamburi çalıyor ben çiziyordum. Müzisyenleri çok severim. Başka bir insan türü gibi gelir. Bütün sanatkârlar kıymetlidir şüphesiz ama müzisyenler hepsinden başkadır. Bana öyle gelir. Çaldığı enstrümanın üzerine eğilen o güzel insanın yaşadığımız hayattan koparak sadece melodilerin, makamların, seslerin hüküm sürdüğü bir âlemin rahibi gibi kendinden geçişini hayranlıkla seyrederim. Bakın resim yapmak çok farklı. Mesela şu anda hem konuşuyoruz hem de sizin portrenizi yapıyorum. Boyaları karıştırıyorum, sizi inceliyorum, ışığı takip ediyorum, kompozisyonumu güzelleştirecek en münasip renkleri seçiyorum. Evet, bütün bunları yapabiliyorum. Oysa Mahmut Efendi tamburunu zarif bir hayvanı kucaklar gibi tutar ardından onunla adeta sevişerek çalmaya başlar, güftesini söylerken gözlerini yumar, tamamen ses ve kulak kesilirdi. O kadar büyüleyici bir kendinden geçiş yaşamak isterdim doğrusu.

...

...

Öyle mi? Uzun suskunluklar giriyor demek araya. Hiç farkına varmıyorum. Aslında enteresan bir şeydir, ben etrafta birileri varken, onlar konuşup gülüşüp eğlenirken çizmeyi çok severim. Çocuklar gibi. Tüm dikkatimi resme vermiş gibi görünürüm dışarıdan ama aslında son derece kulak kesilmişimdir konuşulanlara. Çay bahçelerinde, kahvehanelerde çiziktirmeye bayılırım mesela...

...

...

Evet... Garip şey, sustuğumun farkına varmıyorum bazen. Kafamın içinde konuşmaya devam ediyorum sanki. Hastalık biraz sarstı beni.

...

...

Ne düşündüm hastanede biliyor musunuz? Eski dostları. Bu dünyadan çekip gitmiş eski ahbapları, bilhassa da genç yaşında hastalıktan sefaletten ölüp gidenleri. Ressam Mihri Hanım'ı mesela. Ne müthiş bir ressamdı. Atatürk'ün ilk portresini o çizmiştir bilir misiniz? Avrupalarda, Amerikalarda yaşamış, sergiler açmış ama son seneleri sefalet içinde geçirerek ölmüştür. Yeğeni de aynı kaderi paylaştı. Hale Asaf'ı diyorum. Ne kadar hazin bir hikâye. Üstelik o 33 yaşındaydı. Mihri Hanım hiç değilse altmışlarını devirmişti. Hale Asaf daha çocuktu yahu. Fakat bir kez öleceğine inanmasın insan. Bilir misiniz, Hale Asaf bir falcıya ne kadar yaşayacağını sormuş, falcı da bir sene demiş. Hakikaten de gencecik gitti. Sonra Avni Lifij! O da kırklarının başındaydı. Ama eskiden öyleydi. İnsan denilen varlık çok zayıf. Dayanıksız. İlaçlar olmadan önce tam bir felaket... Penisilin, antibiyotik falan olmasa sapır sapır ölür insanlar. Tabii. Eskiden, savaşlarda bilhassa, insanların yaraları mikrop kapıp da kangren olmasın diye bacaklarını, kollarını kütür kütür kesmeleri ondan. Ressam amcam anlatırdı. Cephelere yanlarında kasapları da götürürlermiş, sadece mutfak için, hayvan kesmek maksadıyla değil... Evet. Çok feci sahneler anlatırdı amcam eski savaşlarla alakalı olarak. Revir çadırının yanında yükselen kesilmiş kol bacak tepeleri mesela... Neden bunları anlatırdı ki o yaştaki çocuğa? Korkutmaktan başka ne işe yarar bu hikâyeler? Belki de yapmak istediği buydu. Korkutmak, beni savaştan, askerlikten soğutmak. Korumak için tabii. Belki de tamamen başka bir sebepten bu şekilde detaylı anlatırdı. O sahneleri çizmek, canlandırmak isterdi ama bunu yapacak cesareti yoktu. Belki teknik bilgisi de yeterli değildi. Savaş sahnesi çizmek için müthiş derecede anatomi bilmek icap eder. Amcam doktordu ama anatomiyi bir ressam gözüyle çalışmış mıydı emin değilim. Aslında amcam hakkında çok az şey biliyorum. Mesela resme nasıl merak salmış, kimden ders almış, kendini nereye koymuş? Neden hiç evlenmemiş? Belki de ben babama değil de amcama çekmişimdir, o da benim gibi normal bir hayatı yaşama arzusu duymamıştır. Bunlar hep meçhul. Zaten ben öldüğümde, yani onu tanıyan son kişi de mezara girdikten sonra amcam da yok olacak. Hiç yaşamamış gibi olacak. Elimde bir tane bile resmi yok. Birkaç kez denedim çizmeyi, hep arkadan, yüzünü göstermeden.

...

...

En çok bu düşündürüyor son zamanlarda. Aklımızın içindeki ölüler... Onlar biz yaşadığımız sürece yaşayacaklar, bizimle birlikte var olacaklar...

...

...

Hastaneden dönerken taksiciye rica ettim, İstiklal'den geçelim dedim, bir kez daha gündüz gözüyle göreyim istedim, belki de son görüşüm olacaktı.

...

...

Öyle, öyle... Artık her yaptığım iş son işim olabilir, bu fikre alıştım. O yüzden de mektebin kapısını görmek istiyordum en çok. Ne tuhaf şey, her şey değişti, çoğu şey yok oldu, Cadde-i Kebir mahvoldu mesela, ama o kapı, o okul orada olduğu müddetçe ben rahat uyuyorum. Sanki orası tüm İstanbul'un kilit taşıdır. Onu yerinden oynatırsanız tüm Pera, Galata, İstiklal dağılıp yok olacakmış gibi... Gerçi nereler yok olmadı ki... Bütün hatıralar da o mekânlarla birlikte yok olup gidiyor. Eskiden şimdiki gibi böyle kayıt cihazları yoktu ki... Çok nadir. Ancak birkaç fotoğraf çıkar bir yerlerden.

Karlman Pasajı'nın önünde durdurdum arabayı biraz. O şahane yer şimdi depo olmuş, pencereleri kara bir tozla kaplı, ölmüş koskoca bina. Orada neler yaşamadık ki... Çok renkli bir yerdi, her nevi kumaş, elbise, ev eşyasının satıldığı bu pasajın kapısında "giriş serbest" yazardı. İlle de bir şey satın almanıza lüzum yok, girin gezin manasında. İşte onun üst katında da o tarihlerde Moskovitz'in barı vardı. Kocaman bir mekân. Şahane geceler yapılırdı. Bizim genç müstakiller de ilk sergilerinden birini orada tertip etmeye karar vermişlerdi. Ben onlardan yaşça biraz daha büyük olduğum için muayyen bir mesafeden takip ederdim onları. Hoş akran da olsak bende hep bir yabanilik vardır, bu türden birlik, teşkilat işlerine bulaşmam. Artık tanımışsınızdır beni, hiçbir zaman doğrudan yer almadım bir cemiyetin içinde. Hep kenarında, köşesinde. Belki yanlış yaptım, belki daha fazla insanla iç içe kol kola olmalı insan, ama benim de naturam böyle. Neyse... Kırklı yaşlara varmıştım. Zamanın nasıl geçtiğini hiç anlamamıştım. Kimi sabahlar tamamen yaşlı bir adam olarak uyanıyordum, daha doğrusu kendimi öyle hissediyordum. Aynaya baktığımda sadece sarkmaya başlamış gıdımı, gözlerimin kenarında oluşmuş kırışıklıkları, saçımda sakalımda beliriveren beyazları görüyordum, Mustafa Çelebi'yi hatırlıyordum gayriihtiyari. Bazen de yine eskisi gibi genç bir adam olarak uyanıyordum. Bir şey söyleyeyim mi size Halit Beyciğim şimdi bile bazen yaşımı başımı, geçen zamanı unutarak uyanıyorum. İnsan kendi başına olsa yaşlandığını çok da idrak edemiyor, ne zaman ki sizden gençlerle karşılaşıyorsunuz, o zaman anlıyorsunuz Hanya'yı Konya'yı.

...

...

Evet hiç durmadan bizden gençler geliyordu. Onlara karşı hissettiklerimi şimdi düşünüyorum da... Evet, şimdi itiraf zamanı. Rahatlıkla söyleyebilirim. Gençliklerine, umutlarına, enerjilerine gıpta ediyordum. Sonra hayranlık. Güzelliklerine, hayatla dolu kaslarına, gürül gürül kan pompalayan genç yüreklerine hayrandım. Ve tabii yeniliklerine. Mesela Fahrettin vardı, çok beğenirdim. Çallı'nın talebesiydi, Fransa'da, Almanya'da devam etti tahsiline. Müthiş bir stili vardı bence. Belki de objektif olamıyorum. Ama bilir misiniz, sanatta objektif diye bir şey yoktur. Evet! Kesinkes yoktur. Her şey sübjektiftir, kişiye bağlıdır. Ressam için de böyledir, resme bakan için de... O sebeple bir sanat eserinin etki yarattığı an çok müstesna bir şeydir: İki sübjektivitenin buluşması. Başka nasıl söylenir ki... İki iç dünyanın çakışması, evet, böyle bir şey. Âşık olmak gibi bir şey. Belki aşk da sanattır, malzemesi ruh ve vücut olan bir sanat.

...

...

Bir müddet durduk Karlman Pasajı'nın önünde. Eski günleri düşündüm. İçeride bir zamanlar neler yaşandığını bilmeden önünden geçip giden insanlara baktım.

Çok hadiseli bir sergi açmıştık. Şimdi şu içerideki yığının içinde bir yerlerde vardır gerçi serginin program kitapçığı ama soluk siyah beyaz fotoğraflardan bir şey anlaşılmaz ki... Hele o heves.

Bu Moskovitz Salonu çok güzel bir yerdi, yüksek tavanlı, ferah. Kocaman aynalar mekânı olduğundan çok daha büyük gösteriyordu. İşte bu kendilerine Müstakiller diyen gençler bir sergi tertip etmişlerdi. Ben de etraflarında dolanıyorum, hoşuma gidiyor onlarla aynı havayı solumak. Zaten artık hayatımda Fatma Belkıs yok, Çamlıca'daki köşk yok, varsa yoksa resim, ressamlar, akademi... Gençler.

...

...

Şubatın ortası, soğuk bir günde açıldı sergi. Benim de iki resmim vardı. Biri nü idi, diğeri Çamlıca manzarası. Nü yüzünü göstermeyen, sadece çıplak sırtını ve kalçalarını gördüğümüz bir erkek resmiydi. Bacaklarının bir kısmı çarşafla örtülmüştü. Uyuyan bir genç. Resmedildiğinden habersiz rüyalar içinde. Bakanların çoğu onu kadın resmi olarak telakki ediyordu. Evet figürü çok yumuşak çizgilerle resmetmiştim, ince yapılı bir erkek bedeni de pekâlâ bir kadın bedenine benzer değil mi? Belki uyuyan çıplağın başucundaki yarısı içilmiş şarap kadehinin yanına kondurmuş olduğum *Anna Karenina* cildi insanların şuuraltına tesir ediyordu. Olamaz mı, genç bir erkek *Anna Karenina* okuyamaz mı? Ekseriyet tersini düşünecekti, tabii bunu bildiğim için bilhassa yerleştirmiştim onu. Halbuki içimden geçen *Dorian Gray*'di. Her neyse… Epeyce bir ziyaretçi gelmişti. Ama doğru düzgün resim alacak kişiler yoktu meydanda. Şimdi o dönem böyle sanat meraklıları da yok, memleket fakir, ensesi kalın olanlar meseleden bihaber, Müslüman mahallesinde salyangoz satıyoruz, tek umudumuz devletten birileri gelecek de bahtımız açılacak. Tabii, o zamanlar devlet daireleri sanata destek olmak için alıyorlardı resim, heykel. Bazı ileri görüşlü idarecilere denk gelirseniz yaşadınız ama o da pek kolay değildi. Ertesi gün de sergi halka açıldı. Gazetelerde bir-iki yazı çıkınca halk da geldi yani… Giriş yirmi kuruş. Tabii paralı. Sonra bu gençlerin aklına harika bir fikir geldi. Muayyen günlerde sergi mekânında danslı çay düzenlemek! Evet! Ne güzel fikir, değil mi?

…

…

Vallahi tuttu, birkaç gün içinde yüzlerce ziyaretçi akın etti. Hem eğleniyoruz hem halkla kaynaşıyoruz. Halk dediğim de elbette sanata merak duyan, okumuş yazmış kesim. Ama o da bir şey. Bakın bunlar hep ilktir bizim tarihimizde. Resmî müesseselerin dışında kendi başına bir şeyler yapmak mühim. Biz mutluluktan uçuyoruz. Hayaller kuruyoruz. Gençler çok idealist, pek çoğu yabancı memleketlerde tahsil görüp geldiği için buraya borcunu ödemek, modern sanatı halka yaymak falan gayretinde. Ben tabii daha görmüş geçirmiş olduğum için hiçbir hayalin son noktasına varamayacağı fikriyle çoktan barışmışım. Günü kurtarmak derdindeyim. Bugün iyi miyiz? Beraber bir şeyler yapabildik mi? Ne güzel. Yarın? Kim bilir ne olur yarın? Maalesef, bizim bu şahane günlerimiz bir hafta sürdü sürmedi bir bela geldi buldu bizi. Tabii. Rahat bırakmazlar bu memlekette insanı. Maliye pul müfettişi geldi. Adını hiç unutmam, İbrahim Rusuhi. Tabii. Ekşi bir suratla gelip demesin mi bu işte bir usulsüzlük var, kanunsuzluk var, diye. Herif çıplak resimleri, heykelleri görünce küplere binmiş, eski kafalı biri. Siz cemiyet değil bir şirketsiniz, burası da temaşa mahalli, demesin mi! Desin tabii de bunun neticesi fena: Yirmi bin lira ceza! Yirmi bin ne demek? Bugün bile büyük para, hele o zaman servet. Mor binliği gören yok. Arpacı kumrusu gibi düşünenlere, "Ne düşünüyorsun, binin yarısını mı," diye takılırdık... O derece. Bilet koçanlarından birini de cebine atmasın mı? Ee, ne yapacağız! Gençlerin paçalar tutuştu. Ben mecburen araya girdim. Mekteb-i Sultani'den girdim paşa dedelerimden çıktım, akademiden girdim ecnebi memleketler nazarındaki vaziyetimizden çıktım, epeyce bir dil döktüm de adamı savuşturdum. Sene 1931, düşünün halen nelerle uğraşıyoruz. Şimdi aradan neredeyse kırk sene geçti, ekseriyetin fikri değişti mi? Ne gezer? Onların gözünde boş iştir bu, şeytana çalışmaktır...

...

...

Mamafih bazen onlara hak veririm Halit Beyciğim.

Şaşırdınız...

Sağ kaşınızı hafifçe kaldırıp yan gözle bakıyorsunuz şaşırınca. Gayriihtiyari. Bir insanın ya da bir manzaranın resmini yapmak işte bu sebeple çok müthiş gelmiştir bana hep. O insanı en ince ayrıntısına kadar tanırsınız, her yerini... Anası babası o kadar bakmamıştır yüzüne, çizgilerini o kadar iyi bilmez ama siz bilirsiniz. Ezbere çizebilirsiniz. Hiçbir sevgili bir diğerinin yüzünü o kadar detaylı tetkik etmemiştir. Ben ederim. Işık değişir, çizgiler gölgelere karışır, sonsuz imkânlar açılır. Çizdikçe daha da fazla bana ait olur sanki. Size bakıyorum ya, bu başka bir bakıştır. Gözlerim aç birer hayvan gibi sizden gelen ışığı kana kana içer, karanlık iç dünyam ondan yeni terkipler meydana getirir. Tuvalin üzerinde beliren suretiniz artık hem size aittir hem de bana. İkimizin tuhaf bir çocuğudur o. İşte bu acayiplik insanları korkutur. Bence haklıdırlar korkmakta. Bunu en çok nerede hissetmiştim bilir misiniz? Louvre'da. 1950'lerde Paris'teyken... Aa, yine şaşırdınız. Evet, tabii. En son sefilleri oynuyordum değil mi? Çallı beni kurtarmıştı. Sonra ne oldu nasıl oldu da bu adam Paris'e gitti diye düşündünüz. Tabii. Hayatımın en güzel zamanları altmışlı yaşlarımda gelip bulmuştu beni. O da ayrı bir bahis konusu. Ama Louvre'da hakikaten o kadar resmin karşısında hissettiğim dehşeti size anlatmak istiyorum. Gençken de gezmiştim ama o zamanlar üzerimde bıraktığı tesir farklıydı, tüm o resimlere "ben acaba bunların hangilerini yapabilirim" merakıyla bakmıştım. Oysa artık yüzlerce resim yaptıktan sonra, yani ne yapıp ne yapamayacağımı anladıktan sonra tamamen başka bir gözle bakıyordum. O tabloları yapan ressamların haletiruhiyelerini seziyordum. Endişelerini, hüzünlerini, hırslarını bazen neşelerini... Resmi yaptıkları yeri hayal ediyordum, atölyelerini ya da sokaklarını... Bir zamanlar Çamlıca'nın tepelerinde saatlerce yürüyüp de kimselere tesadüf etmediğim kırlarla, ağaçlarla, ışıkla mukayese ediyordum. Elbette her memleketin, her şehrin, köyün kendine has bir ışığı vardır. Bunlar bir yana... Bir de hayret ettiğim şey resmin hayatı nasıl muhafaza edebildiğiydi. Sanat sadece sanatçının ruhunun bir aksi değildi, bir *expérience subjective* değildi, aynı zamanda hayatın, geçip giden zamanın, bir manada hakikatin kaydı idi. Tabii bunlar sanatta hep münakaşa konusudur. Mesela Courbet, "Ben hiç melek resmi yapmadım çünkü hiç melek görmedim," der. İlk bakışta çok bön bir laf gibi geliyor ama resimlerine baktığınızda ondaki ruhun hürriyet arayışını hissedebiliyorsunuz.

...

...

Ben mi? Ben melek resmi yaparım Halit Beyciğim, çünkü resmi yaparken görürüm meleği. En güzelini Cézanne söylemiş zaten: Tabiata bakarak çizmek kopya etmek değildir, kişinin hissiyatını tuvale nakşetmesidir. Neyse... Size aslında resim tarihimizin en büyük münakaşalarından hatta meydan muharebelerinden birini anlatmalıyım. Gelecek sefere unutturmayın, muhakkak hatırlatın.

Ee, ne dersiniz? Akşam indi. Artık yaz günleri geride kaldı iyiden iyiye. Bakın ne kadar erken kararmaya başladı.

Bir şeyler yer miyiz? Birazdan Havva Hanım gelir. Ona bugün taskebabı yapmasını söylemiştim.

...

...

Ne zahmeti canım. Benim bir şey yaptığım yok. Sağ olsun Havva Hanım. O kadar lezzetlidir ki eli. Senelerdir yemeğimi o yapar. Tabii zaman zaman Dürdane Kadın'ınkilerin hasretini çekmiyorum desem yalan olur. O da mazinin içinde bir yerlerde kaybolmuş insanlarımdan biridir. Ne tuhaf değil mi? Çamlıca'da yemekten temizliğe her işe bakan o kadının kıymetini yine kaybettikten sonra anladım. Ne çok yemeğini yemişimdir, ne çok... Ama işte yaşarken insan fark etmiyor çevresindeki insanlarını. Hep kafası başka işlerle, daha mühim saydığı kimselerle meşgul oluyor. Oysa onların ne kadar ehemmiyeti olduğu son derece müphem. Sınanmamış dostluk asla dostluk değildir Halit Beyciğim. Muhakkak sınanmalı. O kadar çok tufeyli dostum oldu ki... Dost! Lafın gelişi tabii. Ama hayat sınıyor. Hem de en sert şekilde. En hakiki şekilde. Kimin kim olduğu ancak o zaman anlaşılıyor.

KAYIT SONU

GALERİ

BURSA EVLERİ, 1928, YAĞLIBOYA, 32 X 45 CM

Ressam Mihri Hanım'ın yeğeni olan Hale Asaf, döneminin en parlak ressamlarından biridir. Avrupa'nın çeşitli yerlerinde eğitim gören ve yaşayan Hale Asaf bir müddet Bursa'da resim öğretmeni olarak çalışır. Bursa manzaraları, evleri çizen Asaf taşranın bunaltıcı havasına dayanamaz, önce İstanbul'a sonra da Paris'e gider. Ancak burada genç yaşta hayatını kaybeder. Ressam Vasıf kendisini çok az tanıma fırsatı bulduğunu ama tarzını çok beğendiğini söyler.

KARAGÜN, 1923, YAĞLIBOYA, 93 X 118 CM

Avni Lifij savaşın sebep olduğu yıkımı anlatan bir dizi resim yapmıştır. Karagün'de yakılmış evler, minaresi yıkılmış bir cami ve yerle bir edilmiş bir evin yıkıntıları görülmektedir. Düşmanların tecavüz edip öldürdükleri genç kadın son âna dek bebeğini korumak maksadıyla beşiğin yanından ayrılmamıştır. Resimdeki tek canlılık belirtisi cesedi parçalamak üzere oraya gelmekte olan yırtıcı kuşlardır.

KARLMAN PASAJI, 1930'LAR, FOTOĞRAF

İstiklal Caddesi ile Tepebaşı'nı birbirine bağlayan bir geçit şeklinde kurulmuş olan Karlman Pasajı'nın

İstiklal girişini gösteren bu fotoğraf Ressam Vasıf'ın negatiflerinin arasında bulunmuştur. Vitrinin gerisine yerleştirilmiş olan büyük panoda vitrin dahilindeki eşyanın umumiyetle yerli malı olduğu yazılıdır.

GAZETE KUPÜRÜ, *MİLLİYET*, 27 ŞUBAT 1931

Elif Naci, Moskovitz Bar'ının salonunda Müstakillerin açtıkları 4. sergiyi sert bir dille eleştirdiği bu yazısında Hale Asaf için, "Bursa'yı Paris'te, Mulenruj'u Bursa'da yapmış," dedikten sonra tüm ressamları yerli olmamakla suçlar: "Bizim müstakil arkadaşların bu sergide teşhir ettikleri resimler Fransızca, Almanca, İtalyanca konuşuyorlar. Vatandaş Türkçe konuşalım."

En Uzun Gece

Kırklarımın sonuna nasıl geldim anlamadım Halit Beyciğim. Zaten sonrası da yokuş aşağı yuvarlanan bir taş gibi, gitgide hızlanarak geçiyor zaman. Bir de bakmışsınız ömür bitmiş. Siz kaç yaşındasınız? Yirmilerinizi sürüyorsunuz sanırım.

...

...

Vallahi hiç göstermiyorsunuz. Ha yirmi ha otuz. Benim nazarımda çocuksunuz daha. Ama yaşarken öyle olmaz bilirim. Ben mesela yaşlandığımı o kadar geç idrak ettim ki... Hatta... bakın itiraf ediyorum, bazı sabahlar uyandığımda, seksenlik bir ihtiyar olduğumu tamamıyla unutuyorum. Gerçi mafsallarım hemen hatırlatıyorlar içinde bulunduğum trajik durumu ama olsun. O bir anlık *illusion* yok mu... Gerçi bu son hastane macerasından sonra artık hakikaten bir ayağımın çukurda olduğunu idrak ettim. O zaman da insan çeşit çeşit muhasebelere girişiyor. Neleri yapmak isterdim? Eksik kalan ne? Böyle soruların cevapları elbette kolay bulunamaz... Neyse güzel şeylerden konuşalım. Hem bakın resminiz epeyce ilerledi. Kaç gündür üzerinde çalışıyorum. Yokluğunuzda bana arkadaş oldu.

...

...

Bu sabah erken kalktım. Güneş doğarken oturdum şu koltuğa düşündüm. Bir yandan aydınlanan havaya baktım, Boğaz'a, eski İstanbul'a. Neler hissettiğime dikkat ettim. Sonra da ne kadar az böyle kendi içime eğilip baktığımı düşündüm. Evet, hep bir telaş içinde geçti ömrüm. Babam gibi miskin olmayayım, hayatı kaçırmayayım diye bu sefer de kendi ruhumu ihmal ettim. Ama bunun en büyük sebebi yalnızlık korkusu. Evet, hiç sevmedim yalnızlığı. Sadece çizerken yalnız olduğumu hissetmem. İyi o zaman, hep çizseydiniz, diyeceksiniz. Ama öyle olmuyor işte. İnsan ille de başka bir insanı istiyor. İnsan insanın hem kurdudur hem de ilacıdır. Öyle işte... İlle de biri olmalı. O resme bakacak biri en azından. Geçen gün gelemeyeceğinizi söylediniz ya telefonda, birdenbire etrafım karardı. Ölmüşüm gibi. Ya da az sonra ölecekmişim gibi... Bu haftalık görüşmelerimiz beni hayata bağlıyor. O kadar heyecanlanıyorum ki siz geleceksiniz diye. Seksenlik halimi unutuyorum, eski Vasıf oluyorum.

...

...

Hayır hayır sizin bunda bir kabahatiniz yok. Sitem etmiyorum, lütfen... yanlış anlamayınız. Neticede bir iş yapıyoruz, siz benim sesimi kaydediyorsunuz ben sizin suretinizi. Fakat çok fena alışmışım sizin gelmenize. Anlatmaya... Sabah erken kalktım dedim ya. Neler neler geldi aklıma... Sonra geçtim resminizin karşısına anlatmaya başladım. Bir zamanlar Fatma Belkıs'a anlattığım gibi. Tabii... Ah talihsiz kadın.

...

...

Evet. Orhan Necmi'nin Maçka Palas'ta üzerime yürümesinden sonra hakikaten koptuk, çok uzun bir süre de hiç görüşmedik. Gerçi ben sağda solda yaptığı tercümeleri görüyordum Fatma'nın. İyi, demek ki iyi diye düşünüyordum. Bir aralık Maçka Palas'a bir başka ahbaba uğradığımda taşınmış olduğunu öğrenmiştim ama neresi olduğunu soruşturmamıştım. Galiba ben de artık onları görmek istemiyordum. Böyle böyle aradan seneler geçti. Sonra bir gün Dürdane Kadın'a rastladım. Perişan görünüyordu. Gerçi o zamanlar hepimiz berbat durumdaydık, yeni bir savaşın eli kulağında, hasta, aç, sefil bir haldeyiz. Malum... beni görünce çok sevindi. Heyecanlandı. Çabuk çabuk anlatmaya başladı. Fatma Belkıs çok hastaymış. Ellerime sarıldı, yalvardı, gelip bir görün, dedi. Fatma beni görmek istemez Dürdane Kadın, dedim ama dinlemedi. Çok fena, deyip duruyordu. Bu sefer telaşlandım, peki, dedim.

Tarlabaşı'nın arkalarında bir yere taşınmışlar. Geçtiğimiz sokaklar her adımda biraz daha sefil, biraz daha perişan bir hal alırken şaşkınlığım bir kat daha artıyordu. Birçoğu terk edilmiş, içlerinde kedi kadar farelerin cirit attığı sıra sıra evler... Bazen yıkıldı yıkılacak sandığınız bir evin penceresinden size bakan bir fotoğraf, siyahlar içinde beyaz bir yüz, ebedî bir matem içinde donup kalmış bir Rum kadın, bir hayalet, bazen kapısının eşiğinde oturan yaşlı bir adam, yeşil sümükleri burnundan ağzına sızan yalınayak başı kabak çocuklar, yaşı belli olmayan parmakları kınalı sokak kızları, herkes bize bakıyordu. Açlıktan ağır hareket ettiklerini çok sonradan fark edecektim. Sonunda vardığımız ev diğerleri kadar olmasa da kötü durumdaydı, belli ki Dürdane Kadın tek başına evi temizleyip biraz tamirini yapmıştı ama sefalet hüküm sürüyordu. Resmen tahta üstünde kalmışlardı. Bir yatak, iki sandalye, bir masa, bir leğen, birkaç bakraç, bir teldolap. Başka hiçbir şey yok. Diğer odada da Dürdane'nin dikiş dikmek için kullandığı malzemeler. Belli ki bu şekilde karınlarını doyuruyorlardı. Fatma Belkıs sandalyede oturmuş pencereden dışarı bakıyordu. Yanına yaklaşmadan önce Dürdane Kadın durdurdu beni. Fatma Hanım diye seslendi. Fatma derin düşünceler içindeydi, bir kez daha seslendi. Ağır ağır döndü. Çok yaşlanmıştı. Aradan çok uzun zaman geçmemişti aslında, on sene nedir ki... Ama çok hırpalanmıştı. Yüzünde boş bir ifade vardı. Elim ayağım buz kesti. Büyük bir pişmanlık içindeydim. Keşke hiç karşılaşmasaydım Dürdane Kadın'la diye düşünüyordum. Çok egoist bir düşünce biliyorum ama insanız en nihayetinde. Acı çekmek istemiyoruz. Onu bu halde görmeseydim, onu en son Maçka'daki haliyle hatırlasaydım keşke... Ama hayat bizi çoğu zaman en kötüsüyle imtihana çekiyor.

...

...

En nihayet bizi gördü. Beni tanıyıp tanımadığını anlamadım. "Bak kim geldi, Vasıf Bey, sen çok seversin Vasıf Bey'i." Dürdane Kadın böyle diyordu ama benim ödüm kopuyordu. Acaba ne diyecek, nasıl karşılayacak diye. Gözlerini kırpıştırdı. Canlanır gibi oldu. Vasıf, dedi cılız bir sesle, Vasıf hoş geldin, nerede kaldın... Beni tanımıştı! Gidip elini tuttum, öptüm, öptüm... Gözyaşlarımı tutamıyordum. Bambaşka biri olmuştu, hem Fatma'ydı hem değildi, çok korkunç... Başımı okşadı. Sevgiyle... Birden, Vasıf bu akşam için ne yaptıralım, dedi. Şaşırdım. Çünkü tonlaması, sesindeki neşe, hepsi, nasıl anlatmalı bilmem ki... eski günlerdeki gibi... Sanki Çamlıca'dayız, mutluyuz, hiçbir şey dağılıp gitmemiş, biz mahvolmamışız ve akşama ne yapalım Vasıf diye soruyor. Dürdane Kadın'a baktım. Zavallı kadın utançla başını eğdi. Nohut yaptım, dedi. Biraz da bulgur var. Belli ki ikisine bile yetecek kadar yoktu. Ben hemen canlandım. Olur mu hiç Dürdane Kadın, ben şimdi bir şeyler alırım deyip dışarı fırladım. Aslında meteliğe kurşun atıyordum, cebimde beş kuruş yoktu. Yakında ne kadar tanıdık varsa kapılarına dayandım, avuç açtım yani, ama kimsede para yok ki. Sefalet içindeyiz. En nihayet o zamana kadar gözüm gibi baktığım fotoğraf makinemi rehine bıraktım. Tarlabaşı'na döndüm, parayı Dürdane Kadın'a verdim. Kadının gözleri yuvalarından uğradı. Uzun zamandır bu kadar parayı bir arada görmemiş olmalıydı. Haydi dedim, bir güzel alışveriş yap. Akşam şöyle güzel bir pirzola yiyelim. Yanında da işte ıvır zıvır aklıma ne geldiyse söyledim.

...

...

Oysa Fatma'yı en son bıraktığımda Maçka Palas'ta kıymetli eşyalarla dolu bir salonda Rus asilzadeleri gibi şık elbiseler içinde oturuyordu. Kristaller, gümüşler, yağlıboya tablolar, Murano şekerlikler, biblolar... Hiçbiri kalmamıştı. Tam bir çöküş. Neyse o akşam yedik içtik, Fatma Belkıs bir şeyler yiyince neşelendi, yüzüne renk geldi. Aramızda geçen nahoş hadiseyi açmaya niyeti yok gibiydi. Çok daha eskilerden bahsediyordu. Daha çok da İzmir'den, benim çok da bilmediğim tanımadığım ailesinden... Çocukluğundan... Belki de beni affetmişti, ya da şimdi, seneler sonra tekrar buluştuğumuz için mutlu olmuştu, eski defterleri açmanın, küslüğün bir faydasının olmayacağını düşünüyordu. Kim bilir...

Sonra sık sık, haftada birkaç kez ziyaretlerine gitmeye başladım. Dürdane Kadın'ın anlattığına göre Orhan Necmi annesini reddetmekle kalmamış, babadan dededen kalan ne varsa üzerine oturmuş, annesini sefalete mahkûm etmişti. Çünkü normal şartlarda Fatma Belkıs'ın muayyen bir iradı olması icap ederdi. Belli ki oğul anasını en kuvvetli şekilde cezalandırmak istemişti. Bir taraftan hak veriyordum Orhan'a, kolay değil, dedenizin babanız olduğunu öğreniyorsunuz, kafanızda yarattığınız her şey allak bullak oluyor. Ama öte yandan, bir insan annesini, sebebi mevcudiyetini nasıl olup da bu kadar kolay harcar diye isyan ediyordum. Havsalam almıyordu. Bu kadar kolay olmamalı... Bazen insan haksız duruma düşebilir, haydi adını koyalım, kötülük yapabilir, insanlar onu affetmezler, bunu anlayabiliyorum ama insanın en yakınları? Eşi, dostu, çocukları? Onlar hiçbir koşulda kişiyi yalnız bırakmamalı... Orhan Necmi haddini aşmıştı. Bunca büyük bir cezayı hak etmiyordu Fatma Belkıs. Sonuçta Orhan'ın üzerine titreyen bir anneydi.

...

...

Doğrusu tam olarak aralarında ne geçtiğini hiç anlatmamıştı. Sadece Orhan'ın babası Fazıl değil, demişti. Ben kim diye sorduğumda paşa diye fısıldamıştı. Rızası var mıydı, paşa zorlamış mıydı sormadım o da anlatmadı. Ama paşanın hastalığında ona bu kadar şefkatle bakması, son nefesini verdiğinde hıçkırıklara boğulması rızası olduğunu, aralarında hiçbirimizin tam manasıyla anlayamayacağı bir münasebet bulunduğunu düşündürürdü bana. Birkaç kez, Tarlabaşı'nda, paşadan bahsettiğimde hiç oralı olmadı. Hatırlamıyordu. Ne paşayı, ne Fazıl'ı, ne de Orhan'ı. Silmişti hepsini.

...

...

Tarlabaşı'nda sefalet üzerimize öyle bir çökmüştü ki. Yaşadığımızdan başka bir hayatı tahayyül edemiyorduk. Artık ebediyete kadar orada yaşayacaktık; ben, Fatma Belkıs, Dürdane Kadın. Oysa o devir de diğerleri gibi zamanı dolunca kapanıp gidecekti. Bunu bir türlü anlamıyor insan.

...

...

Artık sürekli onlardaydım. Akademide, Sultani'de ders veriyor, elime geçen üç kuruşla ona bakmaya çalışıyordum. Aslında bana da iyi geliyordu. Fakat bir müddet sonra hastalığı ilerlemeye başladı. Birçok şeyi hatırlamıyordu. Bilhassa yeni hadiseleri hiç aklında tutamıyordu. Zaman zaman isimleri unutuyordu. Aslında o kadar yaşlı değildi. Ama işte, erken bunama. Belki de yaşadıklarının tesiriyle bu hale gelmişti. Unutmak istediği için unutmuştu. Böyle bir şey mümkün müdür bilmiyorum doğrusu. Ama olan şey buydu.

...

...

O küçücük evde pencerenin önünde oturup dışarıya bakarken aklından ne geçerdi? Gözlerini kısıp baktığı zaman bulutların geçişini mi seyrederdi yoksa aklının içindeki bir resmi mi görmeye çalışırdı, merak ederdim. Bazen parlak kızıl gerdanlı bir güvercin pervaza konduğunda onu fark ediyor, şaşkınlıkla gülüyor, aniden kısa süreliğine hayata dönüyordu. Ama ne kadarı Fatma Belkıs'tı o gülenin? Bana öyle zamanlarda küçük bir kız çocuğu gibi gelirdi. Daha önceden hiç tanımadığım, bilmediğim bir kız. Belki de kuşlar ona Fazıl'ı hatırlatıyordu, kim bilir?

...

...

Bir radyo almıştım, epeyce para verip, hatta borca girip. Ne komik değil mi? Şimdi düşününce... ama o zaman çok kıymetliydi.

...

...

Sene...

...

...

938 senesiydi Dürdane Kadın'ın beni bulması, Tarlabaşı'na götürmesi. Tabii, daha İkinci Cihan Harbi başlamamıştı. Atatürk hayattaydı ama hastaydı. O civar-

lar. Kırklarımın sonundaydım. Çeşitli badireler atlatmış, tabiri caizse feleğin çemberinden geçmiş, dersimi almış, biraz durulmuştum. Çallı'nın yamacındaydım daha çok. İçiyorduk, çok içiyorduk, ama hiç değilse birbirimizi kolluyorduk, kurda kuşa yem olmaktan beni o kurtarmıştı. Biraz da içime kapandım o devirde. Kendimi tanımıştım çünkü. Diyeceksiniz ki ne iyi işte, kendini tanımış, olgunlaşmışsınız ama kazın ayağı öyle değil. Kendini tanımak her zaman çok matah bir şey değil. İnsan gençken büyülü bir sisin içinde oluyor, gelecek hem uzak hem sonsuz görünüyor gözüne. Sürekli değişen, inkişaf eden bir karakter olduğunu sanıyor insan. Oysa kendinizi tanıdığınız zaman... işte o zaman etrafınızdaki sis dağılıyor, neyi yapıp neyi yapamayacağınızı net bir şekilde görüyorsunuz. Bende öyle oldu en azından. Belki başkaları başka şekilde yaşar, bilemem. Kırklarımın ortasını geçtiğimde artık hayatın bana neler vermeyeceğini anlamıştım. Mesela? Aşk. Evet vermeyecekti. Mesela? Şöhret. Unut gitsin. Mesela? İyi bir insan olmak imtiyazı. Bakın bu çok tuhaf bir şey. İyi insan olmak bir imtiyazdır tabii, herkese nasip olmaz iyi biri olmak. Zordur, bedeli ağırdır, bazen de şanstır. Mesela babam. İyi bir adamdı diyebilir miyim? Kötü değildi, bunu söyleyebilirim. Evet, insanların ekseriyeti bu mertebeye ulaşabilirler. Ama bu hakikaten iyi oldukları manasına gelmez. İyi insan olmak için iyilik yapmanız gerekir. Karşılıksız, kendiliğinden, içinizden öyle geldiği için iyilik yapmak. Eğer ucunda en ufak bir menfaat olduğu için yapılıyorsa... bitti, artık ona iyilik denemez. Daha çok ticaret sayılır menfaat için iyilik yapmak. Cennete gitmek hesabıyla işlenen sevaplar hakikaten ne kadar sevap sayılır? Bence sayılmaz. Ben Allah olsam asla kabul etmezdim bu kendini benden akıllı zanneden kullarımı cennetime... Gerçi o zaman da cennetim çok tenha olurdu herhalde... Ben Allah olsam deyince aklıma

Çallı'nın vakalarından biri geldi. Rahmetli Bektaşi fıkralarındaki adamlara benzerdi. Belli ki onun gibiler tarihte hakikaten yaşamış, zaman içinde hikâyeye dönüşmüşler. Neyse... Namık İsmail'le bir maceraları vardır, o geldi aklıma. Akademinin müdürlüğünü de yapmış olan bu arkadaşımız, Namık İsmail, tam bir eski İstanbul beyefendisiydi. Bahçeli villasında oturur, özel otomobiliyle gezerdi. Yazın muhakkak adada... Janti bir adam. Çallı'ya da çok hayran. Sen benim Allah'ımsın derdi şaka yollu. Fakat bir gün küstüler. Sebebini şimdi hatırlamıyorum, muhtemelen ehemmiyetsiz bir şeydi. Ama duvar gibi dargınlar. Çallı durur mu? Her sabah iki tane palamut alıp bunun bahçesine atıyor. Tabii bir müddet sonra etraf kokmuş balık dolunca şikâyet ediyorlar komşular, kavga kıyamet, karakolluk oluyorlar. Komiser bunları çekiyor sigaya, kimsin, nesin, ne diye atıyorsun balıkları bunun bahçesine diye ardı ardına sualler. Çallı komisere, "Efendim bu adam benim kulumdur, ben onun Allah'ıyım, rızkını vermek için atıyorum o palamutları her sabah," demesin mi... Komiser, Namık İsmail'e dönüyor ne diyor bu adam diyor, o da teyit ediyor, doğrudur efendim, o benim Allah'ımdır, diyor. Tabii karakoldan kovuluyorlar... Hey gidi günler...

...

...

Fakat Fatma Belkıs'ın hafızasının solup gidişi çok dokunuyordu bana. Nasıl tarif etmeli ki... Şimdi burada, bakıyor, tanıyor... az sonra tamamen yabancı. Ağlıyor, git diyor, korkuyor. Ben içeri geçiyorum, mutfakta şurada burada oyalanıyorum. Dürdane Kadın yatırıyor Fatma'yı, o zaman tekrar odaya dönüyorum, başucunda oturuyorum, saçlarını okşayarak uykusunda seviyorum, yüzü gevşiyor, mutlu, huzurlu bir hale geçiyor. Ben de rahatlıyorum. O zaman sessizce seyrediyorum onu. Bazen resmini çiziyorum. Defterlere tabii. Eskizler. Yüzlerce çizmişimdir herhalde. İçerideki oda defter dolu... Oralarda bir yerlerdedir muhakkak.

...

...

Aramızda cinsi bir münasebet hiç olmadı ama sanırım ben en çok onu sevdim. Bu meseleler çok karışıktır aslında. Ya da ben çözemedim bir türlü. Oysa birçok arkadaşım için hiçbir zaman ciddi bir mesele olmamıştır bu. Yani... O devirde... Aslında bu devirde de...

Kadınlar... Öyle bir şey yoktu benim için. Tek tek kadınlar vardı, tek tek erkekler vardı. Fatma Belkıs vardı, Georgette vardı. Başkaları da oldu. Tek tek delikanlılar oldu, genç adamlar... Aşkın gözü hakikaten de kördür. Kadın erkek fark etmez. O ateş yüreğinize düştü mü başka birine dönüştüğünüzü fark edersiniz. Sarhoşluğun muayyen bir devresinde olduğu gibi. Değişiyorsunuz, heyecanlanıyorsunuz ve geri dönemiyorsunuz. Tam bir teslimiyet. Biri sizi ele geçiriyor. Düşüncenizi, aklınızı ele geçiriyor artık tüm uzviyetinize bir başka ruh hükmediyor. Tabii bütün bunları çok sonra anladım. Hiçbir şey bize öğretildiği gibi değil, olmak zorunda değil. Ekseriyetin ne düşündüğünün hiçbir ehemmiyeti yok. Evet. Demokrasiye inanmıyorum bu manada. Bazen herkes toplu halde yanılabilir, çok az insan hakikati görebilir. Değil mi? Olabilir evet. Ama işte bizim gibilerin, arada kalanların sonu her zaman trajedidir. Halit Beyciğim sanırım hayatta hep iyiler kazanmıyor, o filmlerde olan bir şey, bir hülya. Naif bir hayal. Ne yazık.

Her şey çok daha güzel olabilirdi, diye düşünmekten kendimi alamıyordum Fatma'nın başucunda oturmuş içerken. Çamlıca'da yaşamaya devam ediyor olabilirdik, o koskoca konağın odalarından birinde endişelerden azade bambaşka hayaller içinde olabilirdik. En azından ben...

...

...

Zaman zaman seyrek de olsa arkadaşları, tanıyanlar ziyaretine geliyorlardı. Fatma'dan çok fazla bir şey öğrenemediğim için ziyaretçilerin ağızlarından laf almaya çalışıyordum. Görüşmediğimiz on sene boyunca öyle çok şey yaşamıştı ki. Dergilerde çalışmış, kızların okutulması için bazı kampanyalar tertip etmiş, hatta bir piyes kaleme almış... O tarihte bunların birçoğunu bilmiyordum, sadece *Resimli Ay*'dan haberdardım. Bu gelen gidenler de bizim eski hayatımızı, Ali Salih Paşa'yı beni bilmiyorlardı, hatta Orhan Necmi'yi bile bilmeyen çoktu. Sanki Fatma hepimizi silmiş ve yeni bir hayata başlamıştı. Bir ömürde iki hayat yaşamıştı.

...

...

Bir insanı tanıdığınızı zannediyorsunuz, oysa sadece belirli bir zaviyeden çekilmiş fotoğrafı var elinizde, o kadar. İnsan çok daha fazla bir şey. Bir kere ben onu hep ev içinde, Orhan Necmi'nin anası olarak, bir hısım olarak görmeye alışmıştım. Oysa Fatma görüşmediğimiz senelerde çok farklı yollara girmişti. Yazılar, tercümeler... Kadın dergileri... Şimdilerde adına feminizm dediğimiz hareketin içinde mühim bir figür olduğunu sonradan fark edecektim. Hakikaten de öyleydi. Fakat sağlığı bozulunca mecburen eve kapanmıştı, düşeni kaldıranın bulunmadığı zamanlar, öyle işte... O seneler memleket feci vaziyetteydi. Onca harpten sonra halk fakir, yorgun, sakat, bitkindi. Cumhuriyet bir heyecan yaratmış, bir umut vermişti ama elde avuçta olmayınca. Bu zavallı millet senelerce Osmanlı'nın borçlarını ödedi bir de... Sonra her fırsatta birbirini ısırdı. Onca zaman yan yana yaşayan insanlar birbirini kovmaya, malına mülküne konmaya kalktı. Neden? Yokluk, sefalet, yıkım yüzünden... Bir tarihte İstanbul'un köpeklerini Hayırsız Ada'ya atmışlardı. Hayvanlar açlıktan birbirlerini parçalaya parçalaya yok oldular. İnsan da öyledir. Aç kaldı mı her şeyi yapabilir, işin fenası en yakınından başlar ısırmaya. Neticede mutsuz bitap sefil insanların ülkesi olmuştu güzelim İstanbul. İşte bizim Çamlıca'daki köşk gibi. Yanmış, yıkılmış, eski zamanların hatıralarıyla bedbaht. Neyse işte... Otuzlar hatta kırklar yokluk seneleriydi. Fatma Belkıs dostlarının himmetine muhtaç kalmıştı ama işte kimsede imkân yoktu. Bunların içinden ben de yeni dostlar edindim. Aliye Berger mesela. O da ayrı bir film.

...

...

Nasıl olmuş? Bakın... Beğendiniz mi?

...

...

Şaşırdınız, evet benim tarzım biraz farklı, canlı renkleri seviyorum, başka bambaşka bir şey olsun istiyorum. Yani hem siz hem değil... Hatta hem siz hem ben. Böyle bir his veriyor baktığımda. Bu sizin ve benim bir manada birleşerek oluşturduğumuz yeni bir mevcudiyet. İkimizden mürekkep bir imaj. Ben portre ressamı sayılmam. Hayır. Ama yine de zaman zaman portre yapmayı seviyorum. Hele böyle sizin gibi sabırlı bir modelle çalışmak... Portre aslında bir insanı tanımanın en derin yoludur. Misal, kemerli burnunuzun gölgesi yanağınıza düşüyor, bıyığınızın siyahlığına kaynaşıyor ve oradaki karanlık beni düşündürüyor. O yanındaki gölge nedir? Tehdit eden bir karanlık mı yoksa kendi içine dönen bir ruhun alametifarikası mı? Bunları size bakarak sezmeye çalışıyorum. Sizi tanımıyorum, hayatınızı, düşüncelerinizi bilmiyorum ama sizi tuvale aktarırken onları yani sizin bütün iç dünyanızı hayal ediyorum. O sebepten ortaya çıkan portre sizinle olduğu kadar benimle alakalıdır. Bazen, bazı ressamlar kendi paylarını çok abartırlar, her yaptıklarında en çok kendileri bulunur. Model onlar için basit, değersiz bir vesiledir. Benim için öyle olmadı hiç. İşte gördünüz şu karşınızda duran Fatma Belkıs'ı. Bakın o resme? Ben miyim o? Hayır. Fatma Belkıs mı peki? Eh bir nebze...

...

...

Sizin portreniz de öyle oldu. Biraz siz, biraz ben...

...

...

Daha epeyce işi var. Aslında en sevdiğim kısma geldik. Resim bitmeye yaklaştığında üzerinde çalışmaya devam etmeyi çok severim. Çünkü artık resim gerçeğe çok yaklaşmıştır, her an bizim dünyamızın, hayatımızın bir parçası olmak üzeredir. Ama yapacağım küçük müdahalelerle onu değiştirmek halen elimdedir. Misal sizin portreniz... Bazen, yüzünüzdeki bir ifade, bir kuşku ya da endişe, belki korku, sol yanınıza biraz daha mavi, belki biraz haki eklememi söylüyor; ya da tam tersine bazen sarı sıcak ışıklar düşsün istiyorum saçlarınıza.

...

...

En çok Fatma Belkıs'ı çizmişimdir. Evet. En çok onu. Çünkü bir müddet sonra konuşamaz hale gelmiştik. Dürdane Kadın ağlaya ağlaya bakıyordu ona. Yemeğini kaşık kaşık yediriyor, tüm vücudunu sabunlu bezlerle misler gibi temizliyor, saçlarını şefkatle tarıyor, akşamları sakız gibi bembeyaz çarşafların serili olduğu yataklara yatırıyordu. Hiç sormadım tabii, neden bu kadar çok seviyorsun Fatma'yı ey Dürdane Kadın diyemedim. Muhtemelen bir cevap veremezdi. Çünkü Dürdane

Kadın hayatı, en azından kendi hayatını hiç bu kelimelerle düşünmemişti. Peki ya ben? Ben düşünmüş müydüm? Doğrusunu isterseniz bilmiyorum. O günleri yaşarken hissettiklerim muhakkak defterlerdedir. Durmadan çizerdim çünkü. Fatma sonsuz bir dalgınlıkla sokağı seyrederken ben de onu çizerdim. Yanına kimi zaman notlar yazardım. "Bugün Fatma bir güvercini fark etti", "bugün beni bir süreliğine hatırladı", "yeşil erikleri sevdi kahkaha bile attı"... Böyle laflar yazardım. O defterlerin sayfalarını şöyle fır diye hızla çevirseniz Fatma'nın resmi canlanır, hareketlenir. Aynı açıdan çizilmiş yüzlerce resim.

Her şeyi unutmak mümkünmüş, bunu gözlerimle gördüm, Fatma her şeyi unuttu.

...

...

Biliyorum bu nörolojik bir hastalık, herkesin başına gelebilirdi. Ama zaman zaman Fatma'nınki bana öyle değilmiş gibi gelirdi. Orhan Necmi o korkunç hakikati öğrenmiş olmasaydı mesela... Hatta o hakikat asla vuku bulmamış olsaydı... Oysa oldu, yaşandı. Belki de o yüzden, o hatıralar topak topak zehre dönüştü, beynini öldürdü Fatma'nın.

Öyle otururken, Fatma'yı çizerken, bazen Dürdane Kadın'ın bakışlarını üzerimde hissederdim, beni içten içe suçladığını, her şeyin bu derece mahvolmasının müsebbibi olarak gördüğünü düşünürdüm. O zaman saat kaç olursa olsun, pılımı pırtımı toplayıp kendimi Tarlabaşı'nın karanlık sokaklarına atardım. Haklı olduğunu bilirdim. Ben de Fatma gibi her şeyi unutmayı dilerdim. Soğuk çamurlu yollarda ayaklarım dona dona yürürken tüm bu felaketin tek sebebinin ben olduğuma inanırdım. Benim yüzümden her şey dağılmıştı, ne Çamlıca'daki köşk kalmıştı, ne Orhan Necmi, ne Fatma... Herkes gibi biri olmayı başarabilseydim bütün bu trajediler yaşanmayacaktı. Ruhumu vücudumun arzularına köle etmiştim. Suçluydum, yanlıştım, berbat biriydim.

...

...

Tabii her zaman böyle olmazdı. Çoğu zaman orada, Fatmalarda kalırdım, sedirin üzerinde, eski bir battaniyeye sarınıp uyurdum. Nereye gidecektim ki... Bekâr odasına mı? Ellisini devirmiş bir adam halen bekâr odalarında sürünüyor. Yalnız. Yanlış. Oysa öyle ya da böyle onlar içerideki odada uyurken ben de oturma odasındaki sedire başımı kor, yine de şükrederdim aynı çatı altında uyuduğumuz için. Fakat işte bazen... vicdanım kanar, kendimi sokaklara atardım. Artık gelsin en sefil meyhaneler, en berbat oteller, bir gecelik yalancı dostluklar...

...

...

Çok nadir de olsa ziyaretine gelenler oluyordu, bilhassa başlarda, henüz tam manasıyla bizi terk etmeden önce. Bunların içinde öyle biri çıkıp geldi ki... Az evvel bahsi geçti, Aliye Berger! Tabii o zaman daha Berger soyadını almamıştı.

...

...

Ah evet, o da ayrı bir mesele. Başkaları için vakayı adiyeden olan herhangi bir şey benim için hep bir mesele olmuştur. Deveye sormuşlar boynun neden eğri diye... Benimki de o hesap. 35 senesiydi. Bir sene evvel kanun çıkmıştı, artık herkesin soyadını seçmesi gerekiyordu. Ben tabii son âna kadar ayak sürümüştüm. Sanki kanunun benimle alakası yoktu, bütün bunlar başkalarının, normal insanların meselesiydi. Artık elliye merdiven dayamışım. Göz altlarımda torbalar büyümeye başlamış, yüzümde kırışıklar yer yapmış, vücudum daha kolay yorulur olmuş... Resim yapıyorum ama hep aynı metotla, olduğum yerde sayıyorum sanki, belki birisi uzaktan baksa buna olgunluk der ama ben biliyorum ki bu bir bitiş, bir son. *Raté* bir ressamdım netice itibarıyla. Tüm ömrünü resme vermiş ama hiçbir yere varamamış bir adam. Böyle bir haletiruhiye içinde bir de soyadı seçmekle uğraşacak halim yoktu. Bir gece akademiden gençlerle içiyorduk, birden mevzu yeni Soyadı Kanunu'na geldi. Herkes kendine bir soyadı seçme telaşında. Tabii gençlerin bir kısmı babalarına tabiydiler, o yüzden de pek sinirliydiler, onların tercihleri hoşlarına gitmiyordu ama kendilerine ayrı bir soyadı almak da güçlerini aşıyordu. Tipik baba-oğul meseleleri. Benim gibi tek tabanca olanlarsa resimle, boyamakla ilgili bir soyadı bulma telaşına girmişlerdi. Ben içlerinde en yaşlılarıydım. Kendi soyadımı kimseye sormadan kendim seçecektim. Bu da ayrı bir tuhaflık. Tek kişilik bir aile, aile de denemez, bir başlangıç ama sonu yok. Çok kısa bir çıkmaz sokak, daha başından sonu belli. O aralar ömrümün çoğunu tamamlamış sayıyordum. Hiç bu kadar yaşayacağımı tahmin etmiyordum doğrusu. Vasıf Hoca sen ne soyadı alacaksın, dediklerinde biraz acı bir konuşma yapmıştım, bakın, hiç unutmam. Dedim ki arkadaşlar bana soyadı lazım değil ki, artık ömrümün sonuna geldim, artık en uzun gece beni bekliyor. Böyle bir şeyler dedim. Bedri Rahmi de vardı. Çok parlak bir gençti, sadece Çallı'nın değil Paris'te Londra'da ecnebi üstatların tedrisinden geçmişti. Bilirsiniz şairdir de aynı zamanda. Yelda diye mırıldandı. Şeb-i Yelda. Farsça en uzun gece demektir. Nedense bu ânın üzerimdeki tesiri çok kuvvetli oldu. Ertesi gün kararımı vermiştim. Soyadımı Yelda olarak kaydettirecektim ve bu soyadı benimle beraber mezara gidecekti. Artık genç Vasıf Ekrem ölmüştü, şimdi yaşlı Vasıf Ekrem Yelda'nın dönemi başlamıştı. Sonra hoşuma da gittiği oldu, bazı resimlerimi sadece Yelda diye imzalamışımdır. Bazen V.E.Y. diye. Bazen de garibime gitti. Böyle zamanlarda Yelda deyince kara saçlı esmer bir kadın gelirdi gözümün önüne. O ben değilim ki… bir başkası. Hep yabancılık. Ayrı düşme. Ticaret erbabı ekalliyetten kimselerin piyasada Türk adları kullanması gibi bir tuhaflık. Ben, Vasıf Ekrem artık Yelda idim. Yelda olmuştum. Yelda… halen tuhaf gelir. Bir kadın ismi olması daha münasip olacak bir kelimeyi kendime soyadı olarak seçmiştim. Bir taraftan da başka hiçbir kelimeyi kendime layık göremezdim, bundan son derece eminim.

KAYIT SONU

GALERİ

ESKİZ DEFTERLERİNDEN

Ressam Vasıf'ın Tarlabaşı döneminde yaptığı eskizler. Karakalem çizimlerin bazılarında detayları suluboyayla renklendirdiği dikkat çekiyor. Sol sayfada Fatma Belkıs elinde kırmızı bir mendil tutarken çizilmiş. Sayfanın gerisine yayılmış kirli sarı hastalık havası veriyor. Sağ sayfada Tarlabaşı sokaklarından biri. Defterlerde sadece Fatma Belkıs yok. Dürdane Kadın, ev içinden detaylar, sokak manzaraları da var.

BAKLAHORANİ RESİMLERİ

Ressam Vasıf bu dönemde karakalem, çini mürekkebi, suluboyayla sokak manzaraları, insan portreleri yapıyor. Bunların içinde Tatavla Apukurya (Baklahorani) Karnavalı'ndan maskeli şenlik sahneleri dikkat çekiyor. 1900'lerde Kilise'nin baskısına karşı bir reaksiyon olarak doğmuş olan Baklahorani şenlikleri adını o dönem yapılan zeytinyağlı bakla favasından alıyor. Paskalya'ya kırk gün kala başlayan bu şenlik Ressam Vasıf için bulunmaz bir fırsattır.

NÜFUS CÜZDANI

Soyadı Kanunu çıktıktan sonra Ressam Vasıf'ın aldığı nüfus cüzdanında adı Vasıf Ekrem Yelda, doğum tarihi 10 Mayıs 1889 olarak yazılıdır.

Ben Yoktum Artık

Bu hafta hiç iyi değildim Halit Bey. Hiç. İlk defa ölümü ciddi ciddi düşündüm. Siz şimdi belki de içinizden gülüyorsunuz. Adama bak seksenine gelmiş daha yeni aklına geliyor öleceği, diyorsunuzdur belki de...

...

...

Yok, yok boşuna kibarlık yapmayın. İkimiz de hakikatin farkındayız. Evet yaşlıyım. Önümde seneler yok. Çıplak hakikat bu. Ama insan böyle yaşamıyor işte. Hep bir umut, bir neşe, bir yaşama arzusu oluyor içinde. Bende de vardır, önüme hep bir hedef koyarım. Misal bu hafta çarşamba günü Halit Beyciğim gelecek, o gelene kadar şu işleri halledeyim, defterleri çıkarıp tanzim edeyim, ufak tefek hatırıma gelen detayları not alayım, Havva Hanım'a tembihleyeyim dolma için yaprak alsın gibi şeyler. İşte bunlar beni hayata bağlar. Eskiden çok daha fazlasını hayal ederdim. Haftada bir muhakkak karşıya, İstanbul'a geçilecek, mektebe, Pera'ya, Karaköy'e, Eminönü'ne veyahut Sahaflar Çarşısı'na uğranacak. Tabii insan muayyen bir yaşa gelince mekânla münasebeti tamamen tersine dönüyor, baktığı yerde yaşama ihtimallerini değil de kaybolmuş olanların gölgelerini görüyor.

Mesela Eminönü Meydanı'ndan geçerken hep binek atlarını arar gözlerim, şimdi tek tük arabalara koşulmuş vaziyette gördüğünüz atlar yarım asır evvel hayatın en mühim parçasıydı. Meydandan bu binek atlarını kiralardınız, hususi araba tutar gibi, istediğiniz yere giderdiniz. Zavallı seyis de peşinizden koşarak gelirdi. Siz at sırtında beyler gibi gidiyorsunuz zavallı seyis arkada tabana kuvvet. Sonra da varacağınız yerde atını alıp dönerdi. Tabii, çok acırdım ben o seyislere. Ne oldu onlar? Yok olup gitti. Neler yok olmadı ki... Beyazıt'a çıkar, Sahaflara doğru giderken Küllük Kahvesi'ni düşünürüm. O da yok. Emin Efendi Lokantası? Koydunsa bul. Neyse, geçmişi deşmenin kimseye faydası yok. Demem o ki eskiden iyi kötü bir hayatım vardı. Birkaç sene öncesine kadar. Evvela daha az çıkar oldum evden, sonra ağrılar sızılar, şimdi de hastalıklar... İçimden hayatın çekildiğini hissediyorum. Böyle zamanlarda Havva Hanım, beyim sana bir paça çorbası kaynatayım bir şeyin kalmaz, deyip yemek yapmaya girişiyor. Hakikaten de evde yemek piştiği zaman, o kokular odalara yayıldığı zaman o kadar mesut oluyorum ki, çocukluğuma dönüyorum, Huriye Kalfa'nın zamanına, Çamlıca'daki köşke, annemin şalının altına... Havva Hanım da iyi, hakikatli kadın. Bana iyi bakıyor. Her gün muhakkak en az üç-dört defa yokluyor. Yedek anahtar onda. Bana bir şey olursa evvela onun haberi olacak. Size de haber verecek.

...

...

Öyle de benim ömrüm vefa edecek mi acaba? Neyse... Belki de epeydir Fatma Belkıs'ın akıbetini düşündüğüm için böyle ruhum karardı, bilemiyorum. Anlattıkça daha çok hatırlıyorum o Tarlabaşı'ndaki loş, yıkıldı yıkılacak ahşap evdeki hayatımızın acı verici detaylarını. Benden büyüktü ama aslında bunayacak kadar da yaşlı değildi. Fakat her geçen gün daha da kötülüyordu. Erken bunama...

...

...

O devirden kayda değer iki hadiseyi anlatmam icap eder. Biri Aliye Berger'le tanışmamız. Evet, ben onu, hayret edeceksiniz belki ama Fatma'nın arkadaşı olarak tanıdım.

Tarlabaşı seneleri. Fatma pencerenin önünde yavaş yavaş soluyor, ben sefaletin içinde debeleniyor, akademiden ya da hususi derslerden aldığım üç kuruş yetmediği için sağda solda akla ziyan işler yapıyordum. Sultanhamam'daki dükkânlar çoktan elden çıkmıştı. Sultani'yle ilişiğim kesilmişti, o da beni çok üzen ayrı bir hadisedir. Yok yok yok! Para yok, pul yok, imkân yok. Hiçbir şey yok. Neler yapmadım ki? Meyhanelerin duvarlarını süsleyecek yağlıboya resimler mesela. Günbatımında balıkçılar, ormanın derinliklerinde geyikler, tepside meyveler, vazoda manolyalar... Bunları hep Yelda diye imzalardım, bazen sadece süslü bir Y harfiyle. Gerçi kimin umurunda... Birkaç defa duvar resmi yapmışlığım da vardır. Kireçburnu'nda Ali Baba'nın duvarı mesela, çeşitli balık resimleri, bir denizkızı, ahtapot, hatta uzaklarda bir balina. Karşılığında rakıda tenzilat. Bu eli çabukluğum sayesinde faydalı işler de yaptım fakat. Evet. 1930'ların başıydı. Maarif Vekaleti için bir dolu resim, illüstrasyon, grafik yaptım. Tabii. Maarif bir Seyyar Terbiye Sergisi tertipledi. Trenle Sivas'a, Amasya'ya falan, taşraya bu sergi taşındı. Cumhuriyet fikri, idealleri, müspet işleri göstermek için. Sadece resim de değil, içinde film, gramofon, projeksiyon hatta mikroskop falan var. İki vagon bunlarla dolduruldu. O zaman başka yol yok. Binlerce vatandaşa ulaştı bunlar. Eh benim de çorbada tuzum olduğu için mutluydum.

Karnımız açtı gerçi ama sanki umutluyduk. Bana nefes aldıran, hayatımdaki en güzel anlar genç resim talebeleriyle yaptığımız İstanbul gezileriydi. Gençlik çok mühim Halit Beyciğim, gençlik istikbaldir, hayattır. Bedri Rahmi'nin çevresinde toplanmış bir grup gencin peşlerine takılmıştım mesela. Akademide her şey değişmişti, hele Çallı'yla Leopold Levy'nin sürtüşmeleri, Çallı'nın emekli edilmesi. Hızla kapanıyordu bizim devrimiz. Ben de işte sokaklarda yeni bir soluk arıyordum. Neyse işte, öyle bir devirdi. Bir gün çat kapı Aliye geldi Tarlabaşı'na. Hemen dikkatimi çekti, daha önce de Fatma'nın bazı arkadaşları gelirlerdi ziyaretine, eski dergi zamanlarından ahbapları, İzmir'den uzak akrabalar, ama Aliye'nin daha ilk günden belliydi herkesten çok farklı olduğu. Elinde kocaman bir mimoza dalı, yüzünde renkli bir gülümseme, şaşırmış gibi kaşlar havada bir ifade. Adadan topladım Fatma sever, diyerek girdi içeri. Sanki dün ayrılmışlar gibi. Oysa senelerdir görüşmüyorlarmış. Ama bazı insanlar vardır, bilirsiniz, onların hayatında geçen zaman bizimkinden farklıdır. Kendilerine mahsus bir zamanları vardır, bir resmin ya da fotoğrafın içindeki zaman gibi. Hem akıyor hem duruyor gibi.

Aliye geldiğinde Fatma henüz tamamen kayıp değildi. Hatta biz de onun hastalığını kabullenmiş değildik, ben anlıyordum ama dilime indirmiyor, hatta üzerine düşünmüyordum bile. Aliye Fatma'dan genç tabii. Onu dergiler için tercüme yaptığı zamanlardan tanıyormuş. Bir ara çok sıkı fıkı dost olmuşlar. Fakat Fatma'yı o halde görünce çok fena oldu. Üstelik henüz tamamen kötülememişti, yani bizleri tanıyordu ama Aliye'yi hatırlamadı. Bir taraftan da hatırlamadığını belli etmemeye çalışıyor kendince. Aliye anladı tabii, cin. O da nasıl bulmuşsa izimizi? Hep Dürdane Kadın'ın işleri aslında, ne çarıklı erkânı harptir o... Her neyse çok tuhaf oldu. Dürdane Kadın, Aliye Hanım falan diyor hatırlatmak için ama Fatma'da tık yok. Ben zaten tanımıyorum. Dürdane Kadın habire şeceresini sayıyor kadının, Aliye Hanım Şakir Paşa'nın kerimelerinden falan diyor, o zaman anlıyorum kim olduğunu. Bu çok meşhur bir ailedir, bilirsiniz. Ben eniştesi İzzet Bey'le ahbaplık ederdim bir zamanlar. Fahrünisa Hanım'ın kocası. Mekteb-i Sultani'den tanışırız ve başka pek çok yerden. Benden yukarı bir devredeydi. Ama sonra epeyce kaynaşmıştık. Malum gece hayatına çok meraklıydı. Hele mütareke senelerinde... O İstanbul'un gece kulüplerinin dili olsa da anlatsa... Rus kızların uzun beyaz bacaklarına sarılıp uyuduğunu dün gibi hatırlıyorum, tabii biz de votkaları birbiri ardına yuvarlıyoruz, etrafımızda her an tutuşacak limon sarısı delikanlılarla. Komerçerskiy Kulüp, Çornoya Roza Kabaresi. Çok hızlıydık çok. Sonradan da ara ara görüştük. O zamanlar İzzet bu Şakir Paşa ailesinin fertlerini anlatırdı ballandıra ballandıra. Trajediyi falan biliyorsunuz tabii. Aliye'nin adını da ilkin bu sohbetlerde duymuştum. Fatma'ya geldiğinde hemen kanım kaynamıştı bu çılgın genç kadına, kısa sürede çok iyi dost olduk. Öyle ki 47 senesinde nikâhındaki az kişiden biri ben olmuştum. Karl Berger'le evlenmişti, hocasıyla. Çok yaş farkı vardı aralarında. Ama büyük aşk, yaşmış kuşakmış hepsini aşıyordu. Belki Aliye'nin aşkı demeli. Aşk ama öyle böyle değil. Uğruna cinayet işlenecek kadar büyük bir tutku. Tabii... Bu Aliye bir tarihte kıskanıyor Karl Berger'i, hafiye gibi takip ediyor. Bir bakıyor adam bir eve giriyor, gözü dönüyor. Kapıyı çalıyor, açan kadını pat diye vuruyor! Tabii, film gibi, basbayağı tabancayla. Öldürdüm sanıp kaçıyor. Neyse ki kadın ölmüyor. Gerçi ailede trajedi bol, katil olsa bu da onlara sadece yeni bir halka ekleyecekti, hatta sönük bir halka. Ağabeyi babasını öldürmüştü, biliyorsunuz.

...

...

Aliye bu ailenin bir mensubu. Hepsinden bir parça taşıyordu şüphesiz. Ama beni Aliye'ye çeken şey başkaydı. Senelerce süren bu müthiş aşk hikâyesi beni hep düşündürmüştür. Ona baktığımda, Aliye'ye yani, aşkın ona nasıl hayat verdiğini görüp hayran olurdum. Evet, çok tesirinde kaldım Aliye'nin, ben onun aşkına âşık oldum. Evet, en doğrusu bu, böyle söylemek. İnsan kaç sene yaşarsa yaşasın, eğer bir kez olsun aşkı ama böyle güçlü bir aşkı tatmışsa ölse de gam yemez, rahatça ölebilir. Bana nasip olmadı. Benimkiler hep yarım, hep gizli.

...

...

Ben Karl Berger'i pek tanıma fırsatı bulamadım. Yirmi küsur sene kavuşmayı bekleyip de evlendikten altı ay sonra adamın ölüp gitmesi tam Aliye'ye göre bir trajediydi. Darmadağın oldu tabii. Avrupa'ya gitti. Bir süre görüşemedik. Ama 51 senesiydi ülkeye döndüğünde, küllerinden doğmuş gibiydi. Bu arada benim hayatımda da mühim değişiklikler olmuştu. Fatma'yı kaybetmiştim.

...

...

Ya, mukadderat. Evet... Nasıl oldu anlayamadan Fatma hızla solup gitti. Artık ne bizi tanıyordu ne kendini... Bir müddet sonra konuşmayı, yemek yemeyi, hatta tabiri caizse nefes almayı unuttu. Bir hafta hastanede yatırdık. Doktorlar elden bir şey gelmez dediler. Dürdane Kadın bir an olsun başından ayrılmadı. Ben? Ben dayanamıyordum. Başında bir saat bekliyor, Dürdane Kadın gelir gelmez kendimi Beyoğlu'na atıyordum. Kendimi unutana kadar içki. Çok fena zamanlar.

Bu esnada Orhan Necmi ortaya çıktı. Anasının ölüm döşeğinde olduğunu duymuştu herhalde. Sormadım nereden nasıl geldin diye.

...

...

Tabii karşılaştık. Onca hadiseden sonra birbirinizin nasıl yüzüne baktınız diye düşünüyorsunuz sanırım. Vallahi o anda hiç aklımı bu gibi süfli meselelerle meşgul etmiyordum. Fatma gidiyordu, Fatma! Neredeyse bütün hayatım onun gölgesinde geçmişti, son zamanlarda daha da derinden bağlanmıştım. Belki de hiç tanımadığım annemin yerine koyuyordum onu. Hayatta yaşadıklarım beni sukutuhayale uğrattıkça ona sığınıyordum. O yüzden Orhan Necmi geldiğinde başka bir haletiruhiye içindeydim. Zaten Orhan hastane odasına girdiğinde evvela tanıyamadım, saçları dökülmüş şişmanlamış, on senede başka birine, yaşlı bir adama dönmüştü. Halbuki daha kırkına varmamıştı. O da benimle alakadar olmadı zaten. Bir sandalyeye çöktü. Islak gözlerle annesinden geriye kalmış olan kadını seyretmeye daldı. Zannederim onu bu halde görmeyi beklemiyordu. Fatma'nın nefesi düzensizdi. Uzun sürelerle teneffüsü duruyor, sonra aniden boğulur gibi bir sesle hırıltılı nefesler alıyordu. Dalgalı bir denizde mücadele ediyordu sanki. Orhan en nihayet cesaretini toplayıp uzandı, elini ellerinin arasına aldı. Ben de nefesimi tuttum. Olağanüstü bir şey olacak diye bekledim. Sanki tüm kızgınlığı, öfkesi, laneti o temasla tuzla buz oldu, dağıldı, yok oldu. Öfkeli bir adamdan acılı bir evlada dönüştü. Anasının elini öptü, kokladı, ağladı. Ben de daha fazla yanlarında kalmak istemedim.

...

...

Dürdane Kadın'ın söylediğine göre Orhan ellerini gözyaşlarıyla ıslatırken Fatma tebessüm etmiş. Etmiş midir? Kim bilir? Belki Dürdane Kadın'ın hüsnükuruntusuydu. Ama belki de aklı yerinde olmasa da evladına kavuşmuş olduğunu uzviyetinde hissetmişti. Olabilir tabii, anadır neticede...

O vaziyette son nefesini vermişti. Ya... hayat işte. Meğer oğlunu beklermiş onca zaman deyip duruyordu Dürdane Kadın. Ben hem üzülmüş hem de ihanete uğramışım gibi berbat bir hisle cebelleşiyordum. On küsur sene Fatma'nın yanından ayrılmamış, her ânında yanında olmuş, kalbimi kalbinin yanında hissederek yaşamıştım ama o son nefesini vermek için oğlunu beklemişti içten içe. Evet bu, gün gibi ortadaydı işte. Öfkeliydim. Yine de gözyaşları içinde girdim odaya. Son bir defa görmek istedim yüzünü. Hakikaten de Dürdane Kadın'ın söylediği gibi yüzü meleksi bir ifadeyle gevşemiş, tatlı bir şarkı dinler gibi ruhunu teslim etmişti. Orhan Necmi ağlıyordu, içini çeke çeke, acısını saklamaya gayret göstermeden, tam tersine kendini paralarcasına ağlıyordu. O anda çok garip bir şey oldu Halit Beyciğim, anlatması zor...

...

...

Ne oldu biliyor musunuz? O anda, onları affettim. Evet, affettim. Orhan da Fatma da her ne yaptılarsa bedelini misliyle ödemişlerdi. Bir devir kapanmıştı, artık selam verip sahneden çekilme zamanıydı. Shakespeare'di değil mi, hayat bir sahne, sırası gelen çıkıp oynayacak rolünü sonra da selamını verip gidecek, böyle bir şeyler demişti, değil mi? Hakikaten de öyleydi. İnsan bir bilebilse hayatının ne menem bir tiyatro olduğunu... Ama o anda çok daha garip düşünceler içindeydim. Fatma'ya son bir defa dokunmak istiyordum, hızla soğuyan yanağına dudağımı değdirmek, ölümü öpmek istiyordum. Ne tuhaf ne acımasız ne korkunç! Az önce nefes alan insan vücudu şimdi cansız bir et parçasıydı. Dayanması çok güç. Ve fakat Orhan orada annesinin üzerine eğilmiş içli içli ağlıyordu. Fatma'ya ulaşmam mümkün değildi, arada Orhan vardı. Nasıl oldu bilmiyorum, ben de onların üzerine eğildim, Orhan'a sarıldım, hiç şaşırmadı, belki de fark etmedi, ancak ben ana-oğula sarıldığım anda başka bir ruh durumuna geçtim, dağıldım, yok oldum adeta. Ben yoktum artık. Sanki bu acılı ana-oğuldan başka kimse yoktu odada.

...

...

Bir müddet öyle kaldık. Sonra nasıl ayrıldık, Dürdane Kadın nasıl Fatma'nın yüzünü çarşafla kapattı, doktor ne zaman geldi, hakikaten hatırlamıyorum. Fakat bir ara Orhan Necmi'nin bana sarılıp af dilediğini hatırlıyorum. Bu öyle acayip bir andı ki hem acı en son hududuna varmış ağlıyorum, hem de mutluyum gülümsüyorum. Orhan'ın af dilemesi çok tesir etmişti o zaman.

...

...

Çok karardık değil mi? Fakat ne düşündüm biliyor musunuz? Ben hep kadınlara tapmışım aslında... Georgette, Fatma Belkıs, Aliye... Tesadüf değildi herhalde. Onların âşığı, kocası falan olmak istemiyordum. Belki anne eksikliğinden ya da çok başka bir sebepten. Bilmiyorum ama onlar da beni sevdiler hep. Fakat aşkı onlarda bulamadım, hayır. Aşk çok farklı. Aşk uzviyetin topyekûn isyanı, ne kalbine ne aklına söz geçirebiliyor insan.

KAYIT SONU

GALERİ

KÜLLÜK KAHVESİ, 1932, FOTOĞRAF

Ressam Vasıf'ın özlemle andığı Küllük Kahvesi yazar ve sanatçıların uğrak mekânlarından biriydi. 1950'de Beyazıt Meydanı düzenlemeleri sırasında yıkılarak tarihe karışmasını Vasıf üzüntüyle anlatır. Bu fotoğrafta Abidin Dino ve Vasıf birlikte görünüyor. Refik Halit Karay'ın "iskemlelerine ters oturmuş tıraşları uzun ve bol pantolonları çekik, çorapları düşük, sırtları kabarmış, omuzları kalkık, kırkına yaklaşmış gençler" diye dalga geçtiği türden edebiyat ve sanat meraklılarının devam ettiği Küllük Kahvesi Abidin Dino'ya aynı adla bir dergi çıkarma ilhamını da verir.

ALİ BABA LOKANTASI, 1940'LAR, FOTOĞRAF

Kireçburnu'ndaki Ali Baba Lokantası'nda deniz ürünlerini gösteren bu duvar resmi Vasıf'a ait. Kılıç, lüfer, palamut, kalkan balıklarının son derece gerçekçi bir şekilde çizilmiş olduğu görülmektedir.

NOT DEFTERİ

Ressam Vasıf'ın günlük işler için tuttuğu not defteri. Alışveriş listeleri, yemek tarifleri, ödenecek faturaların tarihleri gibi işler için kullandığı defterin arka sayfaları telefon numaraları ve adreslere ayrılmış.

Kendi Karanlığından Korkan Yelda

İyi ki geldiniz Halit Beyciğim, bir hafta bekletmediniz. Bugünlerde kendimi hiç iyi hissetmiyorum. Yok durdurmayın teybi, kaydetsin her şeyi. Maalesef şunu çok iyi idrak ettim, artık günlerim sayılı. Asmayın güzel yüzünüzü. Hayır. Çok mesudum. İyi ki diyorum kendi kendime iyi ki sizi bulmuşum, iyi ki Ada'nın lafını dinlemişim. "Şekerim sen bir tarihsin, anlat bunları, yaz, yazamıyorsan yazdır," demesine önce pek kızmıştım, ne demek yani yazamıyorsan yazdır? Oysa haklıydı. Benim bu anlattıklarımı yazmam mümkün değildi. Kendi kendime bunu yapamazdım. Ne güzel, siz geliyorsunuz, bir doktor gibi büyük çantanızı ağır ağır açıp teybinizi, mikrofonunuzu çıkarıyorsunuz, yeni makarayı yerleştiriyor, kolu çeviriyorsunuz, bant dönmeye başlıyor ve işte kayıt! O dönüş beni çok heyecanlandırıyor, susarsam boşa dönüyormuş gibi telaşlanıyorum. Ne komik... Oysa zaman aynı zaman. Saat aynı saat ama yok, makara dönerken idrakine varıyor insan.

...

...

Zor geçti son üç gün Halit Beyciğim, çok zor. Uyuyamıyorum bir türlü. Bir sağa bir sola dönerek sabahı zor ediyorum.

...

...

Görünmez olur muyum? Ama işte yaş seksen, artık bütün arazları normal görüyor doktorlar. Haklılar da. Belki haddinden fazla yaşadım. Neticede düşünüyorum da babam da amcalarım da vefat ettiklerinde benden çok daha gençtiler. Ölen kurtuluyor! En başta yaşlanmaktan... Tabii, tüm dünyanın elemi, kederi, ağrısı sızısı bitiyor. Babamın fotoğrafına bakıyorum bazen, benden çok daha genç. Ne acayip bir şey. Eski insanların asla yaşayamayacakları bir tecrübe bu. Hayal etmeleri bile imkânsız. Masal gibi gelirdi onlara herhalde. Ben babamın beşiğini tıngır mıngır sallar iken... Evet ancak bunu masallarda hayal edebilirlerdi. Oysa işte bakın şu çerçevenin içinden babam bana bakıyor, kırklı yaşlarının sonunda olmalı, yarı yaşımda. Bir zamanlar masal olan şimdi hakikat. Gerçi insan seksenine de gelse babasının sureti karşısında çocuk gibi hissediyor kendini. Tuhaf. Bazı yerliler, Amerika'da, Afrika'da fotoğraflarının çekilmesine müsaade etmiyorlarmış, makinenin ruhlarını çalacağına inanıyorlarmış, ya da kim bilir nasıl bir batıl itikat sebebiyle korkuyorlarmış fotoğraftan. Belki de haklılar. Ben uzun seneler fotoğraf da çektim. Arka odada en az yüz elli-iki yüz makara film bulabilirsiniz, karta basılmamış negatif daha çoktur... Resim yapmaktan çok daha farklı bir iş, bambaşka. Büyücülüğe daha yakın. Simya, kimya aynı şey benim için. Karanlık odada birtakım sıvıları birbirine karıştır, ışığı ver, pozla, yıka, kurut ve hooop bembeyaz kâğıt üzerinde beliren bir hayat parçası. Evet resim başka bir şey, çok başka.

...

...

O halinin fotoğraflarını çektim mesela, Fatma'nın. Resimlerini de yaptım. Fotoğrafını çekerken ışığı falan iyi hesaplardım ama neticede bir an bakardım vizörden ve basardım deklanşöre. O kadar. Bir ânı kaydetmiş olurdum. Oysa resmini yaparken çok başka bir şey olurdu. Her çizgi ayrı bir anda çizilirdi. Mesela başındaki tülbendin arasından yüzüne düşen aklaşmış bir tutam saçı çizerken Tarlabaşı'nın nefti ışığı bulaşırdı resme. Karanlık binaların daralttığı sokaklarda zavallı güneş ışığı çarçabuk yutulup gider geride hastalıklı sarılar, küflü yeşiller, paslı kırmızılar bırakırdı. Hep kasvetli bir bekleyiş. Her an kötü bir şey olacak hissi, mevcut durumu mumla aratacak bir felaketin bekleyişi... Fakat bazen de... çizerken yani... kızıl kahve gölgelerin içinde parlayan ensesi başka bir zamanı, Çamlıca'yı çağırırdı, bir müddet orada olduğum zannıyla çizerdim. Elbisesinin bir kıvrımında başka bir devir, elinde buruşturup durduğu mendilde başka bir sene canlanırdı. Birbirinden farklı zamanlar, mekânlar üst üste gelerek resmi oluştururdu. Tabii her birinin hissiyatı farklı. Bir resim ne kadar çok zamanı ihtiva ediyorsa o kadar çok tesir eder karşısına geçip bakana.

...

...

Böyle zamanlarda... evden çıkamadığım, hasta olduğum, hatta artık ölümün soğuk rüzgârını ensemde hissettiğim zamanlarda... evet en çok böyle zamanlarda çocukluğuma dönüyorum. Yatağın içinde kıvrılıyorum bir tarafıma, dizlerim birbirinin üzerine binip de canımı acıtarak yaşlılığımı hatırlatmasın diye yorganı sıkıştırıyorum bacaklarımın arasına, gözlerimi kapatıyorum, çok eskilere dönüyorum. İşin tuhafı o en eski hatıralar meğer hiç de uzakta değilmiş... Çabucak annemin odasında buluyorum kendimi, şalının altına saklanıyorum, bir kabahat işlemişim yine. Huriye Kalfa'nın kalın derili elleri okşuyor başımı. Her seferinde affediyor ama ben her seferinde korkuyorum. Korku da değil aslında, daha karışık bir şey.

...

...

Neden öyle bakıyorsunuz Halit Beyciğim?

...

...

Anladım. Evet, işimize bakalım diyorsunuz. Haklısınız, iyiden iyiye sayıklamalara vurdum işi.

...

...

Tamam Halit Beyciğim, tamam. Anladım. Haklısınız... Daha sergilere gelemedik. Anlatacağım. Ne var ne yok anlatacağım. Ama bazen...

...

...

Kendimden bahsederken... Pişman oluyorum şu işe kalkıştığıma. O kadar da mühim bir ressam değilsin Vasıf, her şeyi kendine yontarak anlatıyorsun, kendini olduğundan daha mühim göstermek için bin tane takla atıyorsun, hem yeterince iyiysen tarih seni zaten yazar, nerede görülmüş insanın kendini zorla tarihe yazdırdığı, diyorum kendi kendime. Hatta gözümün önüne şöyle resimler geliyor, Dürer'in gravürleri gibi bir resim, ben Apukurya Maskarası gibi boyanmış, elimde fırçayla büyük hareketler yaparak tarihe yazması gerekenleri dikte ediyorum, tarih meleği ise sıkılmış, eli çenesinde bana acıyarak bakıyor. Melankolik değil sadece komik bir resim.

...

...

Tabii öyle diyeceksiniz. Kibarlığınızdan... Ayrıca yaptığınız işin manasızlığını kabule yanaşmamanız da menfaatinize.

...

...

Kabul ediyorum, bugün biraz pesimist günümdeyim. Ama o acımasız ses aslında haklı. O her zaman haklıdır zaten. İçimde mırıl mırıl konuşur. Onu susturamam ama duymazlıktan gelebilirim. Bunu yapabilirim. Nasıl biliyor musunuz? Çalışarak. Evet o içimdeki ses müthiş derecede realisttir, acımasızdır ama çabalamaya, emek vermeye hürmet eder. Fırçayı elime aldım mı ya da defterime bir şeylerin eskizini çiziktirmeye başladım mı susup seyretmeye başlar. Bakalım vasıfsız Vasıf ne yapacak diye merak eder. Vasıfsız Vasıf. Hah! Kerem sahibi olmayan Ekrem. Kendi karanlığından korkan Yelda. İşte benim hali pür melalim.

...

...

Peki, ilk sergime gelelim. 1950'lerin başıydı. Maya Galerisi'nde beş yağlıboya tablo, iki-üç poşat ve çizim defterlerimden birini sergiledik. Sizin yaşınız tutar mı, hatırlar mısınız bilmem, Maya çok küçük bir mekândı. Bir apartman dairesinden bozma şirin bir toplanma yeriydi. Ada'nın çevresindeki ressamlar, edebiyatçılar, sanatçılar burada bir araya gelirlerdi. Tabii ömrü çok uzun olmadı ama ilk olması hasebiyle mühimdi.

Ben o zamanlar akademik muhitten epeyce kopmuştum. 1940'lardan bahsediyorum. Hayattan umudumu kestiğim zamanlar... Böyle gelmiş böyle gider, bundan sonra ne olabilir ki, işte ben bu kadarmışım gibi düşüncelere saplanıp kalmış olduğum devir. Muteber dostlarım yoktu, ailem ya da okuldan görüştüğüm arkadaşlarım yoktu. Zaten akademide ne kadrom vardı ne atölyem. Çallı'nın kanatlarının altında bir yere kadar. Onun durumu da pek iyi sayılmazdı. Galatasaray'dan da uzaklaştırılmıştım. O da ayrı bir acı hikâye. Hususi dersler tek tük. Epeydir doğru dürüst para kazanamıyordum, meyhanelerin duvarlarına deniz kızı, gazetelere hikâye resimleri, nadiren de olsa üçüncü sayfa haberi, film afişleri, kitap kapakları çiziyordum... Tahmin edebileceğiniz gibi elime çok az para geçiyordu, onunla da Fatmaların evinin iaşesine ancak yetişiyordum, artarsa rakı şarap. Aslında o devirdeki haletiruhiyem çok fenaymış, şimdi daha iyi idrak ediyorum. Benim bu çukurdan çıkmamı sağlayan biraz da Ada'dır. Aliye Berger'den bahsetmiştim, değil mi? Şakir Paşa ailesinden... Meşhur. Aliye'yle dostluğumuz ilerleyince beni Ada'yla tanıştırdı. Başka bir âlem, Adalet Cimcoz ve avenesi. Bambaşka bir muhit benim için. Ama işte Maya Sanat Galerisi bu kadın sayesinde bir rüyadan hakikate döndü. Resim heykel mevzubahis olduğunda o kadar çoraktı ki kültür hayatımız. Hep devlet eliyle, adeta zorla... Neler yapılmadı ki... Memleketin dört bir yanına ressamlar gönderildi mesela. Ben mi? Ben gitmedim canım. İstanbul'dan ayrılamam ben.

...

...

Maya Sanat diyordum... Biliyor musunuz, küçücük bir yerdi aslında. İlk sanat galerimiz. Sene? 1950. 20. asrın yarısını devirmişiz, el âlem Ay'a gitme telaşında biz ilk kez bir sanat galerisi açıldı diye seviniyoruz. Ne kadar acıklı... Bu o kadar üzerdi ki o zamanlar beni... Resmen canım acırdı. Hayır, daha yarım asır evvel Paris'i görmüş olmasam, böyle bir hayatın mümkün olduğuna şahit olmuş olmasam neyse... Belki bu kadar kederlenmezdim. Oysa insan o kadar değerli bir mahluk ki... Yapabilecekleri o kadar hudutsuz ki... Misal şu önümüzde dönüp duran makara bant, ses kayıt cihazı. Bir delinin hayali adeta. Ya da bir çocuğun rüyası. Ama işte gayet de hakiki bir vakıa olarak karşımızda.

…

…

Ada… Çok cerbezeli bir kadındır, müthiş. Son son biraz koptuk ama bu benim hatam. Yaşlandım. Evet, niye öyle acıyarak baktınız ki, doğruyu söylüyorum. Yaşlanınca insan oyundan çıkar, artık onun bir ağırlığı kalmamıştır. Eğer insanlar üzerinde bir tesiriniz olamayacaksa, arayıp soranınız olmaz… Maalesef her şey insanın tesir etme kudretiyle alakalı.

…

…

İşte ilk sergim orada açıldı. Aslında çoktan yaşlı bir adamdım. Adı bazı nahoş hadiselerle anılan, kabiliyeti de tartışılır bir ressam. Bakınız Halit Beyciğim, o devirde, memlekette iki tip sanatçı vardı. Ekseriyeti akademiye bağlı, gençliklerinde Batılı ustaların atölyelerinde öğrendikleri tarzın dışına çıkılmasına hoş bakmayan cinsten ressamlardı. İkinci kısım ise yenilikçiydi. Onlar da akademiden çıkmıştı ağırlıklı olarak ama onlar farklı olanın peşindeydi. Yeni olsun da farklı olsun da nasıl olursa olsun. Radikaldiler. Peki ben neredeydim? Aslında ne o ne öteki. Çizdiklerime uzaktan bakanlar beni daha çok birinci gruba yakın bulurlar. Hiç nonfigüratif çalışmadım mesela, yapmışsam da meraktan. İyisi yok mudur? Elbette vardır ama bana göre değildi. Rasgele bir çizgi bile çeksem hemen oradan bir figür doğar, kafam, elim, gözüm öyle çalışır. Ama bunu bir böbürlenme olarak söylemiyorum, çünkü ortada iftihar edebileceğim bir şey yok. Olmadı yani. *Raté* bir ressam olarak bugünlere geldim. Ne acayip değil mi, insan zamanının dolduğunu bir türlü kabullenemiyor, oysa apaçık ortada. Benim filmim bitmek üzere. Hatta belki çoktan bitti de haberim yok.

Ama ilk sergim bayağı ses getirdi. Birdenbire tanınmaya başladım. Edebiyatçıların ilgisine mazhar oldum mesela. Tabii ses derken belli bir muhitte, Ada'nın ahbapları arasında...

Ben Aliye sayesinde tanıdım onları. O aralık çok karışıktı her şey. Hayatım altüst olmuştu. Fatma'nın ölümü. Akademi yangını. Hepsi üst üste gelmişti.

...

...

Fatma'nın ölümü beni çok sarstı tabii ama bir taraftan da bir devir tamamlandı, bir hesap kapandı diye hissediyordum. Artık Orhan Necmi'yle bir münasebetim kalmamıştı mesela, zaten birbirimizi çoktan affetmiştik. Tamam hâlâ kızarım, söylenirim ama şu anda ailemden kan bağı olan yegâne akrabam o ve tabii onun çocukları. Vârislerim yani... Tüm bu çöp yığınını ne de güzel temizler ama... Biliyorsunuz mühendistir Orhan Necmi, inşaat mühendisi. Anadolu'da nerede büyük bir yol, köprü, baraj, bina var onun da muhakkak bir yerinde imzası vardır. Karınca gibi çalışır. Ama sanattan falan hiç anlamaz. Şimdi de kızı sanatçı olacakmış, şaşırdım vallahi, nasıl oldu da Orhan Necmi buna cevaz verdi diye... Gerçi kızı, Sevin, ondan ümidim var, iyi bir kız, meraklı, saygılı. Kaç kez yokladı, kapıdan uğradı. Babasından gizli. Orhan Necmi beni de ne kadar affetse de sevmez. Dürdane Kadın anlatmış bire bin katarak anasına nasıl baktığımı, bir an bile yalnız bırakmadığımı, o yüzden bana söyleyecek sözü yok. Doğru tabii, on sene, belki daha fazla Tarlabaşı'ndaki o fare deliğinde geçirdim ömrümün en güzel zamanlarını. Bunları dinleyince beni affetmiş, hakikatli bir insan olduğuma hükmetmiş, sağ olsun.

...

...

Oysa ben gidecek bir yerim olmadığı için Fatma'nın hafızasız, zamansız odasına sığınıyordum. Oraya gittiğimde mazideki saf ve temiz Vasıf oluyordum. Aslında...

dürüst olmak gerekirse... Tarlabaşı bir kaçıştı benim için. Yoksa iyiliğimden değil. Ben iyi bir insan olma imtiyazına sahip olmadım hiç. Alelade kötülerden biriyim, öyle... Orhan ne kadar kızsa, nefret etse haklıdır.

...

...

Gerçi Orhan beni affetmeyip de ne yapacaktı? Fatma'nın kayınpederinden gebe kalması benim suçum mu? Ne alakası var? Sonrasında hakikati saklaması, benim suçum mu? Ben ne yaptım? Sadece doğruyu söyledim. Evet, onun canını yakmak için söyledim ama doğruydu netice itibarıyla. Biraz aklı olan zaten meselenin benimle alakalı olmadığını anlardı. Bir insan kendisine dair hakikati sonuna dek bilmeli. Evet! Yine olsa yine söylerim! Bir yalanı yaşamak kadar alçaltıcı bir şey olamaz!

...

...

Böyle diyorum ama... Gerçi şimdi düşünüyorum da benim yaptığım da korkunç bir şeydi. Ne geçti elime? Bırak çocuk kendi babasının Fazıl olduğunu sansın, ne çıkar? Hiç. Onun hayatından sana ne! Babası o olmuş bu olmuş, ne olacak? Ayrıca kim yedi ceddini sayabilir ki? Kim bilir ecdadımız dediğimiz insanlar kimlerdi?

Ama işte intikam öyle baştan çıkarıcı ki... O anda hakikati faş ettim. Aslında Orhan'a kötülük yaptığımı sanırken Fatma'yı yaralamıştım. Belki de benim yüzümden o hale geldi, aklını, hafızasını, kendini kaybetti, sildi, kurtuldu. Böyle düşününce çevremdeki tüm kötülüklerin benim yüzümden olduğu hissine kapılıyorum.

...

...

Hayatıma bakıyorum da şimdi... Semtlerle bölünmüş hep: Çamlıca, Gümüşsuyu, Pera, Tarlabaşı, Moda... Tabii arada Paris var, hem de iki kere. Tabii. Hem gençlikte hem de ahir ömrümde. Hem de nasıl gittim... Öyle çulsuz bir ressam olarak değil. Nasıl oldu diye soruyorsunuz bakışlarınızla... Artık çok iyi tanıdım yüzünüzü. Kaşlarınız ne zaman kalkar, gözünüz ne zaman kısılır, çehreniz ne zaman kızarır... Evet, en çok da sizden bahsedilince kızarıyorsunuz. Eh... Mahcubiyet iyidir. Zamanımızda gençlerin kaybettikleri bir haslet. Fransızca bir laf vardır: Mahcubiyet masumiyetin zaruri neticesidir. Çok doğru...

...

...

Nasıl oldu da belimi doğrulttum? En nihayetinde yaptıklarımın kıymeti anlaşıldı da koleksiyoncular resimlerimi kapış kapış almaya mı başladılar? Hah! Nerde... Şimdi bile resim alanların sayısı iki elin parmaklarını geçmez. Hele o zamanlar. Hele 30'larda, 40'larda... İsmi çıkmış birkaç meraklı vardı o kadar. Mesela bir Doktor İhya Bey vardı, Kadıköy'de otururdu, sonra Bakırköy'de bir Hasan Rıza Bey vardı. Şahan ve Vakkas beyler vardı. Şahan Bey'i bileceksiniz, belki kulağınıza gelmiştir, gazetelerde çıktı, koca koleksiyonunu elden çıkarıp Amerika'ya gitti. Daha bu sene...

...

...

Evet Divan Oteli'ndeki mezat. Belki başkaları da vardı tek tük. Ama benim o devirlerde resim satabildiğim birkaç meyhane dışında belki bir-iki resim meraklısı avukat arkadaş vardı.

...

...

Evet o zamanlar resim alan oluyordu ama o başka bir devirdi. Mütareke seneleri... İstanbul'da cennet ve cehennemin birbirine karıştığı zaman. Onu saymıyorum, geldi ve geçti. Sonrasında uzun seneler süren yokluk, sefalet. O kadar ki bazen bitpazarlarında eskicilere yalvarma raddesine gelmişliğim var. Kimileri utanır geçmişinden, ben aldırmıyorum. Geçmiş geçmiştir. Değiştirmem mümkün mü? Değil. Unutsam değişir mi? Hayır. O halde itiraf etmek dışında yapacak bir şey yok. Tabii... Beyazıt'ta bir eskici vardı, Abdullah Ağa, herkes Kürt Apo derdi. Biraz anlardı bu işlerden, yani kimin resme meraklı olduğunu falan bilirdi. Bir ev, bir konak dağılıp da bunun eline bir şeyler düşerse müşterilerine haber yollardı. Ona bile üç-beş resim bıraktığımı hatırlıyorum.

...

...

Bilmem. Hatırlamıyorum hiç. Sattıysa bile on paraya gitmiştir. Demem o ki sanattan para kazanmadım hiç, kazanamazdım. Akademinin namlı hocaları bile kazanamazken... Asıl talihimin döndüğü sene 1948 oldu. O sene Çamlıca'daki köşk için bir müteahhit talip oldu, yok efendim yeniden yapmak için değil tabii, yıkıp üzerine kocaman bir betonarme apartman yapmak için. Hatta apartmanlar... Arazi geniş tabii. Ben önce çok sarsıldım, nasıl olur, baba köşkü yıkılır mı falan diye kâbuslar görmeye başladım. Çallı'ya açtım meseleyi, "Tabii baba evi yıkılmamalı, sakın yaptırma," dedi sonra da ilave etti, "hem benim sanatçılar cumhuriyetimde paraya ihtiyacın olmayacak Vasıf seni bugünden tezi yok Kaşık Adası ressam cumhuriyeti imar ve iskân bakanı tayin ediyorum..."

İstihza, ironi, alay her şey vardı rahmetlide. Çok özlüyorum biliyor musunuz, Çallı'yı? Evet. Bazı insanlar vardır, hayatım dediğiniz binanın taşıyıcı unsurlarından biridir. Çallı da benim için öyleydi. Onu çekip çıkarsak hayatımda öyle büyük bir gedik oluşur ki... Kimse toparlayamaz. Her neyse... Çallı vaziyeti bu şekilde işaret edince çok daha sıhhatli bir şekilde muhakeme etme imkânı buldum. Bıraksam ilelebet o şekilde çürüyüp gidecekti köşkten geri kalan, her neyse... Çamlıca'daki köşk. Lafı güzel, kulağı okşuyor ama hakikatte? Seneler vardı ki semtine uğramamıştım. Sonunda atlayıp gittim, bir baktım ki her yeri otlar bürümüş, vahşi tabiat içinde bir virane. Aslında yine de gönlüm razı değildi ama sonra bazı sebepler... yani para ihtiyacı ağır bastı.

...

...

Hasret nedir bilir misiniz Halit Beyciğim? İnsanın o canını yakan kavuşma arzusu? Bir kez göreyim, sonra öleyim... Böyle dediniz mi hiç? Demeyin boş verin, iyi bir şey değil...

...

...

Sonuçta müteahhitte verdim köşkü. Bu sayede elime epeyce bir para geçti. Çok para. Hayatımda görmediğim kadar çok para. Her mahalleye bir milyoner diyordu ya merhum Menderes, işte biri bendim. Gerçi o kadar para ne oldu derseniz... İşte suçlu çocuklar gibi önüme bakıyorum. Çünkü harcadım. Hakikaten har vurup harman savurdum tabiri caizse. İyi ki arada bu daireyle iki dükkânı almışım, yoksa yine sefil olacaktım. Ama iyi yaptım. Canıma değsin. Çoluk çocuğum yok, kimseye borcum yok, iyi ki de harcamışım. Ne yaptım biliyor musunuz? Paris'e gittim. Evet! Hem de aylarca gezdim, tozdum. O kadar tuhaf oldu ki, gençliğimin mekânlarını görmek... Çoğu hiç değişmeden aynen kalmış. Binalar, sokaklar, köprüler, metrolar aynı ama içinde yaşayan insanlar? Onlar gitmiş yerlerine başkaları gelmiş. Bambaşka insanlar. Hayat... Herkesin bir devri var. Bir zamanlar etimle kemiğimle yaşadığım, incecik bir fidanken boy atmaya başladığım Paris'te şimdi bir turist gibi dolaşıyordum. Senelerdir konuşmadığım için paslanmış Fransızcam kulağımı tırmalıyordu. Düşünsenize o kelimeleri en son telaffuz ettiğimde yirmilerimin başındaydım, şimdi altmışa merdiven dayamış bir moruk. Tamam çok da moruk değildim ama yine de aradan neredeyse kırk sene geçmişti. Artık bir yerden bir yere koşarak gidemiyordum, adımlarım yavaş, soluğum yorgundu. Cildim pörsümüş, gıdım sarkmış, kemiklerim az biraz eğrilmişti. İki kadehten fazla içsem sabaha kadar baş ağrısından uyuyamıyorum. Peh...

Georgette öleli çok oluyordu. Ama yine de atölyesinin olduğu binaya gittim. Hatta çıkıp kapısını çaldım, açan olmadı. Karanlık koridorda boşu boşuna bekledim Pascal'in viyolonsel temrinlerini ya da Caroline'nin aryalarını... Bol sakallı sosyalistler de tarihe karışmıştı çoktan. Her şey modern zamanların mesafeli, soğuk mevcudiyeti içine hapsolmuştu.

Çıktım, senelerimin geçtiği sokağa baktım. Asıl olan o zamanlarmış, bizim burada bulunduğumuz zamanlarmış da sonrasında her şey bozulmuş gibi bir his içindeydim. Oysa etraf daha temiz, daha derli toplu görünüyordu. Sokağın köşesindeki dükkânlar tamamen değişmişti. Gözüm tütüncüyü, Henri'yi aradı. Ama nafile... Sorup soruşturdum. Kim bilir kaç senedir tütüncü falan yokmuş, resim malzemeleri satan şık bir dükkân açılmış yerinde. Üzüldüm. Şarap içmekten kocaman kırmızıbibere dönmüş burnuyla Henri'yi görmek isterdim. Hatta epeyce bir araştırdım ama hatırlayan kimseyi bulamadım. Ne kadar saçma değil mi? İnsan zamanını nasıl da çar çur ediyor... Herhalde Henri'yi bulsam ona gençliğimi anlattıracaktım, maksadım buydu. *Absurd* tabii. Nasıl hatırlasın kırk sene önce buralarda dolanmış genç bir yabancıyı. Aslında hep bir yabancıydım, bakın bu doğru.

...

...

İşin en tuhaf yanı nedir biliyor musunuz? Orada onlara yabancıydım, evet, ama burada da buradakilere yabancıydım. Öyle büyük bir yalnızlık ki... Gerçi en mutlu olduğum zamanlar da o döneme rastlar. En mutlu değil belki ama en heyecanlı, evet. Paris'e ilk gittiğim zamanlar. Charles ve Marcel'in benim için çizdikleri bir kaderi yaşamak için gitmiştim.

...

...

Charles... Marcel...

...

...

Onları hayatımda bir daha görmedim ama Fuat'la karşılaştım seneler sonra. Köprüaltında, nargilecide.

...

...

Fuat... Paris maceramın başlangıcında, anlatmıştım, hani miskinler tekkesine cüzamlı birinin resmini yaparken bir grup geldi diye... Charles, Marcel ve Fuat ya da Franc işte... Georgette'in oğlunun arkadaşı. Onunla seneler sonra köprüaltında karşılaştığımda hiç iyi değildi, çok fena yaşlanmıştı, aklı gelip gidiyordu sanki. Charles'ı Marcel'i falan sordum boş yere. Doğru düzgün bir şey öğrenemedim. Asya'ya ya da Afrika'da bir yere gitmiş olduklarına hükmettim. Bana daha çok Fuat'ın hali tesir etmişti. Delirmiş biriyle karşılaşmak çok tuhaf hisler uyandırıyor insanın içinde. Deli demek de doğru değil aslında. Netice itibarıyla hayatını devam ettirebiliyordu, bir işi, bir evi, nargileciye verecek parası vardı cebinde, o halde henüz realitenin içindeydi. Ama yine de... deliydi. Nasıl anlatılır bilemem, belki bir psikiyatr söyleyebilir neden nasıl böyle olduğunu... Onda çok ciddi bir tuhaflık vardı. Farklı bir delilik belki. Kendi şahsına münhasır. İnsan böyle durumlarda kendi deliliğini, delirse nasıl biri olacağını düşünüyor ister istemez ve korkuyor. Hani çok yüksek bir yerde kenardan aşağı bakarken insan korkar ya... Düşeceğim diye değil, birden delirip kendimi boşluğa atarsam diye... İşte öyle bir korku.

Çok mühim bir adamın oğlu olduğunu ama adamın delirerek öldüğünü falan anlatıyordu. Doğru muydu yoksa fantezi mi bilemeyeceğim. Fransızca konuşuyordu daha çok. Durmadan Latince laflar sıkıştırıyordu araya. Anladığım kadarıyla babası gibi intihar etmekten korkuyordu.

...

...

Herkes bir şeylerden korkar. Kim ki ben hiçbir şeyden korkmuyorum der ondan korkmak icap eder. Psikopat olur öyleleri. İnsan dediğin korkar. Hayat dediğimiz arzuların ve korkuların hiç durmayan savaşıdır. Muhakkak. Ama Fuat'ın korkusunda tehlikeli bir taraf vardı. Sizin benim korkularıma benzemeyen. Korktuğu şey onu cezbediyordu. Kendine çekiyordu. İntiharın kapısında dikilen, her an o kapıyı çalacak birine benziyordu. Konuşurken yanaklarına al basıyordu. Birden terliyor, cebinden çıkardığı pis bir mendille alnını ensesini siliyor, sonra oflayıp puflayarak uzaklara bakıyor, alakasız bir mevzuya dalıyordu. Ben tabii o zamanlar çok başka bir havadaydım.

...

...

Evet, hatırlıyorum. Henüz Fatma'yla yolumuz kesişmemişti. Büyük serginin olduğu seneydi. Kırk gün süren bir sergi. 936 yazı. Tabii. Demek neredeyse otuz sene sonra karşılaşmışız. Bir insanla çok uzun zaman sonra karşılaşmak da çok sarsıcı oluyor. Hele ki karşınızdaki kişi bir şeylere takılıp kalmışsa... Fuat'ı dinlerken, dinlemeye çalışırken düşündüğüm böyle bir şeydi: İnsan bir şeye takıldı mı zamandan kopuyor, normal şekilde olgunlaşamıyor, tabiri caizse bir ucubeye dönüşüyor. Böylelerini uzaktan tahlil etmek kolaydır ama sonra insan kendinden de kuşkulanmaya başlıyor, acaba ben nerelere takıldım? Takıldım mı? Benim ucubeliğimi başkaları fark ediyor mu? Ne fena şey... Kendini kaybetmek. Çok fena bir şey.

...

...

O kadar çok kaybettim ki kendimi... Olmadık şeyler yaptım. Hiç değmeyecek insanlara kıymet verdim. Rezil oldum.

...

...

Bakın ne güzel oldu ışık... İyi ki hep bu saatlerde geliyorsunuz. Günün akşama dönmesine bayılıyorum. Elbette gecenin sabaha dönmesini de seviyorum. Kontrast güzeldir. Sert geçişler. Işık oyunları. Renkler. Kimsenin çözemeyeceği muammalar. Bakın şu bulutu görüyor musunuz? Sanki bir ateş topu, altından bir gök sarayı... Parıl parıl yanıyor. Sarının varlığını nasıl inkâr edebilir insan? Bu acı çeken bir sarı Halit Beyciğim, gölgesi mor, içten içe kanayan, yok oluşuna üzülen... Neden? Çünkü ben öyle görüyorum. Hem ne demektir sarı? Kim açıklayabilir bunu?

...

...

Niye anlattım bunları acaba?

...

...

Evet. Paris... Bu aralar aklım çok çabuk dağılıyor. Birçok şeyi bir arada anlatmak istiyorum, ondan oluyor. Daha önce hiç anlatmadığım şeyleri... Halit Beyciğim size bir şey diyeceğim. İnsanın hayatında bazı şeyler vardır, yaşarsınız, acısını çekersiniz, hatıralarınızda çok derin yer eder, ama hiç kimseye bahsetmezsiniz. Böyle bir şeyin mümkün olduğunu o kadar geç fark ettim ki. Şimdi... Anlatmalıyım belki de... Ama bazı meseleleri hangi kelimelerle, hangi cümlelerle anlatacağını bilemiyor insan.

...

...

Paris... Evet... Köşk yıkılıp yerine apartman dikildikten sonra müşkül vaziyetten bir anda kurtulup refaha ulaşmıştım. Paris'e de öyle gittim tabii. Çulsuz bir genç değildim artık. Seneler sonra gençliğimin en hararetli zamanlarını yâd etmek için gitmemiştim fakat.

...

...

Baba olmak nedir bilir misiniz Halit Beyciğim? Henüz bilemezsiniz tabii, çocuğunuz yok. Benim de olmadı. Ama babalık hissini tatmak için ille de çocuk sahibi olmak şart değildir. Tecrübe ettiğimden biliyorum.

...

...

47 senesi olmalı. Bedri Rahmi'nin talebeleri bir grup oldular, yemekhanede bir sergi açtılar. Enteresan bir takım. Daha önce konuştuk zannederim, Ivi de bu ekipten. Bir dolu genç... Hepsi de iddialı. Birbirlerine reis diye hitap ediyorlar. Daha öncekilere karşılar. Jenerasyonların birbirleriyle savaşı hiç bitmez. *L'art est pour l'art* derler ya bazı saflar, aslında *l'art est contre l'art* demek gerekir. Sanat sanat için değil, sanat sanata karşı... Başkasınınkine düşman. Boynuz kulak hikâyesi. Neyse tabiatın kanunu böyle, buna alıştık artık.

O vakitler yolun yarısını çoktan geçmiş olan bendeniz cennet kuşu bazen akademide ya da birtakım meraklı genç beylere ve hanımlara evlerinde ders veriyor, bir yandan da Tarlabaşı'ndaki viranede hafızasını, aklını, zihinsel melekeleri tümden kaybetmiş Fatma'yla alakadar oluyor bazen de karabatak gibi kayboluyordum Pera'nın tekinsiz sokaklarında... Karanlık mazinin muayyen bir devresinde takılıp kalmış meyhanelerinde... Sonra yeniden ortaya çıkıyorum, Kont Drakula gibi. Bir bakıyorum o esnada Bedri Rahmi'yle öğrencileri İstanbul'un altını üstüne getiriyorlar. Tophane'de resim yapıyorlar. Karabaş'ta bir kahveyi mesken tutmuşlar.

Gençliklerinde, heyecanlarında beni çeken bir şey vardı. Ben ki... bir ressam eskisi, tam manasıyla teşekkül edememiş bir ucube, ruhu sefih âlemlerde delik deşik olmuş bir nevi yerli Dorian Gray... Evet evet öyle, başınızı sallamayın boşuna, benim hissiyatım buydu, hem Dorian Gray diyorum bakın, halen yakışıklıydım, saç baş yerinde, boy bos tamam... Ama ruhi muvazenesi bozuk, içten çürümüş, acıklı bir hal almış bir adam. Başkalarının ne düşündüğü mühim değil, ben böyle görüyordum kendimi. Çok da haksız değildim doğrusu. Bir kere Akademi'nin dışındaydım. Evet bir manada içindeydim ama hiçbir zaman okullu bir sanatçı olamadım. Devlette bir kadrom olmadı hiç. Bakın o devirde, mamafih bu devirde de Türkiye'de müstakil bir ressam olmak pek mümkün değildir. Çünkü resimlerinizi satabileceğiniz bir cemiyet hiçbir zaman Batı'daki gibi teşekkül etmedi. Yok, olmadı. En büyük ve tek hami devlet oldu hep. Hiç değilse bir mektepte resim hocalığı yaptırır, bazen büst, resim sipariş eder, dönem dönem Paris'e Berlin'e yollar burs verip ama işte o kadar, ondan başka sanatı destekleyen yok. Benim devlette bir postum hiç olmadı. Olamazdı da... O sebeple beni bulamazsınız Akademi'nin tarihinde. Olsa olsa bazı sergilerde silik bir gölge. Fotoğraflarda yüzü tam seçilmeyen kişi.

Hah! Acıklı komedi. Şimdi kendimi zorla tarihe yazdırmaya çabalıyorum. Siz de bana bu zavallı teşebbüsümde aracılık yapıyorsunuz. Bir gün pişman olabilirsiniz. Bu ne saçma bir iş diyebilirsiniz. Evet, olabilir. İnsan kendi tarihini yazabilir belki ama kendini zorla tarihe yamayamaz.

...

...

Sizde bugün bir değişik hal var Halit Beyciğim.

...

...

İlk defa bu kadar heyecanlı görüyorum sizi. Siz galiba hakikaten bana inanıyorsunuz. Bütün bunların kıymetli olduğunu düşünüyorsunuz.

...

...

Teşekkür ederim. Mütehassis oldum.

...

...

Kusura bakmayın. Ben alışık değilim aslında böyle bir muameleye. Hep kenarda olmuşum. Sahnede hep başkaları vardı, ben kulisten seyredenlerden oldum. Kulisin karanlık köşeleri benim mizacıma daha münasiptir. Orada gizli işler çevrilir, spot ışıklarının ulaşamadığı loş perdelerin aralarında en derin, en yasak hazlar yaşanır. Tabii cezası da o nispette şedit olur.

...

...

Paris hayatım deseniz ayrı bir bahis, orada da hep marjda yaşamış bir kadın ressamın talebesi oldum, anlatmıştım. İşte şimdi, yani 940'ların ortalarında gençlerin arasında taze bir nefes arıyordum. Bedri Rahmi çok iyi bir hocadır, sadece resmi değil edebiyatı da sevdirirdi talebelerine, onlara bir heyecan verirdi. Şairliği de vardır bilirsiniz: "Dört küheylan çeker arabamızı, biri çizgi, biri leke, biri renk, dördüncüsü benek..." Resmi de böyle anlatırdı. Gerçi o bile yaşlandı artık. Öyle... Artık eskiler yavaş yavaş sahneden iniyorlar, boyun kırıp selam verip kulise geçiyorlar, yeniler asla inmeyecekmiş gibi o sahnelere çıkıp arzı endam ediyorlardı. Ben? Ben halen kulisin karanlık köşelerinde ikili hayatımı devam ettiriyordum. Bazen gün ışığına çıkıyordum, Bedri'nin talebelerinin arasına karışıyordum. Zaman zaman iyi geliyordu onlarla beraber olmak. Karabaş'ta oturduğumuz kahvede her şey yavaş yavaş değişiyordu, herkes bir şeyler çiziyor, ışık bizim için değişiyor, sesler bizim için dalgalanıyor ve hep şu his: Her şeyin her şeyle alakası var, tüm dünyayla aramızda bir rabıta var ve bunu hissedebildiğimiz için bu an çok güzel. İyi ki buradayız, beraberiz... Reisler... Hey gidi günler... Akademinin içinde çizmek gibi değildi orada olmak, bir kere hürdük, sokaktaydık, dışarıdaydık. Hayat akıyor, gün bütün renkleriyle sokakları, taşları, duvarları, evleri, insan yüzlerini parlatıp geçiyor, tüm bunları onlarla birlikte yaşamak beni ziyadesiyle mutlu ediyordu. Tarlabaşı'ndaki açık mezarda, Fatma Belkıs'ın yanında boğuluyordum, orada sadece acı, keder, yaşlılık vardı. Mazi kemikli elleriyle boğazımı sıkıyordu... Odalarda ölümün acı rüzgârı esiyordu. Dürdane Kadın ebedî bir yas içinde. Ben... geçmişin bataklığına gömülüyordum. Oysa dışarıda, sokaklarda hayat vardı. Tophane'nin sokaklarında, Pierre Loti tepesinde, Mısır Çarşısı'nda genç ressamlarla dolaşırken ışığı, rengi yeniden keşfediyordum.

...

...

Bence en mühim şey budur Halit Beyciğim. Bir sanatçı için en mühim şey yaşlanmasına rağmen, geçip giden acımasız zamana rağmen, hayatın yeni bir tarafını keşfetmeye devam edebilmesi, bundan heyecan duymasıdır. İşte ben onlar sayesinde bu heyecanı yeniden yakalamıştım.

İçlerinde biri vardı ki... benim için çok müstesna bir kişilik oldu hep. Gencecik bir adam, sessiz, ciddi, çizgisi de iyi, daha doğrusu bakışı. Onunla sohbet ederken babalık ne demek hisseder oldum. Şaşırdınız... Ama öyle oldu. Tam da anlattığım gibi oldu. Tertemiz bir genç, ağırbaşlı, olgun... Zaten daha sonra lakabı Aziz olacak. *Saint* Nedim. Resim yaparken onu seyrederdim. Ne büyük bir haz... O sırada sadece onun ne yaptığına bakmazdım, kendimi de düşünürdüm, ben nasıl çiziyordum acaba? Nasıl boyuyordum? Birden fırçayı bırakıp parmağımla ya da elimin ayasıyla müdahale ediyor muydum? Ya da çizerken kendimi kaptırıp ıslık çalıyor muydum? Perçemim kaşımın üzerine düşüp yüzüme hoş bir gölge katıyor muydu? Ve daha önemlisi beni de böyle hayranlıkla seyreden birileri oluyor muydu?

Bir de babasıyla yaşadığı hayata gıpta ettiğimi hatırlıyorum. Tabii bunu hemen değil, çok daha sonra, Paris kahvelerinde, mesela Le Select'te otururken anlattığında hissedecektim. Bazı günler vardır, daha yaşarken, içindeyken anlarsınız bu hayatın güzel anlarından biridir... Durup tadını çıkarmalıyım, zihnime nakşetmeliyim dersiniz. İşte Le Select'te oturup konuştuğumuz zamanların hepsi ayrı ayrı hatırlanıp saklamaya değerdi.

...

...

Paris'in bir türlü alışamadığımız soğuğu etimizi kesiyor ama birer kadeh porto söylemişiz, içimiz ısınıyor. Ben durmadan konuşuyorum. Gönlümce yaşayıp bitirdiğim bir hayatı şimdi bir vodvil gibi neşe içinde anlatıyorum. Bu arada ben sefil ressam şu Paris'e gelip de bu *café*'ye oturabilmek için Çamlıca'daki köşkün idam fermanını imzalamıştım. Daha önce anlattım değil mi bunu? Ama Nedim'e anlatmadım tabii. Neyse...

...

...

Artık param vardı. Soluğu Paris'te aldım. Önce şahane bir ev tutmuştum, bir müddet en güzel lokantalarda, barlarda gezdik, tozduk. Tabii hazıra dağ dayanmaz o ayrı mesele, altı ay sonra kendimi bir *cham de bonne*'da buldum. Hizmetçi odası yani. Eski evlerin en üst katlarındaki o küçücük yerler. Ama yaş altmış, düşünün Halit Beyciğim o daracık merdivenlerden soluk soluğa çıkan zavallı adamı. Paralar suyunu çekince ne yapayım?

Sanki onun peşinden gelmemişim de tesadüfen Paris'te yollarımız kesişmiş gibi yapıyordum. Oysa planlı programlı gidip karşısına çıkmış, bir kadeh şarap içelim şurada diyerek Le Select'e sürüklemiştim. Paris'ten, geçip giden hayattan, istikbalden, sanattan konuşmuştuk... Nedim geleli iki sene olmuştu neredeyse. İlk başlarda çok zorluk çekmiş. Sonra alışıyor tabii insan, hele lisan meselesini hallettikten sonra. Ona Çallı'yı falan anlattığımı hatırlıyorum, çok gülmüştük. Onca sene Paris'te kalıp da lisana hâkim olamadığı için çok takılırlardı Çallı'ya. Hele Yahya Kemal...

Paris'te epeyce bir ressam sanatçı muhiti vardı. Bir kısmını tanırdım yakinen, benden pek hazzetmezlerdi, oysa ben onları severdim, Dinolar falan... Tabii ben yeterince solcu değildim, hiç değildim hatta. Sağcı değildim tabii, olamazdım da. Gerçi solculara göre solcu değilsen sağcısındır, sağcılara göre farklı mı? Neydim peki? Serseri mayın gibi bir şeydim galiba. Siyasetten nefret ederdim, halen de ederim. Siyaset insanın en çirkin yüzünü pervasızca gösterdiği arenadır, bana göre değil, uzak olsun. Baksanıza sonunda başvekili astılar, boy boy fotoğraflarını neşrettiler gazetelerde... Yaşarken sevmezdim rahmetliyi ama bu şekilde bir ceza olmamalıydı. Ne feci bir son. Düşünsenize, sizi avlayıp bir kafese kapatmışlar, sonra da boğazınıza bir ip geçirip boğarak öldürüyorlar. Olacak şey mi? İnsan öldürmek bence günahların en büyüğü, suçların en fenası. Devlet yani cemiyet böyle bir suç işlememeli, asla. İdam cezası nedir biliyor musunuz? Devletin taammüden cinayet işlemesidir. Şimdi böyle söyleyince beni Menderes taraftarı sanacaksınız. Katiyen! Bu memlekete iyiliğinden çok kötülüğü dokunmuştur. Söz milletin diye geldi ama milletle bir irtibatı kalmadı en sonunda. Bizim yurt gezilerinin akıbetine bakın anlayın durumu. Eskiden iyi kötü sanat desteklenirdi. Demokratlar iktidara gelince ne yaptılar? Başlangıçta onlar da bu yoldan gitmeye çalıştılar. Vilayet Resimleri Sergisi yaptılar mesela. Yurt Gezileri oldu Vilayet Resimleri... Biraz ismini değiştirince oluyor, değil mi? Ama bakın bu Demokrat Partisi'nin zihniyetini gösteren çok güzel bir misaldir: 56 senesinde Ankara'da sergi açılıyor, Tevfik İleri, eğitim bakanı resimleri beğenmiyor. Niye? Yoksulluk var, sefillik var resimlerde. Resimde sıtmalı bir çocuk görünce tepesi atıyor, Türkiye'de sıtma yoktur, o halde bu tabloya da gerek yoktur diyor. Mesela meclis başkanı Koraltan, Orhan Peker'in resmettiği eşeği görünce meclise eşek giremez diye sinirleniyor. Saymakla bitmez. Bu kavgalar devam edip gider böyle... Ama yine de insanları asmakla meseleleri halledemezsiniz. Hangi padişah sadece kan dökerek hüküm sürebildi tarihte? Hangi kral? Hangi imparator? Şimdi artık Menderes'i ben üzgün, yenik, korkmuş, pişman bir adam olarak hatırlıyorum. Oysa hapiste olsaydı kızgınlıkla hatta nefretle hatırlayacaktım. "Değerli dinleyiciler, Yassıada Saati'ni açıyorum." Hatırladınız mı bu anonsu? Radyodan neşredilen o tiyatro gibi mahkemeleri... Menderes'in titreyen sesini? Size acayip bir şey söyleyeyim mi Halit Beyciğim? Radyodan o mahkemeleri dinlerken çok tuhaf bir suçluluk hissine kapılırdım. Asıl suçları işleyen benmişim ama bir yanlışlık neticesinde benim yerime başkaları mahkeme önünde hesap veriyormuş gibi bir his. Sonradan, Menderes'in idam fotoğrafıyla çıkan gazeteyi sakladım. Benimle alakalı bir şeymiş gibi en gizli mektuplarımın yanında. Çok saçma değil mi? Tam anlatamıyorum sanırım ama meselenin siyasetle, demokratlarla falan alakalı olmadığını anlamışsınızdır sanıyorum. Garip bir şekilde şöyle bir his içindeydim sanırım, hâlâ da çok uzak değil bu his, koskoca başvekili rezil eden, boğazlayan bu cemiyet sana neler yapmaz? Adeta başka bir hayvan cinsiydim, insana benzeyen ama başka... Ne kadar kaçarsam kaçayım, ne kadar iyi saklanırsam saklanayım onların bir gün beni bulup avlayacaklarını hissederdim. Hâlâ da hissederim.

...

...

Kendimi böyle zamanlarda metruk yerlerde insanlardan saklanan yaşlı hayaletlere benzetirim. Perili köşkler ne güzeldir... Gerçi ben kendi köşkümden bile kaçtım. Aslında yıktırmasaydım, bir yolunu bulup tadil ettirseydim... Her şey çok başka olabilirdi.

...

...

Nedim orada bu muhitlerde kendine bir yer bulmuştu. Ama öyle mahcup bir çocuk ki... İçli. Onlarla nasıl başa çıksın. Hatta bir sefer bakın ne oldu, Nedim'i çok iyi anlatan bir hadisedir bu. Avni'nin evinde toplandık. Genç yaşlı bir grup ressam, sanatçı, şair... Kimi ararsan orada. Bedri Rahmi bile orada. Tabii o da seneler sonra ilk kez gelmiş Paris'e, şaşkın. O şaşkınsa ben ne diyeyim, kırk seneden fazla olmuş Paris'e gelmeyeli... Neyse bir ara ne konuşuluyorsa unuttum şimdi detayını, Nedim bir şey söylüyor, bir oğlan habire tersliyor bizimkini. Dişli bir üniversite talebesi, kara kaş kara göz bir tip, ne söylese buna karşı çıkıyor, zıt gidiyor. Tabii orada başkaları var, hocası Bedri Rahmi falan var, çekiniyor Nedim. O talebe de kendine güvenli, yüksek tahsil yapıyor Londra'da, eski Milli Eğitim Bakanı Hasan Ali Yücel'in oğlu. Nedim cevap veremedikçe içine atıyor, sonradan oturup bunun bir sürü resmini yaptı hırsından. "İlk Ressam" diye Taş Devri'nde bu genci çizmiş, çok komikti. Kendince böyle hıncını çıkarıyor. Bakın ben o nevi tartışmalara girmezdim hiç. Sanat şöyle olmalı, halk böyle yapmalı, siyaset budur şudur diye tartıştığımı hiç hatırlamam. Nedim ise böyle içine kapanıktı ama siyasi meselelerle alakadar olurdu. O tarihlerde Cezayir meselesi var Fransa'da mesela resimlerine girmişti bu konu... İkinci Cihan Harbi yeni bitmiş, her yer kan kokuyor hâlâ. Savaşın acıları hafızalarda çok taze. Nedim de hassas çocuk, tesirinde kalıyor bunların. Hatta sonra memlekete döndükten sonra da bayağı bir başı derde giriyor bu solculuk yüzünden. Neyse, ben onun siyasi fikirlerini değil daha çok şahsi macerasını merak ediyordum. Bir genç nasıl ressam olur, nasıl Aziz Nedim gibi biri olur...

Resme nasıl başladığımızı falan konuştuk. O zaman çocuklukta yaşanan tecrübelerin insan hayatı üzerindeki önemini bir kez daha idrak ettim. Ben nasıl ki doktor amcamın tesiriyle resme başlamıştım o da babasını seyrederek sanat âleminin kapısını bulmuştu. Öyledir hakikaten de... Sanat âlemi gizli bir saraydır, kimisi farkına bile varmadan önünden geçip gider, kimisi hissikablelvuku ile kimisi de birinin rehberliğinde bulur onun kapısını. Nedim'in babası gündüzleri bir dairede çalışıyor geceleri de resim yapıyor, tamamen amatör olarak ama resimleri arkadaşları tarafından pek beğeniliyor. Lambanın ışığında resim yaparken Nedim de babasını hayranlıkla seyrediyor. Yokluğun içinden şekillerin, ağaçların, evlerin, manzaraların belirmesi çocuğu büyülüyor. Çoğu zaman orada uyuyakalıyor sabah yatağında uyanıyor. Babası yumuşak, iyi huylu bir adam, Nedim'in üzerine titriyor. Belki de kendi babasından göremediği şefkat yüzünden demişti. Evet... Dedesi çok beğenilen bir gazelhanmış. Belki de dinlemişimdir diye düşünmüşümdür hep. Hayat böyle tuhaf tesadüflerle dolu. Çocukluğumdaki sandal sefalarını hatırlıyorum, güzel sesli gazelhanların şarkıları kulağımdadır hâlâ. Belki de onlardan biri Nedim'in dedesiydi, kim bilir. Fakat hikâyenin gerisi pek hoş değil. Bu sesin güzelliğine vurulan Mısır prensesi adama evlenme teklif etmiş. Adam da karısını çocuklarını bırakıp prensesle evlenmiş.

...

...

Valla orasını bilemem. Adam evini terk etmiş neticede, prensesin Nedim'in dedesinden iki çocuğu olmuş, sonra evlilik bir şekilde bitmiş, dedesi evine dönmüş. Tabii hiçbir şey eskisi gibi olmamış. Nedim'in babası da böyle bir evde büyüdüğü için *introvert* bir karakter ve çok munis çok iyi bir baba.

Babası çok hoşuma gitmişti, hayatta olsa tanışmak isterdim, onu biliyorum. Bir de gümrük memurluğunda çalıştığını söylemesin mi? Hem resim yapıyor hem gümrükte çalışıyor. Yahu senin baban *Le Douanier* Rousseau gibi bir adammış meğer dedim. Şaşırdı. Gümrük memuru yani... Nedim görmüştü Paris'te Rousseau'nun resimlerini, beğenmişti de... Hatta biraz onun tesirinde kaldığını da itiraf etmişti. Eh ne demiştik hayatta her şeyin birbiriyle bağı var. İşte böyle muhabbetimiz kafelerden müzelere oradan nehir kenarında uzun yürüyüşlere sonra da Marsilya'ya, Nice'e uzanmıştı. Şu defterlerin birinde onun resimleri olacaktı. Epeyce portresini yaptım karakalem. Bir kitabın üzerine eğilmiş Fransızca çalışırken, elleri belinde bir resmi tetkik ederken, gülerken, konuşurken... Paralar suyunu çekene kadar kaldım oralarda. Çünkü hayatımın son perdesini oynadığımı düşünüyordum.

...

...

Bizim jenerasyon çok büyük değişimlere şahit oldu. Dünya harpleri, Cumhuriyet... Bunlar hepimizin hayatında büyük izler bıraktı. Ama benim için en büyük değişim 1948'de vuku buldu. Fatma'nın vefatı... Evet çok seneler önce hafızasını, aklını, ruhunu kaybetmişti ama yine de oradaydı. O Tarlabaşı'ndaki evde, pencerenin önünde... Beni maziye bağlayan son halkaydı. Onun vefatı beni baştan ayağa değiştirdi. Artık ipinden kurtulmuş bir uçurtma gibi amaçsızca uzaklaşıp gidiyordum kendi mazimden. Üstüne üstlük bir de Çamlıca'daki köşkü de yıktırmıştım. Bunu da yapmıştım. Ve en fenası... akademinin yanışı. Zaten 47 senesinde Çallı'nın emekli edilmesiyle bir devir, bizim devrimiz, tamamen kapanmıştı akademide ama yangın son kalan izleri de yok etti.

O gün... nasıl unutulur, 1 Nisan günü, Bedri Rahmi'nin atölyesindeydik. Dediğim gibi ben bir süredir Reisler'le dolanıyordum. Bir şeyler içip konuşuyorduk. Akademi talebelerinden biri nefes nefese geldi. Akşam saat yedi-sekiz civarı. Alı al moru mor, akademi yanıyor diye haykırıyordu. Biz önce inanmadık. 1 Nisan şakası sandık. Hakikaten... Ama çocuğun yüzündeki dehşette yangının alazlarını görmemek mümkün değildi. Koşarak çıktık atölyeden, Fındıklı'yı gören bir tepeye tırmandık, bir de baktık ki hakikaten yanmıştı güzelim bina. Gözyaşları içindeydik. Bedri Rahmi geçmişimiz, mazimiz yanıyor, deyip duruyordu.

...

...

Zarar büyüktü tabii. Orada bulunan bütün resimler, heykeller yandı. Kitaplık. Arşiv. Her şey kül oldu. Kendimi bildim bileli İstanbul'da yangınlar olurdu, halk seyretmeye giderdi. Hayatın normal akışı içinde bir haldi. Nasıl ki bir Afrika kabilesi için bir aslanın ya da timsahın birilerine saldırması tabii bir şeyse İstanbul'u da parça parça yiyen yangın hayvanının arada sırada ortaya çıkması o derece tabiiydi. Ama bu sefer bu yangını tabii bir şey olarak göremiyorduk. Birilerinin kundakladığından şüpheleniyorduk.

...

...

Öyle şayialar dolaşıyordu. Daha birkaç ay evvel Ankara'da Milli Eğitim Bakanlığı'nın binalarından birinde yangın çıkmıştı mesela. Netice itibarıyla resim, heykel modern olmanın timsaliydi. Halen de öyledir. Halkın gerici kesimi hoşlanmaz bu sanattan. Zaten hep öyle olmaz mı? Halkımız çok munistir, sakindir, iyidir hoştur ama bir kıvılcımla patlayabilir. Saf insanları manipüle etmek kolaydır, hem de çok kolay. 6-7 Eylül'de yaşamadık mı bunları? Komşu komşunun evini yağmaladı yahu. Olacak şey mi? Oldu. Hem de İstanbul'un göbeğinde. Cadde-i Kebir... Pera... Binlerce senelik İstanbul böyle bir facia görmedi. Tarih kitaplarında yazar Latinlerin istilasını, o da yedi yüz sene evvel. Taş üstünde taş, baş üstünde baş bırakmamışlar diye. Fakat 20. asırdayız artık. Sene 1955! Yazıklar olsun, ne diyeyim... El âlem atomu parçalıyor, dünyanın öteki ucunda olup biteni evinde televizyondan izliyor, biz? Biz vandalizm yarışında ipi göğüslüyoruz. Çok ahbabım vardı saldırıya uğrayan, nasıl korktuklarını, o gece neler yaşadıklarını çok yakından bilirim. Düşünsenize burada doğmuş büyümüşsünüz, ananız babanız da öyle, onların anası babası da... Bir yerlerde birileri bir şeyler tezgâhlıyor ve hop kendinizi günah keçisi olarak buluyorsunuz. Dükkânlarınız işaretlenmiş, evler işaretlenmiş... Yakıp yıkıyorlar. Her an kapıyı kırıp içeri girip sizi öldürebilirler. Çok tecavüz oldu nitekim. Bir sürü papazı yatırıp ekmek bıçağıyla sünnet ettiler, kiliseleri yağmaladılar... Sanki düşman bir ülkeyi işgal ediyorlar. Bunu aklım almıyor Halit Beyciğim. Ben ki çok şeyler gördüm. Misal 1908. Birinci Cihan Harbi. İşgal İstanbul'u... Ama böyle bir şey görmedim. Evet, işgal İstanbul'unda bile böyle manzaralar yaşanmadı. Gazetelerde fotoğraflar ortada. Bunların vebali hep üzerimizde kaldı.

...

...

İşte bizim akademi yangını hakkında da çok konuşuldu ama bir şey çıkmadı. Elektrik kontağından çıkmıştır dendi, üzeri kapatıldı.

...

...

Bilemiyorum Halit Beyciğim. Her ikisi de ihtimal dahilinde. Birilerinin kundaklaması da kendiliğinden yanması da mümkün. Çok eski ahşap bir binaydı. Ama ne güzeldi. Evimiz gibiydi. O atölyelerde ne tartışmalar, ne içmeler... Ömrümüz orada geçmişti. Ben akademili değildim, evet ama oranın atmosferinde yaşadım bir yanımla. Şu memlekette haz aldığım nadir mekânlardan biriydi, *le temple des art,* sanat tapınağı. Girersiniz, hemen karşınıza deniz çıkar. İki tarafta döner merdivenler. Yan duvarlara asılı kocaman resimler. Biri Goya'nın *IV. Carlos ve Ailesi,* diğeri Velázquez'in *Breda'nın Teslimi* tabloları.

...

...

Asılları değil tabii. Ama kaliteli kopyalar... O bakışlar. Bilir misiniz o resimleri? Bakın şurada bir katalog olacaktı. Şu kalın olanı... Evet.

...

...

Buldunuz mu? Görüyor musunuz, nasıl bakıyorlar resmin içinden. Nereye giderseniz gidin sizi takip ediyorlar. O bakışların altında bir mabede girmiş gibi hissediyorsunuz. Bir de bunların asıllarını gördüğünüz zaman neler hissedeceğinizi hayal edin. Louvre'da öyle oluyor işte. Ne zaman gidersem gideyim, asla alışamıyorum. Çarpılıp kalıyorum. Nedim'le o galerileri santim santim gezdik. Ona düşündüğüm her şeyi anlattım, hissettiklerimi, bildiklerimi... O sıralarda hissettiğim karışık duyguları nasıl anlatabilirim bilmiyorum. Bana hayran olmasını, heyecanlanmasını istiyordum, bir baba gibi üzerine titriyordum. Ona bir şey olmasın, ayağına taş değmesin, hiç üzülmesin, canı acımasın... Öyle büyük bir sevgi... Fakat tüm aşklarım gibi yarım kaldı.

KAYIT SONU

GALERİ

RESİM HEYKEL MÜZESİ RIHTIMI, 1951, FOTOĞRAF

1948 senesinde çıkan yangın akademideki yüzlerce resim ve heykelin tahrip olmasına sebep olmuştur. Sanat öğrencilerinin asılları olmasa da nitelikli kopyalarına bakarak çalışmaları elzem olduğundan yeni kopyalar Fransa'dan bağış olarak alınmıştır. Fotoğrafta görünen bir römorkun çektiği iki mavnanın içinde oda büyüklüğünde sandıklarda Louvre Müzesi'nin hediye ettiği 170 parça eser bulunmaktadır.

EL GRECO KOPYASI VE MİNYATÜR ÖRNEĞİ

Bedri Rahmi'nin öğrencilerinden oluşan On'lar grubu ilk sergilerini 1947 senesinde akademinin yemekhanesinde açmışlardır. Doğu ve Batı kültürlerinden bir sentez yapmayı amaçladıklarını anlatabilmek için serginin girişine bir El Greco kopyası ile bir minyatür örneğini yan yana asmışlardır.

LE SELECT, 1950'LER, FOTOĞRAF

99, Boulevard du Montparnasse adresinde bulunan, Paris ressamları olarak da bilinen Avni Arbaş, Mübin Orhon, Selim Turan, İlhan Koman'ın sıklıkla gittikleri kafe. Picasso ve Ernest Hemingway gibi ünlü ressam ve yazarların zaman geçirdikleri bu kafe Ressam Vasıf'ın da Paris'te gitmekten çok zevk aldığı bir yerdir.

Hayat Bu İşte

Açtınız mı?

...

...

Bugün çok şahaneyim Halit Beyciğim... Neden bilmiyorum. Sabah yataktan zımba gibi kalktım. Birden otuz yaş gençleşmişim gibi. Oysa nüfus cüzdanına baksanız miadımız doldu bizim. Baksanıza sırf bu sene kimler gitti: Fikret Mualla, Burhan Toprak, Ali Sami Boyar... Yaprak dökümü. Ahbapların çoğu öteki tarafa göç ettiler. Öteki taraf... Ne çocukça bir hayal. Bu dünyadan başka bir yer olmadığını hepimiz çok iyi biliyoruz ama işte yine de hep beraber bir hayali yaşatmaya çalışıyoruz. Bazen inancımı ne zaman kaybettiğimi sorarım kendime. Benim yaşımda bir ihtiyarın artık ahiret için hazırlanması beklenir, değil mi ya? Dünyayla vedalaşması, ebediyete intikal etmeye hazırlanması... Hiç niyetim yok Halit Beyciğim, hem de hiç. İlle de bir veda olacaksa işte bu da benim veda etme şeklim. Her şeyi anlatıp gideyim istiyorum. Gerçi bu "her şey" nedir? O kadar çok şey yaşıyoruz ki hangisi mühim hangisi anlatılmaya değmez seçmek çok zor. Kimi günler kayda değer hiçbir şey olmuyor. Mesela kar yağıyor, pencereden dışarıyı seyrediyorum, patilerini silkeleyerek gezinen bir kediyi dakikalarca takip ediyorum, kuşlar için biraz ekmek kırıntısı koyuyorum pencerenin pervazına, Havva Hanım geliyor, terbiyeli tavuk çorbası yapıyor, sıcak sıcak içiyorum, sonra içim geçiyor kucağımda battaniye... Bir yaşlının alelade bir günü. Garip bir insandır yaşlı. Hatta garip bir mahluk. İnsan olduğu şüpheli. İnsan olmanın sınırını geçmiş. Ama pek iyi manada değil. Başka bir şey sanki. Hep öyleymiş, ezelden beri yaşlıymış gibi. Hiç genç ya da çocuk olmamış gibi... Bana öyle gelirdi eskiden. Yaşlı dediğin hep yaşlıdır, değil mi? Halbuki insan başına gelince anlıyor. Düşünsenize, artık cemiyetin dışındasınız, unutulmuşsunuz, ölümü beklemekten başka bir işiniz yok. Tabii herkesle aramı bozmasaydım belki daha farklı olurdu. Fakat artık umursamamayı da öğrendim. Adam sen de diyorum babam gibi. Eyvah ki eyvah... Varacağım yer babamın namütenahi miskinliği miymiş? Belki bir nebze öyledir. İnsan çok uzağa gidemiyor. Ama yine de benim şu geç yaşımdaki boş vermişliğim affedilebilir. Doya doya yaşanmış bir ömrün sonunda artık umursamamak biraz da doymuşluğun ifadesi olmalı. Gerçi kim şu hayat denilen ziyafetten tok kalkar? Kalkmak ister? Yine de bu sabah gözlerimi açtığımda harika bir gün dedim kendi kendime, Halit Beyciğim gelecek.

Belki de son konuştuklarımız içimde bir şeyleri harekete geçirdi. Nedim'i ne kadar özlediğimi düşündüm. Sonra iyi ki tüm bunları yaşamışım diye sevindim. Yarım da kalsa yaşadıklarım yanıma kâr kaldı. Nedim 52'de döndü, ben de peşinden. Fakat onun araya askerlik görevi girdi. Sonra da bir mesafe koydu aramıza. Belki buradaki dostları hakkımda olmadık şeyler söylemişlerdir. Artık biliyorsunuz bazı konularda pek iyi bir şöhretim yok. Sonra da Zonguldak'ta öğretmenliğe başladı. Başta mektuplarıma zoraki de olsa cevap yazıyordu. Gitgide seyreldi, sonunda tamamen kesildi.

Başta biraz içerledim ama çok da üzerinde durmadım. Muayyen bir yaştan sonra insan acılarla nasıl baş edeceğini öğreniyor. Fransa'dan dönmüştüm, yenilenmiş, gençleşmiştim adeta. Zihnimdeki resimlerin tozunu almıştım, her şey pırıl pırıldı yeniden. Hem kalbim de daha farklı atıyordu, eski zamanlardaki gibi... Tabii şimdiden geriye bakınca aslında bazı şeyleri çok derinlere gömdüğümü, sukutuhayale uğramış olduğumu kendimden bile sakladığımı ama yine de tüm hareketlerimde o yüzleşmekten kaçtığım meselelerin gölgesi olduğunu görebiliyorum. Ancak şimdi... aradan şu kadar zaman geçtikten sonra.

1950'ler farklı bir heyecanla başlamıştı. Aliye sayesinde yeni dostlar edinmiştim. Adalet Cimcoz'u anlatmıştım, o sırada İstanbul'un sanat çevresini evinde ağırlıyor, ressamlar, şairler, yazarlar, akademiden hocalar bir araya gelip sıkı dostluklar kuruyorlardı. Ada sonra Maya Sanat Galerisi'ni açtı da Mehmet Ali Bey biraz nefes aldı. Siz yetişemediniz tabii o devirlere, değil mi? Gerçi galeri dediğime bakmayın, küçücük bir yerdi. Kallavi Sokak 20 numara. İki katlı bir apartmanın birinci katı, iki oda, hepsi o. Sobalı falan bir yer. Ada'nın eşi dostu ahbabı için hem bir buluşma yeriydi hem de resimlerini sergileyebilecekleri bir mekân.

...

...

O seneler evvela her şey iyi gibiydi ama gitgide sarpa sardı. Bu tabii biraz da benim huysuzluğumdan. Aslında munis görünürüm ama içim öyle değildir. Bir türlü huzur bulamam. Adaların muhitinde de fazla barınamadım aslında. Bir yerden sonra onların dünyasına yabancı bir tarafım olduğunu fark ediyorlardı. Kokumu alıyorlardı. Evet, vahşi hayvanların birbirlerini tanıması gibi... Benim onlardan biri olmadığımı seziyorlardı. Hiçbir şey yapmasam da anlıyorlardı işte...

...

...

Çılgınlık cezbeder beni Halit Beyciğim. Artık bunu pekâlâ biliyorum. Muzır olana, yasak olana karşı bir meyilim var. Çocuklar böyledir bilirsiniz, ama sonra ebeveynlerinin sopasıyla ya da hafif okşayışlarıyla terbiye olurlar, istememeleri icap eden şeyleri kendilerine men edebilirler. Benim öyle bir babam olmadı hiç... Kendi havasında bir adamdı, biraz miskin, biraz *introvert*... Anne deseniz hiç tanımadım ki.

Çallı da çılgındı, Bedri Rahmi de... Dostluklarından hazzettiğim tiplerin hepsi... Georgette hele en başta... Ama bir de hayran olduklarım vardı, onlarla ne yazık ki dostluğum hiçbir vakit uzun ömürlü olmadı. İşte 950 sonrasında epeyce durulmuş olsam da yine de bir yerden falso veriyordum.

...

...

Daha önce bahsi geçmişti, Fatma hayattayken tanıştığım, hemen kanımın kaynadığı Aliye vardı. Alyoşa... Narmanlı'nın köşesindeki dairesinde çok güzel zamanlarımız geçti. Çok acayip bir kadındır. Çılgın. Anlatmıştım değil mi? Aşk için silah çekmeler falan... Tabii. Öyle *grandiose* hareketler. Yirmi küsur sene aşk yaşa adamla, sonunda evlen, altı ay sonra adam sizlere ömür. Kader! Antik Yunan trajedileri gibi. Çok sarsıldı, ortadan kayboldu bir müddet. Londra'ya gitmiş, orada kendini sanata vermiş iyice... Seneler sonra Maya Galerisi'nde yollarımız kesişti. Bir boynuma sarılışı vardı ki sanırsınız evvel ahir dosttuk... Ama işte deli delinin halinden anlıyor, Vasıf hiç değişmemişsin aynı janti adam, erkek güzeli diye iltifatlara boğuyordu beni. Halbuki altmışını devirmişim çoktan, ama göstermem pek yaşımı... Hele o zamanlar. Altmış değil kırk beş derdiniz.

Bir müddet Narmanlı ikinci adresim oldu. Ahmet Hamdi orada, sonra Bedri Rahmi'nin atölyesi var. Ben ise o ara Çamlıca'daki elimde son kalan apartman dairelerimden birine taşınmıştım. Ama o kadar tuhaf geliyordu ki orada yaşamak. Pencereden dışarıya kafamı uzatıyorum, İstanbul aynı İstanbul ama ben adeta bir Gulyabani'nin sırtına çıkmış, oradan bakıyorum... Bahçeyi de derleyip toplamışlar ama cânım kameriye yok olmuş yerine beton üstüne demirden bir kafes koymuşlar, neyse ki ceviz ağacı duruyor. Fakat işte sürekli maziyi hatırlıyor, kaybolup giden gençliğime, hayatımın pişmanlıklarına takılıyor, bir türlü huzur bulamıyordum. Belki de insan doğduğu yerde yaşlanmamalı. Hep yer değiştirmeli. Yeni bir yere giden insan oranın acemisi olur, genci olur. Henüz orada yaşamamış olduğu için yaşlanmamış sayar kendini. Yoksa mütemadiyen şurada kuyu vardı, beride amcamla resim yapardık, şu gri beton yığınının yerinde zarif işlemeli ahşap köşkümüz vardı, Ali Salih Paşa şuradan bakardı dışarıya diye diye ömür tüketirsiniz. O sebeple hep Aliye'nin oraya kaçıyor, yine serkeş bir hayat yaşıyordum.

...

...

Sonra hepsiyle ipleri kopardım. O ara elimde son kalan parayla burayı alabildim neyse ki... Koskoca köşkü kırpıp kırpıp sonunda bu nohut oda bakla sofa daireye düştüm. Bir de Karaköy'de iki dükkân. İyi kötü kirası beni yaşatıyor işte. Daire küçük ama apartmanın rahatlığı var. Köşk bakım ister, para yer. Hem bu evin mevkisi çok hoşuma gitti. Bakın arka taraf kuzeye bakıyor, büyük odayı atölye yaptım. Kuzey ışığı iyidir, değişmez. Görüyorsunuz burası, salon salamanje güneye bakıyor. O yüzden gün boyu ışık değişiyor. Onun da ayrı bir tadı var nitekim ama düşünmek için, hayale dalmak için.

Hızlı poşatlar, belki suluboya eskizler için iyi. Fakat asıl çalışmalarım için arka odayı ayırmıştım. Şimdi içeride zor adım atılıyor, görmüştünüz siz de... O yüzden portrenizi burada çalışıyoruz. Ne yapayım zamanın kiri pası birikti işte. Yalnız başına kalınca insan tembel bir örümceğe dönüşüyor. Ağına takılanları ayıklamasını, seçip atmasını tavsiye edecek bir başka göze ihtiyaç duyuyor, bir müddet sonra neyin saklanmaya değer olduğunu ayırt edemiyor. Son on senem mutlak bir yalnızlık içinde geçti diyebilirim. Kapılarımı herkese kapattım, hoş çalan da olmuyor zaten. Birkaç yeni koleksiyoner dışında...

...

...

O muhitle de, diğerleriyle de ilişiğim azaldı. Kendime göre sebeplerim vardı tabii. Ama ne kadarı hakiki sebeptir bilemem. Çünkü insan bazen önce karar verir sonra o kararı hayata geçirmek için bahane yaratır. Bu hadise de belki o hesap.

Paris'ten döndükten sonra başka bir Vasıf olmuştum adeta, eskiden yaptıklarımı beğenmiyor, tabiri caizse sıfırdan başlamak istiyordum. Aslında başlangıca dönmek istiyordum. Georgette'in yanındayken çıktığım yolu kaybetmiştim zaman içinde. Otuzlar, kırklar sefalet seneleriydi. Doğru düzgün ne malzeme bulunuyordu ne heves. Akademide ya da bir mektepte hocalık yapmıyorsan aç kalıyordun. Meyhanelerin duvarlarını boyuyordum, düşünün... İnsan sefalet içinde geriye gider. Sanatla meşgul olabilmek için minimum şartlara sahip olması lazım gelir. Virginia Woolf'un dediği gibi... Değil mi... O kadınlar için demiş, kendine ait bir odası olmalı yazarın diye. Bizim memlekette bu tespit kadın erkek fark etmez tüm sanatçılar için doğrudur. Tabii kadın oldu mu ikiyle üçle çarpacaksınız. Misal Georgette gibi bir ressam o devirde İstanbul'da tek başına ayakta kalabilir miydi? Kaldı ki

Paris'te de zorluk çekmişti, erkek olsaydım baş üstünde taşınırdım derdi, haklıydı da... İstanbul'da olsa? Ailesi, babası çok açık fikirli olacak da hali vakti yerinde olacak da ancak o zaman adını duyurabilirdi... Yine de bizden büyük kadın ressamlar çıkmıştır... Mihri Hanım mesela... Sonra Hale Asaf... Talihsiz kadınlar ve fakat. Sefalet içinde ölüp gittiler, halbuki ne büyük sanatçıydılar. Uzun lafın kısası 950 senesinden önce bayağı bir gerilemişti sanatım. İşte defterlere yaptıklarım var. Tamam bazılarını çok severim ama şöyle devasa tuvallere çalışmak isterdim. Olmadı. Ama sade ben bu durumda değildim, koskoca Çallı mesela, birçok defa eski resimlerin üzerine astar çekip yeni resim yaptığını bilirim ya da tuvali çevirip arkasına resim yaptığını. Çok acayip değil mi... Hangi tarafındakini sergilemek istersiniz diye düşünürsünüz. İkisi de güzelse hele... Birini astınız mı duvara öteki karanlıklara gömülür. Fakat işte Paris'e ikinci gidişimde kendimi yenileme fırsatı buldum. Oradaki gençleri tanıdım. Müzeleri, galerileri farklı bir gözle dolaştım. Nedim'le oturup saatlerce bazı resimler üzerine çalışıyorduk, mesela Rousseau'nun bir *Savaş* tablosu vardı, bilirsiniz, elimizde kâğıt kalem resmi analiz ediyor, kompozisyonu, renkleri tek tek yazıp tartışıyorduk. Benim için ikinci bir okul oldu bu Paris seyahati. Döner dönmez farklı bir palet üzerinde çalışmaya başladım. Renklere bile bakışım değişmişti. Artık malzemenin resmi belirlemesine müsaade etmiyordum, tam tersine konu ya da duygu malzemesini seçiyordu. Kimi zaman metal üzerine, kimi zaman ağaç üzerine, kimi zaman kumaş üzerine... Bazen hepsi bir arada... Bunların bir kısmını, çok küçük bir kısmını Maya'da sergilediğimde birilerinin ilgisini çekmeye başladığını gördüm. Tabii hep aynı tartışmalar: Bu da sanat mı şimdi? Bir müddet aldırmadım. Ne derlerse desinler bana ne... O ara Anadolu motiflerinden mülhem işler çok revaçtaydı. Ne de olsa bizler Rembrandt'ın torunları değildik, bazıları öyle diyordu, biz adsız çini ustalarının torunlarıyız... Bir zaviyeden bakıldığında doğrudur, sanat bir iklim işidir. Ama bana göre aslen ferdî bir iştir. Hatta kişinin en çok kendisine yaklaşabildiği iştir. Orada insan bir kişi olarak ortaya çıkabilir. Ben bu tip ekollere pek inanmam. Yani sanatçıların bir manifestoyla ortaya çıktıkları, artık sanat böyle yapılacak dedikleri ekoller bana suni gelir. Sanat cemiyete, insanlara, millete şöyle bir mesaj vermeli, böyle bir istikamet çizmeli falan denildiğinde gülesim gelir. Bir kere sanat bir insanla bir başka insan arasında bir münasebettir. Resmi bir kişi çizer, belli bir zamanda, yerde, belli bir ruh halinde... Sonra bir başkası resmi seyre dalar. Bir şeyler hisseder. Sonra bambaşka biri... Ardından çok daha başka biri... Bu böyle devam eder. Hakiki sanat bir insanla bir başka insan arasında yaşanan bir tecrübedir. Bir resim karşısında herkes aynı şeyi hissediyorsa o sanat olabilir mi? Ama ben bunları anlatabildim mi? Anlatabilir miydim? Şimdi bile? Hayır. Benim aklım, dilim bunları konuşmak için terbiye edilmedi, hayır, bilmiyorum ben, sadece hissediyorum. Resme sanata dair büyük laflar duymaya tahammül edemiyorum. Bu budur, şu şöyle olur, olmalıdır... Böyle otoriter bir ses duydum mu bilhassa tersini yapasım gelir.

...

...

Tabii tüm söylenenler yanlıştır da diyemem. İnsanın yaşadığı yerin havasını alması tabiidir. Mesela desen olarak değil de bazen konu olarak ben de bizim kültürümüzden faydalandım. Karakoncoloslar, Gulyabaniler, cinler, kocakarılar, ifritler... Bunları çizdim bir müddet ama hep küçük çalıştım onları. İnsanlar o korkunç figürleri görmek için resmin üzerine iyice eğilsin, detaylardaki dehşeti ancak o zaman fark etsinler istiyordum. Biraz kahve falı gibi karanlık resimlerdi bunlar. Bakın şu dolabın yan tarafında iki tanesi asılı. Evet...

...

...

Evet hem korkunç hem aşina, doğru söylüyorsunuz. Bu seriyi çok severim. Kıyamet kopmuş tabiat kanunları askıya alınmış, dünya müthiş bir keşmekeş içinde, bütün canavarlar, şeytanlar, iblisler serbest kalmış, zaman durmuş öyle bir vaziyet. *Kıyamet Sonrası Alelade Bir Gün*. Böyle bir isim vermiştim kendimce. Bir gün diyorum ama zaten artık zaman geçmiyor, kıyamet koptuktan sonra tek bir gün içindeyiz. Yetmiş tane kadar yaptım bunlardan. Bir kısmı duruyor...

...

...

Evet bir kısmı Maya'da sergilendi. Ada pek sever bunları. İki tanesini o almıştı. Ben de iki tane hediye ettim sonradan. Rahmetli Ahmet Hamdi de sevmişti, sen de benim gibi rüyalardan kâbuslardan ilham alıyorsun demişti. Garip şey ben bu korkunç resimleri yaparken müthiş eğlenirdim.

...

...

Maya... Elliler...

Koskoca 20. asrın yarısını yiyip bitirmiştik. En büyük savaşlar, yıkımlar, ihtilaller geride kalmıştı artık. Sanat camiamız ise ufak tefek çekişmelerle, akademi içindeki küçük kavgalarla her zamanki gibiydi. Ta ki o meşum yarışmaya kadar.

...

...

Efendim Yapı Kredi Bankası 54 senesinde bir yarışma tertip ediyor, kuruluşunun onuncu seneidevriyesi münasebetiyle... Konu İstihsal. Yani insanın yapıp ettiği ne varsa, ektiği, biçtiği, fabrikada yaptığı... Her şey çizilebilir. Ve de mükafat büyük. Herkes kolları sıvayıp çalışmaya başladı.

...

...

Yok, hayır... Ben o kadar cesur değildim. Ama düşündüm tabii üzerine, mevzuya nereden yaklaşabilirim diye... Ama aklıma gelen kompozisyonların başkaları tarafından da düşünüleceğini tahmin edip hiç girişmedim. Hem eski snop halime yeni kavuşmuştum. Üstelik artık paraya da ihtiyacım yoktu. Memlekette ben ressamım diyen kim varsa, mekteplisi, alaylısı harıl harıl çalışıyordu. Bunların içinde biri vardı ki kimse onu bir rakip olarak aklının ucundan geçirmezdi.

...

...

Aliye Berger. Evet, bizim Alyoşa. Tatlı çılgın. Öylesine hiç rast gelmedim. Onun çılgın tarafını görenler ancak anlayabilir. Yahu bir seferinde evinde yangın çıkıyor, herkes söndürmeye uğraşırken bu kıvılcımların resmini yapmaya çalışıyor. Gerisini siz hayal edin... Ailesi komple çılgın. O zamana dek gravür yapıyordu Aliye, yağlıboya resim onun tarzı değildi. Zaten okullu bir sanatçı da sayılmazdı. Biraz benim gibi... Sen tut bu sergi için bir resim yapmaya başla. Ben de merak ediyorum ne yapıyor diye. Neticede herkesi tanıyorum, kimin neyi nasıl çizeceğini tahmin edebiliyorum. Ama Aliye bambaşka biri... Ne yaptı biliyor musunuz? Kocaman bir güneş. İnsanı bir girdap gibi içine çeken muazzam bir şey. Etrafında insanlar var ama güneşin kuvvetli ışığından görünmez olmuş gibiler, bir köşede köylüler, balıkçılar falan var. Nefes kesici bir resimdi. İnsan şunu hissediyordu: Hayat bu işte. Güneş sayesinde varız. Tüm istihsal ondan sudur ediyor. Ondan başka bir şey yok.

Bakanda huşu yaratan bir kompozisyon. Baştan sona duygu patlaması. Aliye'yi tanımış olmasaydım bile onun ruhunu hissedebilirdim bu resmi gördükten sonra. Kendini bu kadar iyi ifade edebilen biri muazzam bir sanatçıdır. Ama tabii böyle bir yarışmada herhangi bir şansı olduğunu kimse düşünmezdi. En iyi olsa bile onca kerli ferli ressamın yanında Alyoşa'nın esamisi okunur muydu? Fakat sonra ne oldu biliyor musunuz?

...

...

Elbette o kazandı! Kıyamet koptu, kıyamet. Kızılca kıyamet. Herkes ateş püskürüyordu. Efendim bu kadın ressam bile sayılmaz, kötü bir Van Gogh kopyasıyla nasıl kazanır! Hem konu dışına çıkmış! Biz boşuna mı çalışan insanlarımızı çizdik! Bütün istihsalin kaynağı güneştir demek insanın emeğini küçümsemektir! Bir dolu hakaretamiz laf, zehir zemberek yazı... Fakat onları kudurtan şey neydi biliyor musunuz? Jüri ecnebi sanat tenkitçilerinden müteşekkildi. Yani eskisi gibi sen ben bizim oğlan dağıtmıyordu payeyi. Dışarıdan gelen hakemler seçmişti Aliye'yi.

...

...

Elbette jüri yerli olsaydı kazanamazdı Aliye. Objektif olamazlardı çünkü. Canım, isimler kapalıydı ama bizden birileri olsaydı jüri hemen kimin kim olduğunu anlardı. Üslup kendini ele verir. Fakat ecnebi jüri hiçbir peşin hükme sahip değildi. Bütün resimlere aynı ölçüde yabancıydı. Hakiki bir değerlendirme yapılmış ve zannettikleri yerde olmadıkları yüzlerine çarpılmıştı. Bu yüzden öfke nöbetine, bir histeriye kapılmışlardı. Hatta, "Tenkitçiler resim hakkında hüküm veremez, resimden sadece ressamlar anlar," demeye kadar vardıranlar oldu meseleyi. İş çığırından çıktı. Üzerine konuşmayan, fikir beyan etmeyen, kalem oynatmayan kimse kalmadı. Ben de kıs kıs gülerek seyrediyordum bunların halini. Acıyordum onlara, senelerce bir rüyanın içinde yaşamışlar ve şimdi en güzel yerinde uyandırılmışlardı. Kendilerini o Batılı ustaların dünyasında farz ediyorlardı ama işte oradan en muteber sanat kritikleri gelmiş onları beğenmemişti. Çıldırtıcı bir mağlubiyet. Kendimi de dışında tutmuyordum aslında. Ben o nevi hayaller hiç kurmazdım, kuramazdım. Benimkisi... ne bileyim farklı bir şeydi, onlarınki bir otorite olma iddiasıydı, benimkisi... hiç... resim yapmak işte. Belki hayatımı genişletmek bir parça. Evet budur belki. Neyse bunların hezimetini biraz da acımasız bir keyifle seyrediyordum başlangıçta. Fakat en yakınımızdakilerin bile zehir zemberek yazılarını okuyunca canım sıkıldı. Hele Bedri Rahmi'nin yazısı Aliye'nin yüreğine ok gibi saplanmıştı. Keşke hiç girmeseydim o yarışmaya, bu kadar dost kaybetmeye değer mi diyordu. Bedri yazısında o kadar çile çekmiş sanatçı varken "gönül eğlendirmek için yarışmaya katılan bir bayana verdiler mükafatı hem de bir saat içinde, çarçabuk" diye laflar ediyordu. Hiç huyum değildir ama bunun üzerine kapıştık.

...

...

Evet. Çıktım karşısına dikildim: "Yahu niye anlamıyorsunuz elli senelik bir mazisi olan bir resim sanatımız var ve şimdi sınıfta kaldı işte! Ecnebi eksperlerin önüne çıktınız ama geçer not alamadınız! Aslında zaten sahip olmadığınız bir şeyi kaybettiniz, öfkeniz bundan! Bu yarışma sayesinde gerçekle yüz yüze geldiniz. Üstüne üstlük sizin ciddiye almadığınız bir kadın en müthiş resmi yaptı, bunu kabullenemiyorsunuz! Akademi mühimdir, tahsil de öyle ama sanatı sadece bir ekolle, birkaç hocanın dünyasıyla sınırlarsanız işte böyle duvara çarparsınız!"

Bunları bağırıyordum yüzüne. Alı al moru mor oldu Bedri tartışırken. Çünkü herkesin gözünde bilhassa da talebelerinin gözünde iki paralık olduklarını düşünüyorlardı. Hocalığın en fena tarafı da budur işte: Talebelerin hayranlığına alışmak, kendini olduğundan daha mühim biri sanmak. Elbette sanatın tabiatı gereği usta çırağın gözünde en üst seviyedeki kişidir ama zamanla talebe olgunlaştıkça ustasının açıklarını, zaaflarını, eksiklerini görmeye başlar. Ama işte insan bunu bir türlü kabullenemez. Bizimkiler de böyleydiler. Üstelik çok zor şartlarda çalışmışlar, sürünmüşler ve sonunda kendilerini cemiyete öyle ya da böyle kabul ettirmişlerdi. Şimdi her şey başlarına yıkılmıştı. Yazık tabii.

Sanat sadece çile çekmekle olsaydı... Ne yazık ki hakikatte adalet diye bir şey yok. Yok... Çok çile çektim şimdi sefasını süreceğim diye bir şey yok. Sanatta garanti yok. Sanat bir memuriyet değil. Emek gereklidir, çok mühimdir ama yetmez. Yani çalışmak sanat için *conditio sine qua non*'dur ama bu ille de muvaffak olacaksınız manasına gelmez. Şimdi diyeceksiniz ki o halde muvaffak olmanın yolu nedir? Şans mı? Doğuştan gelen bir kabiliyet mi? Herkes öyle zanneder ama hiçbiri değil. Nedir biliyor musunuz? Samimiyet! Aliye bütün samimiyetiyle içindeki duyguyu renge çevirmişti. İçini öyle bir açmıştı ki tüm dünyayı kucaklamış ve sonra da bunu bize göstermişti. Yok Van Gogh yok bilmem ne... Hayır efendim, resmi görseniz... Siz görmediniz tabii. Nereden göreceksiniz. Öyle bir resim ki... Onu bir galeride veyahut bir müzenin en kocaman salonunda tek başına sergilemek icap eder. Ancak o zaman anlayabilirsiniz.

...

...

Sorun tabii Halit Beyciğim, daha çok sorun, siz sordukça ben içimdeki kuyudan daha çok su çekerim. Hafızam tazelenir.

...

...

Belki eskiden sorsaydınız objektif olamazdım ama şimdi her şeye muayyen bir mesafeden bakmayı öğrendim.

...

...

Yapabileceğimi yaptım. Bu kadar oldu. Ben de zaman zaman böyle bir coşkuyla bir şeyler yakaladığımı zannederim ama o kadar.

...

...

Fakat hiç değilse büyüklük kompleksine kapılmadım. Olmadığım biri gibi yaşamadım.

...

...

İddialarım yok muydu? Vardı elbette. Ben de kimseyi beğenmezdim pek. Ama sonra insan kendini tanıyor. İnsanlar birer ada gibidirler kimi büyük kimi küçük. Bir yaş gelir artık kendi adanızın hudutlarına varırsınız, daha ötesi yoktur işte, o kadarsınızdır. Mesele daha büyük olmaya çalışmak değil mevcudu en güzel şekle getirmektir. Yani onca sene yaşamışsınız işte, neye benzetmişsiniz adanızı? Çorak bir yer mi? Bir çöl mü? Yoksa ormanlar mı yeşermiş? Tatlı çiçek bahçeleri mi yetiştirmişsiniz. İşte hayatın son safhasında idrakine varacağınız yegâne hakikat budur, kendi sınırlarınız.

...

...

İşte bu. Bakın etrafınıza... Bütün evi gezin, arka odalara gidin. Üst üste yığılmış defterleri, tuvalleri, eskizleri tetkik edin. İşte bu benim. Benim adam.

...

...

Belki de bu kaydı yapma arzusu böyle bir yüzleşme ihtiyacından doğdu. Bir nevi günah çıkarma. Mademki son kayıtlarımız olacak bunlar... o zaman son hikâyemi tashih edeyim. Az önce size yalan söyledim.

...

...

Evet. Sizi sukutuhayale uğrattım, değil mi? Bakışlarınız gölgelendi. Ama şimdi itiraf zamanı.

...

...

O yarışmaya iştirak etmediğimi söyledim. Doğru değildi bu.

...

...

Evet. İstihsal yarışmasına... İş ve İstihsal Sergisi'nin haberini duyar duymaz heyecanlanmıştım. İştirak etmeye karar verdim ama neden? Çünkü kalbim kırıktı. Kendimi hayata karşı mağlup olmuş bir adam olarak hissediyordum. Nedim'in artık benimle görüşmemesi çok dokunmuştu. Oysa ben onu oğlum gibi görüyordum. Ama işte insanlar çok fesat. Tabii benim kötü şöhretimin de tesiri var ne yalan söyleyeyim. Yine de terk edilmiştim. Paris'teki güzel günler hızla geride kalmıştı. Belki dedim, bu yarışma sayesinde bütün spot ışıkları bana döner, beni tekrar görür. Sadece o mu? Arkamdan konuşanlar, bıyık altından gülenler, yerli yersiz iğneleyenler... Hepsine günlerini gösterecektim. Senelerdir gidemediğim lisenin pilav gününe göğsümü gere gere gidecektim mesela... O kapının önünden mahcup bir şekilde geçmek yerine... Neyse.

Bu benim hayatımın son fırsatıydı. En nihayet Vasıf'ın kim olduğunu gösterecektim onlara. Şimdi siz içinizden, "Bu kitap da bu yüzden mi yazılıyor," diye soruyorsunuzdur, cevabını hemen vereyim: Hayır. Tam tersine. Şimdi kim olduğumu tüm açıklığıyla ortaya koymak istiyorum. Kendimi olduğumdan daha farklı biri gibi göstermek istesem bunları itiraf etmezdim.

...

...

Sonuçta yarışmaya iştirak etmeye karar verdim fakat resmi nerede yapacağım meselesini bir türlü halledemiyordum. Büyük bir depo kiraladım Haliç'te. Leş gibi kokan bir yerdi, rutubetli, pis. Ama başka çarem yoktu. Çünkü yarışmanın şartı resmin ikiye üç metre tuvale yapılmasıydı.

...

...

Nedeni çok basit. Büyük devlet binalarının, bankaların boş duvarlarında heybetli görünsün diye. Zaten temayı da buralara uysun diye iş ve istihsal olarak tespit etmişlerdi. Çalışma, üretme üzerine yani... Fakat böyle bir resmi yapmak için büyük mekâna ihtiyaç var. Öyle apartman dairesinde yapılmaz. Yapılsa kapılardan geçmez. Neyse sonunda yapıp bitirdim. Hayatımın en enteresan çalışmasıydı aslında. Daha önce de birçok konkura katılmıştım ama bu başka bir şeydi. Sanki idealar âleminden ilahî yargıçlar gelecek, bizim kıymetimizi takdir edeceklerdi. Tam bitirmeye yakın inimden çıktım. İşte Aliye'nin ne yaptığını o zaman gördüm. Narmanlı'ya vardığımda heyecandan yerinde duramıyordu. Yüzüme şöyle bir baktı, nerelere kayboldun Vasıf, yoksa sen de müsabaka için mi çalışıyordun dedi. Tam evet diyecektim ki resmini gördüm. Henüz tamamlanmamıştı. Bir yandan boyuyor bir yandan konuşuyordu. "Bak, nasıl beğendin mi?" Nutkum tutulmuştu. Güneşten gözlerimi alamıyordum. Hayır, dedim ben kim yarışma kim? "Aa, olur mu Vasıf, senin gibi *sophistiqué* bir adam kim bilir neresinden tutar meseleyi?" Değil mi? Oysa ban ne yapmıştım? Şematik, ruhsuz. *Didactique* bir resim. İnsanlar vardı çalışan, evet, ama o kadar donuklardı ki. Hatta bir de ağaçtan meyve toplayan kadın koymuştum, anlatırken utanıyorum, sembolizm olsun diye... Hele üslup! Hani yenilenmiştim? Hani kendi şahsiyetimi ortaya koymak için çiziyordum? Ben bu hatayı nasıl yapmıştım? Günlerce gözüme uyku girmedi. O kadar emek harcamıştım ve sonunda ortaya bu soluk resim çıkmıştı. Atmaya da kıyamadım sonunda resmi isimsiz göndermeye karar verdim. Anonim. Resmin bana ait olduğunu kanıtlamak için günler öncesinden fotoğrafını çektim kendime postaladım yine de... Saçmalık tabii. Elbette derece bile alamadı. Fakat hakkında biraz konuşuldu. Kimin acaba diye merak uyandırdı. Antranik'in sananlar oldu. Hale Asaf'la aynı ekolden olabilir diyenleri duydum. Sonra da unutuldu gitti tabii. Hâlâ üzülürüm o resmi o şekilde yaptığıma. Oysa yeni bir şeyler deniyordum, ne olurdu sanki o yoldan gitmeye cesaret edebilseydim.

...

...

Herhalde bankanın koleksiyonundadır, bilmiyorum. Bu sırrı senelerce sakladım. Artık merak edecek kimse kalmadığından açıkladım işte. Ne olacaksa? Belki meraklı biri çıkar, resmin altında yazan anonim ibaresini değiştirir. Vasıf Ekrem Yelda yazar. Aslında yazmasını ister miyim emin de değilim. O resimle değil de şu *Kıyamet* çalışmalarımla hatırlanmayı tercih ederim. Ya da işte bu sizin portrenizle...

...

...

Tabii bu yarışma size, sizin jenerasyona pek de bir şey ifade etmiyor şimdi. Bir ara bununla ne çok oyalandım. Son yaşımda böyle bir hatayı nasıl yaptığımı halen kendime sorarım. Bazen insan bir şeyleri ispat etmek maksadıyla kendinden uzaklaşabiliyor. Kendini beğendirmek için başkasının gözüyle görmeye, ısmarlama bir karakter olmaya çalışıyor. En büyük hatam neydi biliyor musunuz? Onlara göre bir şey yapmaya çalışmam... Ama zaten bütün mesele de bu değil mi? İnsanın başkalarının bakışına direnebilmesi. Benden beklenen bu, böyle yapmalıyım dedikçe kendinden uzaklaşıyor insan. Oysa kendim olarak, kendim gibi düşünerek, duyarak yapsaydım sonuç çok farklı olurdu. Sanatın en temel prensibini hiçe saymıştım: Samimiyeti kaybetmiştim. Tabii sonuç hezimet. Aliye hepimizden farklıydı. Sadece kendisiydi. Onca acıya rağmen içinde yaşattığı yaşama iştahını renkle figürle ifade edebilmişti. Tabii bu enikonu bir yarışma. Ama bizim sanat camiası üzerindeki tesiri büyük oldu. Beni geçelim, benim zaten büyük bir iddiam yoktu, kendimce bir maceram vardı, hem anonim olmasaydı belki sonradan farklı ele alınırdı bilmiyorum. Ama artık sabit bir tarz ve üslupla hareket eden, üstelik bunun en iyi sanat olduğuna iman etmiş ressamlarımız derin bir teessüre kapılmasın da ne yapsın. Şöyle düşünün, resmi Batı'dan öğrenmeye çalışmışsınız, Paris'e Berlin'e şuraya buraya gitmiş kafa patlatmış, dirsek çürütmüşsünüz; gelip resmin yasak olduğu bir kültürde bin bir zorlukla uğraşıp bir akademi teşekkül ettirmişsiniz, tam millete kendinizi kabul ettirmişsiniz ve birden, Olimpos'tan, ateşi çaldığınız tanrıların arasından üç hakem gelmiş bakalım bunlar ne yapmış diye sizi imtihana çekiyor ve sınıfta kalıyorsunuz. Ama ama diye mızıldanıyorsunuz... Ben de dahilim buna. Zaten olayın önemi de burada Halit Beyciğim. O kadar sarsılmıştım ki... Ama ben hatamı diğerlerinden çok daha çabuk fark etmiştim, çünkü Aliye'nin nasıl yaptığını görmüştüm, yanlış bir yolda olduğumu hissetmiştim. Sonra netice açıklanınca kanaatim kesinleşti. Diğerlerinin hiddeti o yüzden bana komik geliyordu. Trajikomik. Belki de bizi anlatacak tek kelime budur: Trajikomik. Neyse ki hepsi geride kaldı.

...

...

Şimdi düşünüyorum da yaptıklarımın sebeplerini daha iyi görebiliyorum... Yaşadığım sukutuhayal o derece büyüktü ki bundan kurtulmak için Bedri'ye hücum etmiştim. Kırıp dökmüştüm ortalığı. Ona söylediklerim aslında kendime söylemem icap eden sözlerdi. Kelimesi kelimesine... Belki bu satırları okursa beni affeder. O da... Diğerleri de...

...

...

Keşke Bedri'yle bozuşmasaydık. Aslında değerli bir sanatçıdır. Şairdir. Elimizde büyüdü. Onu daha Çallı'nın atölyesindeki talebeliğinden tanırım. Aslında ilk başta aklı daha çok şiirdeydi. Tabii akademide karşısına Haşim çıkınca... İyi mi oldu kötü mü oldu bilemeyeceğim. Bazen insanlar hayattaki istikametimizi radikal bir şekilde değiştirirler. Misal, Bedri şiirlerini Haşim gibi bir ustaya okutmuş olmasaydı...

...

...

Haşim şiirleri okuduktan sonra istihzayla, "Serbest nazım ustaları kadar mükemmel," demiş. Şevkini kırmış yani. Belki de isabet olmuş. Bu sayede resme verdi kendini. Bizim topraklardan çıkmış en iyi şeylerden biridir o. Folklorik motifleri iyi kullanır. Halılar, yazmalar, işlemeler, baskılar... Yurt gezileri vardı, Bedri bu sayede Çorum'a gitti, orada başka bir tarafını keşfetti sanatının, halkın sanatıyla bir alaka tesis etti. Hep meraklıydı. Eski şeyleri toplardı. Ama bendeniz zehirli cennet kuşu hep iğnelerdim kendisini, şimdi böyle güzel şeyler söylediğime bakmayın. Mesela, "Ne o Pierre Loti romantizminin mi peşindesin," diye takılırdım. "Sendeki Bedriciğim bitpazarı snobizmi, eski olan her şeyde olmadık manalar arama." Gülüp geçmeye çalışırdı. Ama şiirlerine laf edince köpürürdü. Bir taraftan takdir ederim bu tip halk motiflerinden sanat devşirme işini ama bir yanım da huzursuz olur. Belki kendimi bir şeylere tam manasıyla ait hissetmediğim için. Belki de ben hiçbir zaman kendi dışıma çıkamadığım için.

...

...

Bana kalırsa Aliye'nin kazanmasına o kadar içerlemesinin bir başka sebebi de Van Gogh'a bağlılığıydı. Evet. Tabii, Bedri gençliğinden beri Van Gogh hayranıydı. Aliye'nin resminde de o duygu vardı kuşkusuz.

...

...

"Bedriciğim senin sanatın biraz da süslemenin devamı. Zanaatkârsın tamam. Ama dünya yaratamıyorsun." Böyle şeyler söylemeseydim belki o da bana o hakaretleri etmezdi. Tabii... O da bana, "Ya sen Vasıf, sen nesin, bir hiçsin sen," demişti, "*raté* bir ressamsın..." Belki öyleyim. Yarım yamalak biri. Kim kendi bütünlüğüne ulaşmış ki... Belki ben herkesten biraz daha fazla eksiğim.

...

...

Sonra 58'de şahsi bir sergi yapabildim. Tabii, Şükran Bedii beni kanatlarının altına aldı. Kalmıkçıların kızı. Paris'te Londra'da sanat tahsil edip memlekete dönmüş kıymeti bilinmemiş cevherleri ortaya çıkarmaya meraklı bir hanımefendi. Bendeniz cennet kuşu da orada en saf haliyle keşfedilmeyi bekliyor. Biraz tohuma kaçmış ama olsun. Aliye tanıştırdı sağ olsun. Benim defterleri, çizimleri görünce gözleri faltaşı gibi açıldı. Öyle bir sergi yapacağız ki Vasıf *mon amie* seni dünya âlem tanıyacak dedi. Tabii... Hatta nefis bir katalog bile hazırlatmaya başlamıştı. İki dilde yazılar... Gerçi yılan hikâyesine döndü o katalog bir türlü basılamadı. Yine de çok sükse yaptım o sene. İpek Sineması'nın üzerinde, Şehir Galerisi'nde açıldı sergi. Tam 112 parça vardı. Bir kısmı defterler, eskizler, poşatlar. Gerisi tuvaller, kontrplaklar üzerine yağlıboya ya da tamamen benim karışık malzemeyle yaptığım işler. *Kıyamet* serisinden parçalar... Bankalar aldı, bazı koleksiyonerler... Ben de dedim ki tamam Vasıf oldun sen. Yetmiş yaşından sonra şöhret oldun. Aman şöhret afettir diye maytap geçiyorduk Ahmet Hamdi'yle... Fakat sonra... Talih kuşu omzuma konduğu gibi havalanıp gitti.

...

...

İhtilal oldu Halit Beyciğim, ihtilal! Her şey tepetaklak. Kimsenin resimmiş, sanatmış görecek hali yok. Şükran Bedii kapağı Londra'ya attı. Bir müddet buralarda durulmaz dedi. Eh bunlar büyük aile. Hasan Polatkan'la ailecek görüşürlerdi. Zavallı adam. Boş yere asıldı. Çok sarsıldılar tabii... Neyse benim şöhret de geldiği gibi uçup gitti. Bir sabah uyandım bir de baktım ki unutulmuşum. Oysa Paris'te falan açacaktık sergiyi, katalog basılacaktı...

KAYIT SONU

GALERİ

NEDİM GÜNSÜR'ÜN NOT DEFTERİNDEN BİR SAYFA

Ressam Vasıf'ın Nedim'in babasıyla ortak bir taraf bulduğu Henri (Gümrükçü) Rousseau'nun *Savaş* adlı resminin kabataslak çizimi ve altında Nedim'in aldığı notlar yer almakta: "... figürlerdeki hafif renk farkları daha bariz ve renkler daha ışıklı ve sıhhatli at koyu bir kahverengi, siyahı fazla saçları vücuttan biraz daha açık ve kahverengi tesiri daha fazla..."

KIYAMET SONRASI ALELADE BİR GÜN, 1950'LER, METAL ÜZERİNE KARIŞIK TEKNİK, 9X15 CM

Ressam Vasıf'ın çocukluk hatıralarının içinden süzdüğü halk hikâyelerinin ve masalların korkunç figürlerinden ilhamla çizdiği seriden. Bu resimde zeytin ağacının altında oturmuş ağlayan yaşlı bir melek tasvir edilmiş. Üzerinde sadece bir smokin ceketi bulunan, apışarasından göbek kordonu sarkan bir kadın yaşlı meleğe kıyametin koptuğunu haber veriyor.

MAYA SANAT GALERİSİ, 1953, FOTOĞRAF

Ressam Vasıf'ın sergi açılışı. Arka sırada soldan birinci Ressam Vasıf yüzü biraz gölgede kaldığı için iyi seçilmiyor. Hemen yanında kadehine hüzünle bakan adam Ahmet Hamdi Tanpınar. Adalet Cimcoz'un yanında oturan kadın ise Aliye Berger.

GAZETE KUPÜRÜ, *VATAN* GAZETESİ, 19 EYLÜL 1954

Tunç Yalman tarafından yapılan söyleşide Aliye Berger kendisine yöneltilen eleştirileri cevaplıyor. "Müsabakada birinci mükafatı alan tablonuzu nasıl hazırladınız?" sorusuna şöyle karşılık veriyor: "O tablonun üzerinde çok düşündüm. Göze fazla çarpan, tablodan dışarı fırlayan şekillerden hoşlanmam. Bir odanın, bir köyün, bir şehrin veya bir insanın muayyen bir zaviyeden görünüşünü canlandırmaya kaçınmaya çalışmak gerektiğine inanıyorum. Kendi hesabıma hayatı bütünü ile umumi olarak görmek istiyorum. O tabloda toprak, deniz ve güneşle haşır neşir olan insanları, musikiden bir misal verecek olursam, Mozart'vari diyebileceğim motiflerle işlemek istedim."

Bu Resim Ne Zaman Bitecek

Bu resim ne zaman bitecek diye merak ediyorsunuz değil mi? Aslında hiç bitsin istemiyorum Halit Beyciğim. Ama her güzel şeyin bir sonu vardır.

Sizinle böyle konuşurken bir yandan da fırçamla yüzünüzün en tatlı yerlerini yeniden ve yeniden şekillendirmek o kadar hoşuma gidiyor ki… Sadece şimdi değil siz yokken bile var oluyorsunuz burada. Evet. Resim sanatının mucizelerinden biri işte.

Merak etmeyin bu resmi size teslim edeceğim. Hem de bugün! Söyleşimiz tamamlandığında, söz veriyorum, resim artık sizin olacak.

…

…

Ah ne kadar zarifsiniz. Değerli vaktinizi bu terebentin, yağlıboya kokan evde geçirdiğiniz için yüksünmüyorsunuz. Oysa sizi sonu belli olmayan bir maceraya sürükledim, vicdan azabı çekmiyor değilim.

…

…

Yok yok, öyle. Kitap yapacağız dedik ama ortada henüz kitabı basacak kimse yok. Siz haftalardır gelip kayıt yapıyorsunuz, sonra gidip yazıya geçiriyorsunuz, bütün cümlelerin üzerinden geçiyor, hepsini yazı diline aktarıyorsunuz. Az iş mi? Kaç zamandır uykularımı kaçırıyordu bu mevzu. Ve şimdi sıkı durun, en nihayet birisini buldum, yayıncı olarak yani...

...

...

Evet. Bizim mektep mezunlarından genç bir arkadaş var. Genç dediysem ağız alışkanlığı, hayatın içindeki herkes benden genç çok uzun zamandan beri. Neyse, çok parlak bir yayıncı. Necdet Sander, bilirsiniz.

...

...

Doğrudur. Ne zamandır görüşmediğim eski arkadaşlardan birini aradım yüzümü kızartıp. Önce mırın kırın etti, ciddiye almadı herhalde, malum: Muayyen bir yaşa gelen adamlar hayatlarını yazmak arzusuna kapılırlar, çevrelerine dünyayı dar ederler. Fakat sonunda ressamlığımı hatırladı da insafa geldi. Neden Necdet'le görüşmüyorsun, çok açıkfikirli, zeki bir yayıncıdır, dedi. Hakikaten de öyleymiş. Aradım, hemen alakadar oldu. Çok da kibar. Sağ olsun, işini gücünü bırakıp buraya kadar geldi. Konuşmalarımızın kopyalarına şöyle bir göz gezdirdi, sonra da tamam yapalım dedi. Hatta o kadar heyecanlandı ki resimlerimi görünce. Bunları da muhakkak basalım diye tutturdu. Ben nasıl olur falan dedim ama bu işi bana bırakın, siz hangilerinin kitaba girmesi gerektiğini tespit edin ben gerisini hallederim dedi. Fotoğrafçı falan gönderecekmiş.

...

...

Evet. İster misiniz hakikaten de ölmeden şöhret olayım? Neyse bugün işimiz çok. Bakın konuşmalarımızın arasına koyacağımız resimlerimden seçmemiz lazım. Sadece benim resimlerim olmasın ama mesela bir devirden bahsediyorsak o zamana ait bir fotoğraf, bir vesika yani başka şeyler de koyalım. Birçok fotoğraf rulosu var içeride. Banyo edilmiş basılmayı bekleyen negatifler... Gazete, dergi kupürleri, kartpostallar, program broşürleri, dergiler, ne kadar ıvır zıvır aklınıza gelirse...

...

...

Ama önce kutlama yapmamız lazım. Hayallerin gerçek olması şerefine. Rica etsem müzik dolabının sol alt gözünü açar mısınız? Evet... Oradan bir plak seçin bakalım. Hangisi olursa... Soldakilerin hepsi eğlencelidir. Sağ taraftakiler ise hüzünlü. Eskinin gedikli esrarkeşleri gibi. Onlar da böyleymiş. İki değişik kese taşırlarmış bellerinde, birinde şenlendiren diğerinde ağlatan cinsten esrar olurmuş, düğüne giderken birinden cenazeye giderken diğerinden çekerlermiş... Benim müzik dolabı da o hesap. Hüzünlü olanların ekserisi bizim musiki, neşeli olanlar Batı'dan. Bu da ayrı bir gariplik. Aslında Halit Beyciğim şu yaşa geldim memlekette bu Doğu-Batı meselesi bitemedi, gına geldi doğrusu. Onlar böyle biz böyleyiz, onlarda şu var bizde bu yok laflarını dinlemekten ikrah ettim. Ama işte benim müzik koleksiyonum bile böyle tasnif edilmiş. Yazık... Şimdi bu konuşmalarımızı okuyanlar bana acıyacaklar, o da kurtulamamış bu mukayese alışkanlığından diyecekler. Eh, zor tabii, insan içinde yaşadığı iklimin mahsulü oluyor ister istemez. Ol mahiler ki derya içredir deryayı bilmezler. En sevdiğim ama bir yandan da en korktuğum laftır. Gerçi ben hep bir punduna getirip kaçtım. Bir balık deryadan ne kadar kaçabilir ki diye düşünüyorsunuz şimdi, değil mi? Haklısınız. Ama ben zihnen kaçtım. Bir uçan balık gibi... Resim yaparken bilhassa... Bazen de âşık olduğumda. Evet. O vakit dünya yıkılıyor olsa ben aldırmam, farkına bile varmam. Çizgiyle, renkle boşluğun ortasında yeni bir âlemin açılması gibi aşk da kendi hakikatini yaratır, beni içine alır. O mahi bir anlığına da olsa deryanın dışına çıkar, dünyanın ne muazzam bir yer olduğunu görür.

...

...

Şimdi düşünüyorum da Halit Beyciğim, belki de benim en kuvvetli yanım bu, en zayıf yanım. Şaşırdınız yine... Evet en zayıf yanım, derli toplu bir fikriyatımın olmayışı, öyle bir iddiam olmadı hiç. Bu sayede muayyen bir fikriyatın içine hapsolmadım. Ben resim yaparken mutlu olan bir adamım sadece. Gerisi teferruat. Başkaları ne yapar, nasıl yapar umurumda olmaz. Tabii akademi hocası değilim belki de o yüzden. Hoca olunca insan zannederim muayyen bir fikri hakikat diye kabullenme, sonra da onu herkese anlatma ihtiyacı duyuyor. Sadece akademide değil tabii, tüm memleket hep bunun peşinde, herkese uyacak bir kıyafet dikmek. Hakikat öyle basit olsun ki herkes anlasın. Herkese uysun. Maalesef herkese uyan kıyafet ancak bir üniformadır Halit Beyciğim en sevmediğim şey. Görüyorsunuz her zaman boynumda renkli bir fular olur, yoksa kendimi ölmüş gibi hissederim, musalla taşında bembeyaz kefenin içinde yatar gibi... Hayat renktir.

...

...

Hiçbir şeyden pişman olmadım diyebilseydim keşke... Nereden çıktı şimdi diyeceksiniz. Eh artık sonuna geldik, değil mi Halit Beyciğim, tüm hayatımı anlattım, bugün artık bitiriyoruz. Hazır aklım başımdayken kitabı bir an evvel elime almak istiyorum. Geçen gün konuşmalarımızı tekrar okudum da... Sanatımı, hayatımı anlatayım diye başlamıştık bu işe, bir de baktım ki gizli aşklarımın tarihi çıkmış ortaya. Neyse insan ne yaşadıysa odur netice itibarıyla. Benimkisi de böyle bir hayat işte. Bu arada plak işi ne oldu? Seçemediniz mi?

...

...

Yok yok, koyun siz plağı. Bakın burada ne var? Sürpriz. Martell Cordon Bleu. Benim gizli hazinem. Bugün için saklıyordum ne zamandır. Evet... İşte bu... Şerefinize...

...

...

İnsanın hayatını anlatması başlı başına tuhaf bir şey Halit Beyciğim. Birkaç zamandır bunu düşünüyorum. Aslında bir nevi resim yapıyoruz anlatırken. Evet... bir kere muayyen bir perspektiften anlatıyoruz hadiseleri. Misal ben hep kendi zaviyemden anlattım, acaba başkaları anlatsa ortaya nasıl bir resim çıkardı? Fatma Belkıs ne derdi? Çallı nasıl tarif ederdi? Fazıl? Orhan Necmi? Kuşkusuz başka bir Vasıf olurdu anlatılan... Perspektif aynı zamanda uzaktaki şeylerin daha küçük, yakındakilerin daha büyük görünmesi demek. Aslında bu anlatma meselesine pek uymadı. Uzaktaki hadiseleri daha çok, daha detaylı anlattım zannediyorum. Neden? Tesirleri üzerimde daha çok olduğu için sanki. Evet zamanın eleği dediğimiz aslında yaralarımızın derinliğinin bir ifadesi. Zaman vücudumuzu parçalayarak akıp gidiyor. Yaralıyor... Tabii o yaralar iyileşiyor ama izleri kalıyor. Hatta diyebilirim ki bir müddet sonra aynaya baktığımızda sadece o izleri görüyoruz. Zaman bir heykeltıraş gibi bizi acılarla yonta yonta bu hale getiriyor. Kimdi şimdi hatırlamıyorum büyük bir usta, "Bu melek mermerin içindeydi ben sadece fazlalıkları aldım," demiş. Keşke öyle olsa ama değil...

Perspektif meselesi karışık. Resimde de karışıktır hikâyede de... Mesela resmin içine bir ayna yerleştirirsiniz her şey allak bullak olur. Ben burada hayatımı anlatırken acaba benzer bir şey yapabilir miydim? Hikâyenin içine ayna nasıl konur acaba? Onu da edebiyat üstatları düşünsün. Ben her şeyi eksiksiz, hatırladığım gibi anlatmaya çalıştım. Belki zaman zaman başka kişilerin gözünden kendimi göstermeye çalışsaydım daha iyi olurdu. Mesela Fatma Belkıs beni nasıl görüyordu acaba? Çamlıca'dayken, Maçka'dayken, Tarlabaşı'ndayken? Fatma'nın üç zamanı... Hepsinde farklı bir Vasıf vardı yanında. Ama onun gözleriyle kendimi göremem, bunu yapamam. Yapmak da istemem.

Bu hikâyenin içine bir ayna koyamadım ama sizin resminizin içine bir ayna yerleştirmeyi çok düşündüm Halit Beyciğim. Arkanızdaki büfenin üstüne bir ayna yerleştirip oraya kendimi sıkıştırmak çok cezbedici bir düşünceydi ama üstesinden geldim. Nasıl mı? Bu sizin resminiz. Benim bu resmin içine girmeme lüzum yok. Benim size bakışımın resmi zaten. Ayrıca kendime bakmak... Size bakan kendime bakmak... Bunu istemedim. Yaşlı suratımı sizin güzel yüzünüzün yanına koymak bir cinayet olurdu. Mustafa Çelebi'nin dediği bu sefer de doğru: Aynaya bakmayınca insan unutuyor.

...

...

Anlatırken acaba mübalağa ettim mi? Muhakkak başımızdan geçenleri hikâye ederken resim çizerken yaptığımız gibi bir tekniğe başvuruyoruz. Meselenin daha iyi anlaşılması için kontrastı artırıyoruz. Beyaz zemin üzerindeki siyah leke daha iyi görünür, değil mi? Biz de anlatırken öyle yapıyoruz çoğu zaman. Farklılıklar haddinden fazla önem arz eder hale geliyor. Ben de böyle şeyler yapmışımdır herhalde. Kimi zaman Fatma Belkıs'a âşıkmışım gibi anlattım kimi zaman onu hiç tanımadığım annemin yerine koyduğum intibaı verdim... Oysa Fatma'yla geçirdiğim onca zaman içinde aklımda, kalbimde daha başka neler neler vardı... Şimdi çoğunu unutmuşumdur. Bazen sırf gidecek yerim olmadığı için, bazen alacaklılarımdan kaçtığım için, bazen umutsuz aşklara düştüğüm için soluğu Tarlabaşı'nda alırdım. Sadece Fatma için gitmezdim yani. Ama işte insan hikâye etmeye başladı mı duramıyor, kendini bir romansın başoyuncusu olarak göstermeye çalışıyor. Ben bunu hiç istemiyorum Halit Beyciğim biliyor musunuz? Arada sırada şu yaptığımız işten şüpheye düşmemin nedeni bu. Mesele hakikati olduğu gibi verememek, hep şu veya bu şekilde bir kompozisyonun içine hapsetmek. Belki de hakikati olduğu gibi vermek mümkün değildir. Hakiki Vasıf kim? Ne istedi, ne yaptı, ne yaşadı? İyi bir adam mıydı? İyi ne demekse? Hakikat belki de sadece anlatıldığında mevcudiyet kazanan bir hayal. Eski insanlar zannederim bu müphem durumla baş edemedikleri için bir tanrı yaratmışlar kendilerine.

Ne de olsa insan süfli bir mahluk. Bir tarafı maymun. Evet ben buna inanırım. İnsan bütün mahlukatla akrabadır. Nasıl ki bir ailede çocuk bazen babaya bazen dayıya, amcaya çeker, insan da bu uzak akrabalarından muhakkak bir şeyler taşır. İnsanlığımızın içinde tüm bir hayvanat hatta nebatat vardır gibime gelir. Mesela güneşli bir günde gözlerini yumup yüzünü ışığa dönen insan ayçiçeğinin hissiyatında değil midir? Işık biraz daha ışık demektedir her ikisi de. Dünyadaki her şeyle bu derece akraba olmak, onlardan mürekkep bir şey olmak, tuhaf bir melez olmak ne kadar korkutucu değil mi? Muayyen şartlar altında insan bir aslan veyahut bir akbaba, bir sırtlan hatta bir yılan gibi davranır. İnsan kendi içindeki bu korkunç imkânların varlığını hep inkâr etmenin peşinde. O yüzden de bir tanrıya ihtiyaç duyar. Mükemmel biri lazım bize. Her şey, herkes bizim gibi süfli olmamalı. İnsan kendini biliyor aslında. Kabahatlerini zaaflarını... Mesela ben bazı şeyleri bilhassa sakladım, evet. İtiraf edemedim. Sonra gelsin uykusuz geceler. Oysa kendime nasıl da kalender bir hava vermiştim. Feleğin çemberinden defalarca geçmiş, müdanasız Vasıf. Meğerse neymiş? Korkmuşum. Demek halen nasıl görüneceğim, hakkımda nasıl hüküm verecekler diye endişe duyabiliyorum. Bir bakıma bu halen hayata bağlı olduğumu gösterir tabii.

...

...

Evet işte sonuna geldik Halit Beyciğim. Ne kadar zaman oldu başlayalı? Yaz sonuydu değil mi? Şimdi iyiden iyiye kış. Çok alışmıştım. Ama belki ziyaretime gelirsiniz, değil mi?

...

...

Her bölüme bir başlık da uyduralım, ne dersiniz? Resimleri adlandırmak gibi. Bazıları isimsiz deyip geçerler hiç hoşuma gitmez. Sanki ölü doğmuş da o yüzden bir isim konulmamış gibi. Oysa her varlığın bir adı olmalı değil mi?

...

...

Aslında gözümün önünde ne var biliyor musunuz? Eski kiliselerde ya da bazı kitaplarda olurdu, bir kahramanın hikâyesini aynı resmin içinde birbirini takip eden sahneler şeklinde tasvir ederlerdi. Şimdiki resimli romanların atası sayılır herhalde bu resimler. Mesela tablonun en solunda Meryem'e Cebrail müjdeyi veriyor, biraz ileride Meryem bir ahırda doğum yapmış, İsa Bebek kucağında, etrafında hayvanlar, biraz daha sağa gittiniz mi Müneccim Krallar İsa'ya bağlılık yemini ediyorlar ve bu sahneler manzaranın çeşitli köşelerinde görünüyor. Hatta en sağa baktığınızda, tepede İsa iki hırsızla birlikte çarmıha gerilmiş. Gözünüzde canlandı mı? Bütün bir ömür geniş bir manzaranın içine serpiştirilmiş sahnelerle anlatılmış.

İşte ben de şimdi hayatımı böyle upuzun bir manzaranın içindeki çeşitli sahneler olarak hayal ediyorum. En solda, başlangıçta Çamlıca'daki köşk var, burada hem evin içindeyim çocuk olarak, annemin odasında şalının altına saklanıyorum, hem de biraz sağda morsalkımlarla bezenmiş kameriyenin altında amcamla resim yapıyoruz, kuyu, horoz tavuklar bile var. Sonra sağa doğru ilerliyoruz, lisenin bahçesindeyim, delikanlı olmuşum, kapının resmini yapıyorum. İleride Alleon Sokağı'nın girişinde resmi satın alanlar, daha sağa gittik mi miskinler tekkesi, Trajik Mustafa Çelebi'nin resmini yaparken genç Vasıf, ardından Kandilli'de yalıdayım, bir sonraki sahne Paris'te, çıplaklar arasında, Sophie, Georgette, Jean, daha sonra Vasıf İstanbul'da, Boğaz'da yabancı gemiler, ama Vasıf nerede, Tarabya'da Fransız Bahçesi'nde bir maskeli baloda, sonra hamam sahneleri, Binbaşı Jackson'la aynı salkımdan mor üzümleri yiyorlar, sembolizm olmadan olmaz tabii, sonrası Gümüşsuyu'nda sefahat âlemleri, hastanelik olana kadar dövülmek, açlık sefillik senelerinde meyhane duvarlarını boyayan Vasıf, biraz sağında Çallı'yla akademide, bahçedeki kocaman açmış manolyaları çizerken... Sonra yangınlar. Çamlıca'daki köşk, akademi, bir an geliyor her şey yanıyor. Resim bugüne kadar geliyor. Karşılıklı oturmuşuz, siz ve ben... aramızda bir makara teyp. Hatta bir acuze teybin makarasına makasını uzatmış kesmek üzere. Kim o? Kaderin kızlarından biri: Atropos. Aa, ama en mühim sahneyi atladık.

...

...

Size portrenizi verirken. Evet artık iyice kurudu verniği. Bugün alıp götürebilirsiniz.

...

...

Ne mahcubiyeti. Aslında kibarlığınızdan aklınızdaki soruyu soramıyorsunuz. Arkadaki boşluğu neden tamamlamadığımı merak ediyorsunuz... Daha önce oraya Fatma Belkıs'ın duvarda asılı resmini, çevremizdeki eşyalardan bazılarını çizeceğimi söylemiştim. Ama çizmedim. Neden? Bilmiyorum. Resim bu şekilde bitti benim için. Ya da bitmedi... Bitmesin istedim. Ama artık o sizin. Aramızda yarım kalmış bir şey olsun istedim belki de. Alın götürün ki artık eski alışkanlığıma geri döneyim. Her sabah hızlıca kendi portremi yapıyordum sizinkine başlamadan önce hatırladınız mı? Evet.

...

...

Artık kendime dönme zamanı.

...

...

Kayıt cihazını durdurabilirsiniz.

KAYIT SONU

SON SÖZ

Ressam Vasıf Ekrem Yelda bu kayıtlar tamamlandıktan kısa bir süre sonra hayatını kaybetti. Vârisiyle girişilen hukuk mücadelesi ancak on yıl sonra nihayete erdiği için kitabın yayımlanması epeyce gecikti. Orhan Necmi Salihoğlu'nun vefatından sonra hakların tevarüs ettiği Sevin Salihoğlu ve Ali Salihoğlu'na kitabın yayımlanmasına izin verdikleri için teşekkürü bir borç biliriz. Bu sayede değerli Ressam Vasıf Ekrem Yelda'nın hayatı ve çalışmaları gün ışığına çıkmış oldu.

Kitabın kapağında *Ressam ve Modeli* adını vermiş olduğu son dönem çalışmalarından biri kullanılmıştır.